齐桓晋文之事

邱文山 著

U0641243

山东教育出版社

·济南·

图书在版编目（CIP）数据

齐桓晋文之事／邱文山著．—济南：山东教育出版社，
2021.10

ISBN 978-7-5701-1874-8

Ⅰ.①齐… Ⅱ.①邱… Ⅲ.①齐桓公（？—前643）–生平
事迹 ②晋文公（前697—前628）–生平事迹 Ⅳ.①K827=25

中国版本图书馆CIP数据核字（2021）第220560号

QIHUAN JINWEN ZHISHI

齐桓晋文之事

邱文山 著

主管单位：山东出版传媒股份有限公司
出版发行：山东教育出版社
地址：济南市市中区二环南路 2066 号 4 区 1 号　　邮编：250003
电话：（0531）82092660　　网址：www.sjs.com.cn
印　　刷：济南万方盛景印刷有限公司
版　　次：2021 年 10 月第 1 版
印　　次：2021 年 10 月第 1 次印刷
开　　本：710 毫米 ×1000 毫米　1/16
印　　张：14.5
字　　数：220 千
定　　价：42.00 元

（如印装质量有问题，请与印刷厂联系调换）印厂电话：0531–88985701

"平王东迁"之后，周王室日渐衰微，以致出现了"政不出天子而由诸侯"的局面。春秋时期，一些强大的诸侯国相继崛起称霸，代替天子行使职权，史称"春秋五霸"。有学者认为，春秋时期名正言顺的霸主，只有齐国的齐桓公和晋国的晋文公。齐桓公，吕氏，姓姜名小白，是姜齐的第15代国君，"春秋五霸"之首。晋文公，姬姓，名重耳，谥号曰"文"，侯爵，称"晋侯重耳"，简称"晋重耳"。姜齐的齐桓公与晋国的晋文公，史称"齐桓晋文"。

"春秋五霸"一词最早出现在《荀子·王霸》中，然而"五霸"的名单却一直没有确定，历史教科书上的说法是：齐桓公、晋文公、楚庄王、吴王阖闾、越王勾践。但教材中也提到另外一种说法，即《史记》索引中的齐桓公、晋文公、秦穆公、楚庄王、宋襄公。此外，至少还有五份不同的"五霸"版本，历代学者对此众说纷纭，莫衷一是。当然，并不是说名单里有人或者其事迹是虚构的，而是因为有人看重盟主之名，有人侧重霸主之实，所以"五霸"的名单才如此不一致。然而"春秋五霸"的版本再多，有两位从不缺席，那就是齐桓公和晋文公。

齐桓公、晋文公是春秋时期最为标准的

前
言

两位霸主，实至名归。所以各史籍皆全票通过，没有争议。秦、楚两国虽不被中原国家敬重，可秦穆公和楚庄王无论才干、功绩都十分显著，无法埋没，所以在各史籍当中秦穆公与楚庄王得到了广泛认可；吴王阖闾和越王勾践不失为一时之雄，但问题是，勾践灭吴已然不能算是春秋争霸，而是战国兼并，再加上"五霸"的提法早在这二人出现之前就已经有了。很多人认为宋襄公不配"五霸"之名，其仁义乃是虚伪做作，但这一问题需要回到春秋时期社会的大背景中去审视。虽说宋襄公没有称霸的绝对实力，并败于泓水之战，但后人对宋襄公的评价并不低。事实上楚国也正是因为依仗"蛮力"欺负礼让的宋襄公而最终为中原诸侯所不齿，埋下了城濮之战被晋文公击败的伏笔。

宋襄公绝不是"空谈仁义"，而是确确实实地将仁义的理念贯彻到实际行动中。因为在周朝，按照中原的礼仪和道德要求，确实是很多地方都有讲究的，比如贵族出去打猎要依照礼法，不杀幼兽，对一箭射中没射死的伤兽也不能赶尽杀绝，还有诸多其他礼制的规定。这些都体现了周朝的文明礼仪，这些繁复的周礼正体现了古人处理人与自然的关系、人与社会的关系、诸侯之间的关系的道德准则。按照周礼的精神，春秋前期的诸侯争战基本都是要先下战书，约定时间地点，双方将军队列阵完毕，然后堂堂正正对决，类似于"决斗"。这种形式，绝对不同于春秋末期到战国时代的那种为了胜利而无所不用其极的战争模式。宋襄公正是遵循周礼，等到楚军渡河后再展开决斗。这正体现了宋襄公的老贵族风度；胜之要武，而绝不能为了胜利使用卑鄙伎俩。否则宋襄公即便战胜楚国，也不能令中原诸侯心服。在春秋时期，诸侯争霸并不是要消灭别人，而是要让诸侯臣服，以便号令诸侯。而楚国属于半蛮族诸侯，根本不将中原的礼仪放在眼里，自然也不会按套路配合宋襄公的"仁义"之战。

战国时代的齐宣王，是"战国七雄"之一田齐的第五位国君，有着"欲辟土地，朝秦楚，莅中国而抚四夷也"的强国梦。据《孟子·梁惠王上》记载，有一次齐宣王问孟子："齐桓、晋文之事可得闻乎？"孟子回答："仲尼之徒无道桓、文之事者，是以后世无传焉，臣未之闻也。无以则王乎？"齐宣王又问："德何如则可以王矣？"孟子曰："保民而王，莫之能御也。"这段对话，反映了战国百家争鸣的核心问题之一——"王霸之辩"。战国时期，经过群雄争霸的攻略兼并，列国走向统一的大趋势已露端倪。稷下诸子各派都是大一统的积极倡导者，表现出了对统一国家的向往和实现统一的坚定信念。孟子作为稷下儒家学派的代表之一，坚信"五百年必有王者兴"，而中国必将"定于一"。在如何实现大一统问题上，孟子是重王道而轻霸道的。他认为，"以力假仁者霸""以德行仁者王"。所谓的"霸道"，就是仗恃国家实力的强大，假借仁义的名义，来称霸诸侯，征服天下。他反对霸道，认为"以力服人者，非心服也"。所谓"王道"，是依靠道德礼教而实行仁义，以仁义教化征服天下。他主张实行王道，因为这是"以德服人者，中心悦而诚服也"。所以，当他的学生公孙丑问他"管仲辅佐齐桓公称霸诸侯，难道还不值得学习"时，他不屑一顾，认为齐国若行王道，统一天下，易如反掌。而当公孙丑将他与管仲相比时，他更是愤愤然了。

孟子的"重王道而轻霸道"，自然有其历史局限性；所以他对春秋时期的诸侯争霸，也就不能做出客观的评价。诸侯称霸是时代的产物，没有什么力量能够阻止；所以不能采取弃之不顾的态度，而应该以历史唯物主义对之进行研究与分析。齐桓公以"尊王攘夷"为旗帜，与周边国家发展睦邻友好关系。"尊王"就是要尊重周天子。当时周王室衰微，基本失去了控制大国诸侯的能力，但周天子还有一些传统的势力、规矩、观念对诸侯国有制约作用。尊重周天子就会得到天下的人心。如在召陵盟会上，楚国派使臣责问齐国为何入境侵犯，于是管子抬出周天子的命令，指责楚国没有给周天子纳贡，不尊周王室祭祀之礼，迫使楚国认错，避免了一场大战。再如周天子为了奖赏齐桓公，派人送来一块祭肉，说："你有这样大的功劳，等于是我的伯舅，以后见我不要下拜了。"齐桓公找管仲商量，管仲说："这样君不君、臣不臣，就会乱套。"于是齐桓公向周王的使者表示，我是周天子的臣属，不拜不行。从此周王更加信赖他，诸侯对齐桓公更加信服。至于"攘夷"，是针对北方戎狄而言的。当时华夏诸国，像一盘散沙，一旦戎狄进扰，形势就更危殆。齐国提出"攘夷"，就好比号召"团结一致，共同对敌"，正好符合各诸侯国的需要，因而得到诸侯国特别是弱小诸侯国的一致拥护。晋文公发扬光大"尊王攘夷"的思想，但朝"挟天子以令诸侯"的方向迈进，不时地向外输出干涉别国内政的思想和行动。

可以说，"齐桓晋文"，代表了一个时代。春秋时期，君主如何识人、如何用人、如何奖赏、如何惩罚、君臣之间能否尽心竭力地合作、最终能否成就霸业，这一系列的因果问题，都是值得我们去分析和思考的。

目
录

　　"春秋"时期，通常用来指中国东周前半期这一历史阶段，即自公元前770年至公元前476年这段历史时期。之所以称"春秋"，据说是由于鲁国史官把当时各国的重大事件，按年、季、月、日记录下来，一年分春、夏、秋、冬四季记录，而这部编年史名为《春秋》。《春秋》记述了从鲁隐公元年（公元前722年）至鲁哀公十四年（公元前481年）242年间的鲁国历史。

　　"春秋"原为周代列国国史的通称。《国语·晋语七》曰："羊舌肸习于春秋。"韦昭注："春秋，纪人事之善恶而目以天时，谓之春秋，周史之法也。时孔子未作春秋。"《国语·楚语上》也说："教之春秋。"韦昭注："以天时纪人事，谓之春秋。"《楚语上》："唯是春秋所以从先君者，请为'灵'若'厉'。"韦昭注："言春秋禘、祫，当以立谥，序昭穆，从先君于庙堂也。"根据《国语》所记，当时的晋、楚等诸侯国按"周史之法"都有本国的国史

《春秋》。《墨子·明鬼》也说："著在周之春秋""著在燕之春秋""著在宋之春秋""著在齐之春秋"。孙诒让的《墨子间诂》记述《墨子》佚文称："吾见百国春秋。"可见当时各国的国史均名"春秋"。但到汉代时，其他各国的《春秋》均已失传，仅存鲁的国史《春秋》了。《春秋》至汉代被列入"五经"，被奉为儒家经典。历代学者对其进行的注释考证繁多，仅《四库全书》经部春秋类所载有关著作就有115部，加上存目118部，共233部，此外在史部中专谈春秋历史的还有多部，以至于《春秋》成为中国古代的一个研究门类，即所谓的"春秋学"。

春秋时代是中国古代大转变的时期，这是学术界公认的。但对究竟生产力发展到何种程度、社会性质是什么、上层建筑起了哪些变化、中华民族是否已经形成等问题分歧很大。然而，春秋时代的某些主要特点，还是比较清晰的。

一、政治格局方面

（一）周王室的衰微

周平王元年（公元前770年），因周幽王宠信褒姒，废太子宜臼。宜臼逃至申国，其外公申侯联合曾侯、许文公及犬戎（外族）推翻周幽王。因为内乱和犬戎频繁入侵，所以周平王被迫将国都从镐京（今西安）东迁至东都洛邑（今洛阳）。因洛邑在镐京之东，此后的周朝史称东周（公元前770—公元前256年）。

周平王东迁是一个重大的历史转折点，"礼乐征伐自天子出"的中央集权的时代，让位于"礼乐征伐自诸侯出"的列国争霸时代。旧的封建领主制的统治秩序被打乱，"周室衰微，诸侯强并弱，齐、楚、秦、晋始大，政由方伯"①。东周曾出现暂时的稳定时期，表面上似乎是周王朝的中兴，实际上周平王东迁并没有消除导致西周王朝灭亡的基本矛盾，国内生产力与生产关系的矛盾，经济基础与上层建筑的矛盾，都促使社会矛盾与民族矛盾进一步激化，这只是矛盾大爆发前的宁静。周王室与地方诸侯的矛盾，诸侯国争夺土地、争夺人民、争夺霸权的战争，造成了中国历史上大动荡、大分化、大组合的局面。昔日城邦林立，以周天子为天下共主的领主制渐趋崩溃。

周王室的衰微，首先表现在王室内部争夺王位的斗争上。周幽王废嫡立爱，引发民族矛盾，在戎狄交侵中被杀。西周灭亡，申侯在许侯及鲁侯的支持下拥立太子宜臼，是为周平王。虢公翰为了抵制申侯，又立王子余臣于携，是为携王。由于携王是夺嫡篡位，周王室二王并立，使周王室分裂为二，号令不一。公元前760年，晋杀携王余臣，周朝归于一统。公元前694年，周公黑肩谋杀周庄王姬佗而立其保护人王子克为君，大夫辛伯向周庄王揭发周公黑肩的篡逆阴谋，于是周庄王杀周公黑肩，王子克奔燕避难。公元前675年，周王室发生第二次内乱，失政的边伯等五大夫共奉王子颓为君，讨伐周惠王，欲夺取王位，结果失败，奔逃温地。苏氏奉王子颓至卫，调用卫师、南燕师伐周惠王，周惠王自王城出奔。边伯、石速等五大夫在王城立王子颓为周王。郑厉公调解王室纠纷无效，遂捕获南燕君仲父，并迎奉周惠王到郑国栎地。郑伯、虢叔同奉周惠王伐王子颓，周惠王得以平乱复国，杀王子颓及五大夫。

周王室内乱不止，至春秋中叶，周灵王的宠信近臣伯舆与王叔陈生执掌周政，并以"单靖公为卿士，以相王室"。周景王去世后，周大夫单旗、刘狄并执周政，立周景王长子"猛"。而周景王庶子"朝"依靠旧官百工之失意者及灵、景之族作乱，与王子猛争王位，王师败，王子猛出弃，后为王子朝所杀。晋人攻王子朝而立周敬王。王师在晋师的帮助下曾一度击败王子朝，但后来王子朝卷土重来，入居王域。周敬王居狄泉，在王城东，史称"东王"；

---

① 司马迁撰、〔日〕泷川资言考证、〔日〕水泽利忠校补：《史记会注考证校补·周本纪》，上海古籍出版社1986年版，第91页。

王子朝亦在王城称王，史称"西王"。周王室出现二王并立的分裂局面。晋师帮助周敬王讨伐王子朝，王子朝及其同党席卷周王室的典籍奔楚，周敬王还都成周洛邑，单、刘专政，其后刘氏亡，"单氏取周"。史称单刘奉王号令天下，"王室遂卑"。^①

自周平王东迁到平定王子朝之乱，周王室都是依靠诸侯的力量渡过危机。《国语·郑语》曰："及平王之末，而秦、晋、齐、楚代兴，秦景、襄于是乎取周土，晋文侯于是乎定天子，齐庄、僖于是乎小伯，楚蚡冒于是乎始启濮。"周王室名义上还是天下共主，但军事力量弱小，政治上无法控制全国政局，只有任凭列国纷争。周平王东迁依靠晋、郑两诸侯国，秦襄公出兵护送周平王，并发兵伐戎，被列为诸侯。歧以西地方和周余民归秦所有。周王还赐郑武公虎牢以东地方，赐晋文公温原等十二邑。东周初周王室还拥有土地六百里，其后因屡次分封功臣及为夷戎侵蚀等原因，日割月削，面积一天天缩小，最后东周王室版图东不及虎牢，西不及崤函，北至黄河，南抵伊汝二水，广袤不过一二百里，土地人口大为缩减，财赋来源狭窄，仅类于二三等诸侯国。由于周王以功臣为卿士，郑武公父子相继独掌王权。郑庄公"以王命讨不庭"，联合齐、鲁，攻打宋、卫，打败北戎，稳定了东周政局，但也日益桀骜不驯。周平王见郑伯太专权，便想把周室政权分一半给虢国掌握，郑庄公竟然要周王不得"贰于虢"，迫使周王同郑国交换人质，史称"周郑交质"，郑伯俨然与周王室是对等敌国。周、郑矛盾是周室中央同内卿士矛盾的表面化，由周郑相依发展到周郑相疑。郑庄公派兵侵周，擅自收割温地的麦子，同年秋又夺取周附近的庄稼，周郑遂成仇敌，史称"周郑交恶"。周桓王时，终于授虢公为王右卿士，而以郑伯为王左卿士，虢公转尊于郑伯。公元前707年，"王夺郑伯政"，以内诸侯周公代郑伯，"郑伯不朝"，于是周郑演成王权与方伯的兵戎相见。周王率王师及蔡、卫、陈三国之师伐郑，郑三军会攻王师，王师败绩，周王也被射中肩膀。经此一战，周政尽归内诸侯，周王室从此一蹶不振。这是东周王室转衰的一大关键。

---

① 参见《左传·昭公二十二年》《国语·周语下》。

周王室衰弱，使春秋初年那种认为通过"觐王"可以定君位的幻想也破灭了。按周之朝聘制度规定，诸侯有义务定期向周王室纳贡，"比年一小聘，三年一大聘。五年一朝"①。而春秋二百三十二年间，同周王室最亲近的鲁国，仅朝王三次，聘周四次，而朝齐却有十次，朝晋二十四次，聘齐十六次，聘晋二十次。周室既卑，"诸侯失礼于天子"，不祭祀王室宗庙的"不敬""不孝"的事屡有发生，如公元前710年周王派兵"入杞，讨不敬"②。楚国也"贡苞茅不入，王祭不供，无以缩酒"③。不但如此，周定王元年（公元前606年），楚国伐陆浑之戎，途经洛邑，"观兵于周疆"，竟向王室"问鼎之轻重"，想夺取象征王权统治的九鼎，灭周之意十分明显。④

（二）诸侯兼并

春秋初期，周王朝下辖有一百四十多个诸侯国，但据司马迁统计，"春秋之中，弑君三十六，亡国五十二，诸侯奔走不得保其社稷者不可胜数"⑤。周初"封藩建国""以藩屏周"，即以宗法纽带维系的松散的政治军事联盟，到春秋中后期已经完全解体。周王室僻处一隅四战之地，下降到二等诸侯国的地位。经常向其他诸侯国"求赙"（要丧葬财物）"求金"（青铜）"求车""告饥"，像小诸侯国一样应召入盟。

一些诸侯国利用自身的军事优势，拓展疆域，吞并邻近小国。齐国"并国三十五"，晋国"献公并国十七，服国三十八"，楚庄王"并国二十六，开地三千里"，秦穆公"兼国十二，开地千里"。⑥逐步形成鲁、齐、晋、秦、楚、宋、卫、陈、蔡、曹、郑、燕、吴、越等十几个势力较强的诸侯国。这些诸侯国以其都城为中心，吞噬周边小国及与其他诸侯国间的空旷地带，极

---

① 《礼记·王制》。
② 《史记·周本记》。
③ 《国语·齐语》。
④ 《左传·宣公三年》。
⑤ 《春秋繁露·灭国篇上》。
⑥ 《荀子·仲尼》《韩非子》的《难二》《有度》《十过》。

力扩展其疆域。这种诸侯争霸局面，是王权衰落、各地政治经济发展不平衡的表现。郑国依恃其地理上"处天下之中"，交通商业发达，又多年充任周卿士的特殊地位，用远交齐、鲁，近攻宋、卫的策略，挟天子以令诸侯，公然灭虢灭郐。郑庄公伐卫、侵周、败北戎、伐鲁，召集齐、卫、宋盟于恶曹，纵横一时，成为小霸。1923年河南出土的王子婴次炉，证明郑庄公在败周之后，一度称王。后因国内发生内乱中衰。[①]

（三）戎狄交侵

中原各国的连年战争，给戎狄以可乘之机。犬戎灭周，使一度是中国政治经济文化中心的镐京，残破不堪，"周余黎民，靡有孑遗"[②]，出现了严重的社会倒退。东周建国，戎狄又向东南侵犯，他们以今山西、陕西两省为根据地，势力一直发展到今河南、河北、山东等地。狄曾侵晋，一直打到晋都的郊外。公元前706年，北戎伐齐。公元前664年，山戎伐燕。公元前667年，狄伐邢。公元前666年，狄伐卫而灭其国。公元前650年，狄灭温。公元前649年，扬拒、泉皋、伊洛之戎助王子带伐周，攻破王城。其后又有狄伐齐、赤狄伐晋等战事。这些尚处于初期社会阶段的少数民族，对中原的侵犯，正如恩格斯所说："每一次由比较野蛮的民族所进行的征服，不言而喻地阻碍了经济的发展，摧毁了大批的生产力。"[③]北狄与南方楚国对中原各国的夹攻，使中原诸国遭受到空前的浩劫，史称"南夷与北狄交，中国不绝若线"[④]。

周室衰微，戎狄与楚国的交侵，使中原各诸侯国有驱除外族入侵、捍卫中原先进经济文化的紧迫感。经过七八十年的兼并战争，各诸侯国谁也无法统御众诸侯国，更无法消减夷狄的侵略，使中原安定下来，有人便提出"争霸莫如尊王"的政纲。因此，"尊王"与"攘夷"便成为春秋时期各诸侯国首先要解决的历史课题，谁能顺应历史潮流，解决这个历史任务，谁就会在天

---

① 童书业：《春秋史》，山东大学出版社1987年版，第119页。

②《诗经·大雅·云汉》。

③《反杜林论》第二编，《马克思恩格斯选集》第222页。

④《公羊传·僖公四年》。

下汹汹的潮流中稳执牛耳，成为列国拥戴的霸主。

二、经济发展方面

（一）春秋时期的农业发展状况

到春秋时期，农业得到了长足的发展，其主要表现为：农业生产中开始出现铁农具，青铜农具也得到进一步的推广，牛耕在农业生产中得到应用，并兴修了一些有利于农业发展的水利工程。但传统的畜牧业、渔猎业、采集业仍在经济生活中占有重要的地位。它们相辅相成地构成了春秋时代农民生产和生活的物质基础。

春秋时期的农业生产工具，据文献和现有的考古资料分析，比西周时有了较大进步，其主要表现为青铜器和铁器等金属农具代替了石、骨、蚌等原始农具，成为农业生产中的主要工具。20世纪70年代以来，在陕西、甘肃、湖北、湖南、山东、山西、河北、河南、安徽、上海、江苏、浙江、江西等地先后出土了一大批春秋时代的铁锸、铁铲、铁镢、铁镰、铁锛等农具。这些农具从种类上可分为：整理土地的农具，如耒、耜、镢、铲、犁铧等；中耕农具，如锄、耨等；收割农具，如钩镰、锯镰、铚等。这些出土的铁器从时间上来说，从春秋早期、中期到春秋战国之际均有；从分布的地域来看，兼涉北方的齐、晋、秦、燕和南方的楚、吴、越，这与《国语·齐语》记载的"恶金以铸锄、夷、斤、斸，试诸壤土"完全相符，说明春秋时代制造和使用铁农具已相当广泛。除金属农具外，春秋时仍继续使用非金属的农具，在湖北、山东、山西、河北、江西等地的春秋遗址中都曾出土一定数量的石、木、骨、蚌农具，但其数量比商周遗址出土的同类农具要少得多。看来这些石、木、骨、蚌等非金属农具在农业生产中已不占主要地位。

春秋时期的农业生产技术，据文献和现有的考古资料分析，也比西周时有了较大的进步，其主要表现为：其一，重视农田的统一规划整理，据《左传》记载，郑国的子产曾对郑国的农田进行规划整理，使"田有封洫，庐井有伍"①。楚国亦将农田林泽进行统一规划，以便因地制宜种植庄稼和发展林、牧业，"书土田、度山林，鸠薮泽，辨京陵，表淳卤，数疆潦，规偃豬，町原防，牧隰皋，井衍沃"②。其二，注意农田的精耕细作。《国语·齐语》曰："及耕，深耕而疾耰之。"要求耕种时要深耕并尽快地碎土平田。在耕种期内，要勤于除草培土，以促进庄稼的生长，"是穮是蓘"③。深耕勤耰，及时碎土平地，不断耘田除草，说明农作已不全是粗放的耕种，而进入精耕细作的阶段。其三，在中原地区推行一年两熟制。据文献记载，公元前720年4月郑国掠取了周温（今河南温县西南）地的麦，同年秋又掠取了成周（今河南洛阳东）的"禾"（小米），说明中原地区已开始了冬小麦和小米的轮种。其四，牛耕成为时尚。据文献记载和考古资料判断，春秋时将牛用于农业生产，并逐渐代替人力成为中国古代农业生产中的主要动力。据《国语》记载，晋国的范氏、中行氏在晋国政治斗争中失败后，其子孙逃到齐国为农，将宗庙中作牺牲的牛改为耕地的工具，"夫范、中行氏不恤庶难，欲擅晋国，今其子孙将耕于齐，宗庙之牺为畎亩之勤"④。由于牛耕成为时尚，所以许多人的名字往往和牛、耕、犁等字相连。《史记·仲尼弟子列传》记述了许多孔子著名弟子的名字，其中就有"冉耕，字伯牛"，"司马耕，字子牛"。《论语·颜渊》说："司马耕问仁。"孔安国注："牛，宋人，弟子司马犁。"取名与牛、耕、犁等字相连，反映了春秋后期以牛拉犁耕地是时人向往的新生事物。其五，水利的兴修。春秋以来人工灌溉开始有明显的发展。各诸侯国为了提高农产量，已十分重视沟渠的整修，如郑国"子驷为田洫"⑤，楚国

①《左传·襄公三十年》。
②《左传·襄公二十五年》。
③《左传·昭公元年》。
④《国语·晋语九》。
⑤《左传·襄公十年》。

"决期思之水，而灌雩娄之野"①。据学者研究，期思陂是我国最早的大型水利工程。春秋时在兴修水渠的基础上开始修建我国最早的人工运河，据记载当时修筑的运河有陈国和蔡国之间沟通沙、汝水的运河，《水经注·济水》引《徐州地理志》说："偃王治国，仁义著闻，欲舟行上国，乃导沟陈、蔡间。"有楚郢都通汉水的运河。《水经注·沔水》也说："言此渎，灵王立台之日，漕运所由也。其水北流注于杨水。"又有太湖通长江的运河，"吴左故水道，出平门，上郭池，入渎，出巢湖，上历地，过梅亭，入杨湖，出渔蒲，入大江，奏广陵"②。还有吴王夫差开凿联结长江、淮河的邗沟，"秋，吴城邗，沟通江、淮"③。后又开深沟通沂、济水。④这些运河的开凿，对春秋时的水运具有重大意义，同时对陈、蔡、吴、宋、鲁等国的农田灌溉也起了相当重要的作用。

春秋时期的农作物品种除了传统的粟、黍、麦、稻、菽等粮食作物外，还出现了经济作物——麻。春秋关于麻的记载很多，如《诗经·王风·丘中有麻》中有"丘中有麻。"《诗经·豳风·七月》有"九月叔苴"。"苴"即麻子。《诗经·齐风·南山》有"禾麻菽麦"。《诗经·曹风·蜉蝣》有"麻衣如雪"的记载。江西贵溪县崖墓出土了春秋战国时的大麻和苎麻布。安徽舒城凤凰咀和湖南长沙浏城桥的墓中都出土了春秋苎麻残片。江苏六合和仁也发现了春秋苎麻纤维残迹。由此可见，春秋时各诸侯国都普遍种植大麻和苎麻。

春秋时期不仅种植粮食作物和经济作物，而且果树、蔬菜等农副业生产也相当发达，园圃业已从大田农业中分离出来，成为独立的副业。据《论语·子路》记载，孔子的学生樊迟曾向孔子请教如何种田，孔子曰："吾不如老农。"又向孔子请教如何种菜，孔子又曰："吾不如老圃。"将种田和种菜分开，表明园圃业已自成一体。据《左传》《诗经》等文献记载，当时菜园、林果园已普遍存在。《左传》宣公二年记载赵穿在桃园杀晋灵公；《诗

---

①《淮南子·人间训》。

②《越绝书·吴地记》。

③《左传·哀公九年》。

④ 参见《国语·吴语》。

经·豳风·七月》中记载菜园中种植了葵菜、瓜、葫芦等，果园中种植了各种林木或果树。《诗经》记载的经济园林中的主要树种有：漆树、桑树、杨树、椅树、桐树、梓树、柞树、杞树、檀树、竹子等。《诗经·秦风·东邻》曰："阪有漆，隰有栗"，"阪有桑，隰有杨"。《诗经·鄘风·定向之中》曰："椅、桐梓、漆。"《诗经·唐风·鸨羽》说"集于苞栩"，苞栩即柞树。《诗经·郑风·将仲子》有"无折我树杞"，"无折我树檀"。《诗经·魏风·淇奥》有"绿竹青青"。反映在《诗经》中的果树品种有：栗、枣、梅、李、榛、桃、木瓜、木桃、木李等。《诗经·曹风·鸤鸠》有"其子在梅"，"其子在棘（枣）"，"其子在榛"。《诗经·王风·丘中有麻》有"丘中有李。"《诗经·魏风·园有桃》曰："园有桃。"《诗经·卫风·木瓜》说："投我以木瓜，报之以琼琚"，"投我以木桃，报之以琼瑶"，"投我以木李，报之以琼玖"。

春秋时期的桑蚕业成为农村中的重要副业。《诗经·魏风·十亩之间》曰："十亩之间兮，桑者闲闲兮。"桑园有十亩之广，已具相当规模。《诗经》中提到桑园的有《秦风》《卫风》《唐风》《曹风》《豳风》《鄘风》《郑风》等，提到采桑和桑园的诗有十多首。根据考古资料可知，春秋时期，黄河流域、长江流域的桑蚕业都十分发达。

以采集、畜牧和渔猎的原始经济，在春秋时期仍是农业经济的重要补充。《诗经》中有许多反映当时人们采集的诗句，《诗经·周南·关雎》说："参差荇菜，左右采之。"《诗经·周南·卷耳》有"采采卷耳"。《诗经·召南·草虫》有"言采其蕨""言采其薇"。从《诗经》的这些记载中可知，当时人们采集的供食用的植物主要有："苦"（苦菜）"葑"（蔓青）"菲"（萝卜）"卷耳"（野菜）"蕨"（蕨菜）"薇"（野豌豆）"苹"（田字草）"藻"（水藻）"莫"（莫菜）等。有的食用兼药用：如"芣苢"（车前草）"萧"（荻蒿）"艾"（艾蒿）等。有的用作衣服原料：如葛，《诗经·周南·葛覃》就描写了从采葛到织布制衣的全过程。从《诗经》所反映的春秋时人们采集的范围之广，品种之杂，可以看出当时人工栽培蔬菜还不能完全代替野生采集，采集还是当时人们的生产、生活中经常性的活动，是农业生产不能缺少的补充手段。

　　春秋时期的畜牧业十分发达。《诗经》中有许多诗句描写当时的牧畜、饲畜的场面。《诗经·周南·汉广》说："翘翘错薪，言刈其蒌。之子于归，言秣其驹。"《诗经·召南·驺虞》曰："彼茁者葭，壹发五豝，于嗟乎驺虞。"《诗经·王风·君子于役》曰："曷至哉，鸡栖于埘。日之夕矣，羊牛下来。""曷其有佸，鸡栖于桀。日之夕矣，羊牛下括。"《诗经·鲁颂·駉》有"駉駉牡马，在坰之野。薄言駉者，有骄有皇，有骊有黄，以车彭彭。思无疆，思马斯臧"的记载。从这些诗中，我们可以看到当时人们牧放马、牛、羊、猪的情景，同时也可窥见当时窝养、架养鸡和圈养牛、羊的状况。

　　春秋时期，由于战争和交通的需要，在畜牧业中，人们更重视马的饲养。当时的贵族生前外出要乘马车，死后往往以车马陪葬。据考古资料，目前出土规模最大的殉马坑是山东临淄齐国故城五号墓的殉马坑，发掘不到一半，已发现殉马228匹，估计全坑殉马达600匹以上。[①]数量之多、规模之大，举世罕见。在山西太原金胜村晋国贵族七鼎墓的车马坑发掘殉马44匹。[②]山西临猗程村春秋墓地发掘了六个车马坑，发掘殉马20匹。另外，1990年5月在修建济青高速公路时，在山东省临淄齐陵镇发现了春秋中期大型殉车马坑，发掘战车10辆，马32匹；排列整齐有序，威武壮观。这些考古发现，反映了春秋时代养马业的繁盛。

　　《诗经》中有许多反映当时人们渔、猎的诗句。《诗经·邶风·新台》有"鱼网之设，鸿则离之"，《诗经·召南》有"其钓维何，维丝伊缗"。《诗经·周南·兔罝》曰："肃肃兔罝，施之中逵""肃肃兔罝，施之中林。"《诗经·召南·野有死麕》有"野有死麕，白茅包之"。《诗经·齐风·还》说："并驱从两肩兮""并驱从两牡兮""并驱从两狼兮"。《诗经·郑风·大叔于田》曰："叔于田，乘乘马。执辔如组，两骖如舞。叔在薮，火烈具举，襢裼暴虎，献于公所。"据统计，《诗经》十五国风一百六十篇诗中，叙述渔、猎场面的就有十四篇之多，说明渔、猎仍是当时人们生产和生活的主要内容之一。

---

　　① 参见张学海、罗勋章：《齐故城五号东周墓及大型殉马坑的发掘》，载《文物》1984年第9期。

　　② 侯毅、渠川福：《太原金胜村251号春秋大墓及车马坑发掘简报》，载《文物》1989年第9期。

　　根据《诗经》的记载，春秋时代鱼的种类主要有：鳣、鲔、鳟、鲂等十几种。当时的捕鱼工具既有"罛"（大网），又有"罬"（三股绳索织成的小而密的网）。钓鱼用细而长的竹竿，装上用丝织成的"缗"。除了网、钩外还有"笱"（口有倒刺，能诱鱼进而不能出的筒形竹鱼篓），可谓设备先进，方法多样。另外，当时的人工养鱼业也有了较大发展，据《晏子春秋·外篇》记载：晏子治东阿，"陂池之鱼，以利贫民，当此之时民无饥。……陂池之鱼，入于权宗，当此之时饥者过半矣"。《太平御览》引《吴越春秋》："越王既栖会稽，范蠡等曰：'臣窃见会稽之山有鱼池上下两处，水中有三江四渎之流，九溪六谷之广，上池宜于君王，下池宜于民臣，畜鱼三年，其利可以致千万，越国当富盈。'"足见当时的养鱼业是关系国计民生的重要产业，甚至成为一些国家的重要财政收入。所以当时专设官吏管理养鱼业，据《孟子·万章上》记载："昔者有馈生鱼于郑子产，子产使校人畜之池。"赵岐注：校人，"主池沼小吏也"。当时吴越地区的养鱼业尤其发达，因此出现了中国第一部，也是世界上最早的总结养鱼经验的理论专著——《陶朱公养鱼经》。此书不见得就是范蠡所作，但却反映了春秋时期养鱼业的发展水平。

　　从《诗经》中可以发现，春秋时的狩猎方法是多种多样的。网捕小禽兽一般采用布大网、设网车、陈小网等不同方法。对于较大的禽兽往往采用驱马射猎的方式，猎人在射猎中除了驱马射箭外，还使用了猎犬，"卢重环，其人美且鬈"[1]。这描绘了项上套着重环的猎犬和俊俏、勇敢的猎人的形象。春秋时贵族中盛行规模巨大的田猎。《诗经·郑风·叔于田》描写了郑国共叔段出动全里巷人马去田猎，使里巷中空无一人。《诗经·郑风·大叔于田》还具体描写了共叔段大规模田猎的情景：共叔段外出打猎，驾着四匹马的车，挥动缰绳，马如舞驰骋，人们高举火把，徒手与虎搏斗，打猎的车队展开雁形的队形进行射猎。《诗经·秦风·驷驖》则描写了秦襄公在随从的护卫下，驾着四匹黑马出猎、射鹿、收猎的过程。春秋时期，战争频仍，各诸侯国继承和发展了传统的狩猎和军事训练相结合的"春蒐、夏苗、秋狝、冬狩"训

---

[1]《诗经·齐风·卢令》。

练形式。

　　春秋时期的土地制度随着生产力的提高发生了重大变化，从原始的村社制度延续而来的井田制逐步瓦解。井田制的瓦解，一方面表现为"公田不治"。铁制工具的出现，农业生产技术的进步，使得当时的农业产量有了提高；农民对"私田"上的劳动增加了兴趣，因而出现了"公田不治"的现象，"公田"上的农业生产逐渐没落。另一方面表现为井田以外开垦的私田不断增多。针对这一情况，当时的奴隶主贵族便一反过去的传统，取消"公田""私田"的区分，实行了"履亩而税"①制度。为了"履亩而税"，首先必须使公社农民的"私田"固定化，从此公社内部的土地制度，便由过去的暂时占有变为永久占有。"民受田：上田，夫百亩；中田，夫二百亩；下田，夫三百亩。岁耕种者，为不易上田；休一岁者，为一易中田；修两岁者，为再易下田。三岁更耕之，自爰其处。"②由于各个地区的经济发展不平衡，这种制度的变化，有先有后。在春秋列国中，首先实行"履亩而税"的，是齐国的"相地而衰征"③；继齐国之后是晋国的"作爰田"④；再后是鲁国的"初税亩"⑤。楚国在鲁襄公二十五年（公元前548年）也对当时的田制进行了改革，即"量入修赋"⑥。郑国在鲁襄公三十年（公元前543年）也对公社土地进行了改革，"田有封洫，庐井有伍"⑦。社会经济发展缓慢的秦国，通过秦简公七年（公元前408年）的"初租禾"⑧，也完成了上述田赋制度的变化。由于各国赋税制度的改革，客观上促使春秋时井田制的加速崩溃，原来农业中的宗族公社逐步分化瓦解，以私田为基础的封建制的生产关系逐渐确立。

---

①《公羊传·宣公十五年》。

②《汉书·食货志》。

③《国语·齐语》。

④《左传·僖公十五年》。

⑤《左传·宣公十五年》。

⑥《左传·襄公二十五年》。

⑦《左传·襄公三十年》。

⑧《史记·六国年表》。

（二）春秋时期的手工业、商业发展状况

春秋时代手工业发展的突出反映是出现了冶铁手工业，生产力的发展由青铜器时代开始逐步进入铁器时代。冶铁手工业的出现从根本上改变了社会经济的面貌，在手工业发展方面，带动了青铜冶炼、纺织、陶瓷、漆器、玉石等其他手工业的全面发展。大凡礼器、兵器之类的生产，各诸侯国设有工正、工师、工尹等官吏管理，各种手工业仍由官府控制，而一些日常生活用品，则由所谓"工肆之人"[①]"百工居肆，以成其事"[②]的民间手工业者自产自销。

春秋时期的官府手工业，基本上与西周时期相同，但其种类更为繁多，制度更为完整。当时官府手工业的分工，据《礼记·典礼下》记载："天子之六工，曰：土工、金工、石工、木工、兽工、草工，典制六材。"《周礼·考工记》亦载："凡攻木之工七，攻金之工六，攻皮之工五，设色之工五，刮摩之工五，抟埴之工二。"在各种类别内部亦分为许多工种，而且注意发挥协作的作用。如《周礼·考工记》云："一器而工聚焉者，车为多，车有六等之数。"再加上油漆工、彩画工、马具工和绳带工等，一辆车的完成，需要众多手工业门类的通力合作，故《吕氏春秋·君守》曰："今之为车者，数官然后成。"

春秋时期的官府手工业是直接为统治阶级服务的，由于统治阶级的消费欲望愈来愈大，所以官府手工业的经营范围和质量要求也就愈来愈高。当时的官府手工业，既有完整的制度，又有严密的管理方法和监工的考核和检查。当时具有专业技术的人员，无不被官府网罗在官府手工业的有关部门中，而成为"在官之工"，即《国语·齐语》所说的"处工就官府"。这种制度成为当时手工业技术传授和业务训练的保障，"令夫工群萃而州处，相良材，审其四时，辨其功苦，权节其用，论比计制，断器尚完利。相语以事，相示以功，相陈以巧，相高以知，旦夕从事于此，以教其子弟，少而习焉，

①《墨子·尚贤上》。

②《论语·子张》。

其心安焉，不见物而迁焉。是故父兄之教，不肃而成；其子弟之学，不劳而能。夫是，故工之子常为工"①。被征集在官府手工业中的各种工匠，是在工师的直接领导和监督下进行工作的。《周礼·考工记》说："国有六职，百工与居焉。"《管子·立政》说："论百工，审时事，辨功苦，上完利，监一五乡，以时钧修焉，使刻镂文彩毋敢造于乡，工师之事也。"《吕氏春秋》中详细记载了工师负责考核和检查的情况，"是月也，命工师令百工，审五库之量，金铁、皮革、筋角、齿羽、箭干、脂胶、丹漆，无或不良，百工咸理，监工日号，无悖于时，无或作为淫巧以荡上心"②。"是月也，工师效功，陈祭器，按度程，无或作为淫巧以荡上心，必功致为上。物勒工名，以考其诚，工有不当，必行其罪，以穷其情。"③官府工匠在每年的三月至八月，在各类手工业作坊中从事生产，九月霜降之后，至第二年三月解冻之前，官作停止。"是月也，霜始降，则百工休。"④工匠结束了官府的劳役之后，才是为自己工作或经营的时间。

春秋时期的民间手工业成为当时的生产和生活的重要方面。据《吕氏春秋·召类》记载："南家，工人也，为鞔者也，吾将徙之。其父曰：'吾恃为鞔以食三世矣。今徙之，是宋国之求鞔者不知吾处也，吾将不食。愿相国之忧吾不食也。为是故吾弗徙也。'"这个南家之人，以自己的家庭为作坊，从事手工业生产，并有迁徙的自由。《说苑·反质》亦载："鲁人身善织屦，妻善织缟，而徙于越。或谓之曰：'子必穷。'鲁人曰：'何也？'曰：'屦为履，缟为冠也，而越人徙跣剪发，游不用之国，欲无穷可得乎？'"春秋时期的家庭手工业，主要是由妇女从事的纺织业。"今也妇人之所以夙兴夜寐，强乎纺绩织纴，多治麻丝葛绪捆布縿，而不敢怠倦者，何也？曰：彼以为强必富，不强必贫，强必暖，不强必寒，故不敢怠倦。"（《墨子·非命下》）可见，这种家庭手工业在当时的人民生活中占有重要地位。

---

① 《管子·小匡》。

② 《吕氏春秋·季春纪》。

③ 《吕氏春秋·孟冬纪》。

④ 《吕氏春秋·季秋纪》。

关于人工冶铁术出现的时间，历来争论不已。据古文献记载和近年来的考古发掘，可以断定在春秋时已开始跨入铁器时代。《诗经》《国语》《左传》《吴越春秋》等均有关于春秋时代铁器和冶铁手工业的情况记载，《诗经·秦风·驷驖》曰："驷驖孔阜，六辔在手。"《国语·齐语》记载："（齐）桓公问曰：'夫军令则寄诸内政矣，齐国寡甲兵，为之若何？'管子对曰：'轻过则移诸甲兵。'桓公曰：'为之若何？'管子对曰：'制重罪赎以犀甲一戟，轻罪赎以鞼盾一戟，小罪谪以金分……美金以铸剑戟，试诸狗马；恶金以铸锄、夷、斤、斸，试诸壤土。'甲兵大足。"《左传·昭公二十九年》记有："晋赵鞅、荀寅帅师城汝滨，遂赋晋国一鼓铁，以铸刑鼎，著范宣子所为刑书焉。"《吴越春秋·阖闾内传》说："干将作剑，采五山之铁精，六合之金英……使童女童男三百人鼓橐装炭，金铁乃濡，遂以成剑。"

近年来考古发掘出土了大批春秋时期的人工冶炼铁器：河南三门峡上村岭虢国2001号墓出土春秋初期玉茎铜芯铁剑1件，2009号墓出土春秋初期铁刃铜戈1件、铁工具3件；陕西陇县边家庄秦墓出土春秋早期铜柄铁剑1件，长武秦墓出土春秋早期铁匕首1件；甘肃灵台景家庄出土春秋早期铜柄铁剑1件，永昌三角城出土春秋早期铁锸1件；陕西宝鸡益门村2号秦墓出土春秋中期金柄铁剑3件、金首铁剑17件；陕西凤翔秦公墓和秦宗庙遗址出土春秋中晚期铁锸、铁铲十多件；湖南益阳楚墓出土春秋中晚期铁锸、铁剑各1件，长沙楚墓出土春秋中晚期铁锸四件、铁削、码子、环形器共20件；江苏六合程桥吴墓出土春秋晚期铁条、铁丸各1件；河南淅川下寺楚墓出土春秋晚期玉柄铁匕首1件；湖南常德德山楚墓出土春秋晚期铁削1件，长沙龙洞坡楚墓出土春秋晚期铁削1件；湖北江陵出土春秋晚期铁镰1件、铁铲1件；山东临淄出土春秋末期铁削1件；河南扶沟古城出土春秋时期铁镢1件；河北易县燕下都出土春秋时期铁镰1件；江苏武进出土春秋时期铁镰1件，等等。综合起来看，在春秋早、中、晚期，各主要诸侯国所辖区域都有铁器出土，据不完全统计，总数达80件以上。铁器不易保存，今天仍有这样多数量的铁器发现，足可证明整个春秋时代已存在独立的冶铁手工业部门。

春秋时的青铜手工业在商、周发达的冶铜业基础上得到了进一步的发展，开创了中国青铜器冶铸业的第二次高峰。近年来在春秋时期遗址中出土了数量众多的青铜器皿，其中大型墓如河南三门峡上村岭虢国墓仅青铜礼器一项就出土181件；安徽寿县蔡侯墓出土青铜器具486件；河南淅川下寺楚墓出土各类青铜器700余件。历年来出土的春秋时期的青铜器，包括礼器、兵器、乐器、车马器、农具、工具、杂器等，涉及当时政治、军事、生产和生活的各个方面。这说明青铜器铸造业仍是当时的重要生产部门。青铜器的风格，春秋早期基本与西周相同，中晚期向更精致、更成熟的方向发展。有许多青铜器采用错金银、鎏金、镶嵌、线刻等工艺，安徽寿县蔡侯墓出土的错金"栾书"缶、太原金胜村251号春秋大墓出土的两件错金带钩，都是金银错器具；河南辉县琉璃阁甲、乙墓出土的铜壶、安徽寿县蔡侯墓出土的敦、豆、缶、方鉴、四耳盘等七件铜器，均用红铜镶嵌花纹；江苏六合程桥二号墓出土的一件铜器残品，上有线刻的树林、野兽、对饮的人物及捧豆侍者等画像的贵族宴饮和狩猎残图，镇江谏壁王家山吴墓出土的青铜匜、盘、舟内有线刻的宴饮、乐舞、射侯、舟旅等贵族生活画面，这些刻纹细如发丝，是我国最早的线刻工艺品。这些工艺使器物更加精细美观，标志着青铜手工业发展的又一高度。

　　20世纪70年代，在湖北大冶铜绿山发现了商至西汉的古铜矿采掘和冶炼遗址，在南北长约两公里、东西宽一公里的范围内，发现了不少春秋战国时期的矿井和采矿工具，矿井附近还有春秋时的冶炼遗址。据对春秋时期井巷框架结构的分析，发现当时人们已在采矿的过程中较好地掌握了通风、排水、提升等技术。在春秋时期的矿井中出土了不少铜斧、铜锛、木铲、木瓢、船形木斗、竹篓、绳索等工具和器具，说明当时采矿的主要工具是青铜器和木器。遗址中还发现了春秋时期的冶铜竖炉，其由炉基、炉缸、炉身三部分组成，炉基在地表之下，底部有通风沟，炉缸架在通风沟之上，呈长方形，缸上部有金门和鼓风口。炉身因倒塌而高度不明，炉壁厚40厘米。炼炉旁有石砧、木炭、矿石和炉渣等遗存，据推测，这种炉子可以连续加料、排渣和放铜，具有较高的功效。堆积的炼渣达40吨，据分析，炼渣成分合理，酸度适宜，含铜量平均为0.7%，说明当时的炼铜技术已达到一定水准。[1]

春秋时代还出现了新的青铜铸造技术——失蜡法。失蜡法工艺是采用易熔化的材料（如动物油、黄蜡等）制成模后，在蜡模表面用细泥浆多次浇淋，涂上耐火材料，使其硬化，做成铸型，再经烘烤化蜡，使蜡油流出，然后浇注铜液，铸成结构复杂的青铜器。失蜡法工艺开创了我国古代铸造工艺的新局面。据考古发现，河南淅川下寺楚墓2号墓出土的铜禁和1、3号墓出土的铜盏盖钮和器足，经鉴定是用失蜡法铸造而成的，它们是迄今发现的我国最早的失蜡法工艺的标本。

由于春秋时期青铜器制作技术比西周时又有了进步，制造的青铜器皿更加精美。如河南淅川下寺楚墓出土的楚国王子午鼎七件，最大的100.2千克，最小的80.2千克，鼎盖钮两端铸兽头，鼎口及腹壁外铸6个夔龙，鼎足也铸成兽面和怪兽状。器物造型雄伟，制作精美，全鼎铸造使用了浑铸、分铸及相互结合各种范铸方法。7个鼎盖上都铸有相同的四字篆书，鼎内壁铸14行84字鸟篆文。又如河南新郑出土的莲鹤方壶，盖上铸镂空莲瓣两层，立一鹤，昂首展翅。壶满布蟠龙纹，腹旁以两龙为耳，腹上部各有一组相互缠绕的三兽，四隅用飞兽为扉棱，圈足上四边各有两兽相对。全壶设计奇巧，鹤、兽、龙造型精美，花纹雕刻细腻，是我国青铜器发展史上的代表作。

春秋时代的纺织业在商、周的基础上也有了长足的进步，纺织技术、纺织产品、染色技术都有了提高。丝织业是当时纺织业的主要部门，当时在黄河流域的齐、晋、鲁、秦、郑、卫、曹和长江中下游的楚、吴、越等国都普遍种桑养蚕。由于丝织品产量的提高，各级贵族的衣服以丝绸为主，各国使节互赠礼物和祭祀也往往玉帛并列，"牺牲玉帛，弗敢加也"[2]。丝织品的种类有绢、纱、纺、缟、纨、绨、罗、绮、锦等。当时齐国是丝织业的中心，"故其俗弥侈，织作冰纨绮绣纯丽之物，号为冠带衣履天下"[3]。据说齐襄

---

[1] 参见铜绿山考古发掘队：《湖北铜绿山春秋战国古矿井遗址发掘简报》，载《文物》1975年第2期。

[2]《左传·庄公十年》。

[3]《汉书·地理志》。

公的嫔妃数千人都"衣必锦绣"。齐桓公称霸时曾以花锦厚礼回赠诸侯。①齐景公更在台榭上披盖绣着花纹的丝织品。②山东临淄郎家庄1号墓出土了绢、锦、刺绣的残片和玉、玛瑙制作的蚕形器。墓中的一块丝织品，经密56×2根/厘米，纬密32根/厘米，经丝投影宽0.2～0.5毫米，纬丝投影宽0.13～0.2毫米，这比西周墓中的丝织品精细得多。③长江流域的楚国，丝织业也十分发达。据《管子·小匡》记载，齐桓公伐楚时，要楚王"贡丝于周"。由于丝织品多，甚至楚庄王的爱马也"衣以文绣"④考古发掘出土的春秋时期楚国的桑蚕纹铜尊，上面的花纹以四片桑叶组成，叶上及四周布满形态各异的蚕，生动地反映了桑蚕生息状况。当时的吴、越也盛产丝绸，吴王夫差一次就赐给太宰伯嚭杂缯40匹。⑤

　　麻纺织也是当时纺织业中的重要部门。麻分为苎麻、大麻、葛麻几种。苎麻是中国的特产，用它织成的夏布是西周以来就有的纺织品。《左传·襄公二十九年》记述了吴公子季札到郑国聘问，送给子产白绢大带，子产回赠其苎麻织成的衣服，说明当时高级的苎麻衣是贵族的服装，可以作为诸侯国间交往的礼品。大麻织品是当时普通劳动者的衣料，其精细者也被贵族青睐，当时丧服就用各种不同等级的麻布做衣、帽和带子。葛原是野生植物，商周时中原地区已有种植，春秋时既种植家生葛，也采集野生葛。《诗经》中涉及采葛、种葛和纺葛的有四十多处。《越绝书·外传记》记载了越王勾践被吴国打败后，在葛山引野生葛为人工培植，使葛产量大增，以葛布贡纳给吴王的史迹。《吴越春秋·勾践归国》亦记载了越王勾践为讨好吴国，使国中男女入山采葛，织成细布十万匹贡纳给吴王，致使民怨沸腾，并作诗讽刺勾践的故事。

　　毛纺织是春秋时期纺织业中的又一重要部门。当时贵族们的朝服有的用彩色的毛织成，称为氍衣。《诗经·王风·大车》有"氍衣如菼""氍衣如

①　参见《管子·小匡》。

②　参见《晏子春秋·外篇》。

③　参见山东省博物馆：《临淄郎家庄一号东周殉人墓》，载《考古学报》1977年第1期。

④　《史记·滑稽列传》。

⑤　参见《越绝书·外传记》。

瑞"。而一般劳动者只能穿粗毛织成的褐，"余与褐之父睨之"[1]。有的农民到了冬天甚至连粗毛做的褐也穿不上，"无衣无褐，何以卒岁"[2]。

春秋时期的纺织技术和染色技术均有了较大的提高，纺织技术的进步主要表现在织机的逐步完善上。《列女传·鲁季敬姜传》对鲁国的织机作了具体的描绘，从中可以看出当时的织机已有了机架、定幅筘、卷经轴、卷布辊、引综辊等装置，还配有清除经纱上的疵点、引纬和打纬的工具。春秋时期染色技术的发展和提高主要表现为服装色彩非常丰富，据《晏子春秋·内篇谏下》记载：齐景公爱穿花衣，一次他穿了黑白相间的上衣和白底绣着各色花纹的下裳，可谓是五颜六色集于一身。当时已打破了西周以"五方正色"（青、赤、黄、白、黑）和"五方间色"（绿、红、碧、紫、流黄）区分尊卑的制度，服装色彩呈现多样化，"恶紫之夺朱"[3]已成为时代的趋势。

春秋时代的陶瓷手工业生产亦比前代有所发展，在河南、河北、山西、山东、浙江等地陆续发现了大量的春秋时期的陶器手工作坊遗址。其中山西侯马发现的烧陶作坊遗址，在半平方公里内窑群密集，最密处77平方米范围内就有六座窑，有的几乎相互连在一起，可以想象当时的陶器生产规模之大，从窑室结构分析，也比西周时的陶窑结构有了进步。[4]

春秋时期的陶器，多数地区仍以夹砂灰陶与泥质灰陶为主，夹砂红陶与棕色陶较少，还有大量的灰皮陶和黑皮陶。陶器品种有鬲、釜、盘、罐、壶、盂、豆、钵等，以平底器和袋足器为多，并有一些圈足器或喇叭形座。春秋时的墓葬陶器除少数为实用陶器外，多为明器，有的仿日用器皿，更多的是仿青铜礼器，品种有鼎、簋、罍、匜、盆、盘等。陶器多为素面，装饰以粗绳纹为主，也饰印一些弦纹、划纹、圆圈纹、附加堆纹和暗纹等，也有彩绘的。陶器制作一般采用轮制，只有大型的厚胎陶器仍采用泥条盘筑法。

春秋时期在建筑上已广泛应用陶质材料，有陶水管、瓦、瓦当、筒瓦，

---

①《左传·哀公十三年》。

②《诗经·豳风·七月》。

③《论语·阳货》。

④参见《侯马晋国陶窑遗址的勘探发掘简报》，载《考古与文物》1989年第3期。

这时的瓦当、筒瓦、板瓦形制比西周时期的略小，胎壁稍薄。瓦当多为素面，也有饰蓝纹的。筒瓦上端增加口子，在下端背处留有小孔，以便前后套接，不易脱落。这一时期还出现了砖，在山西侯马春秋遗址发掘出土了到目前为止发现的最早的方形的砖。

吴、越地区的陶瓷手工业是春秋时期陶瓷业的一大特色。在今江苏南部、上海市、浙江北部的吴、越文化遗址，普遍出土了大量的印纹硬陶和原始青瓷，主要有簋、鼎、罐、尊、碗、盂、钟等；并发现了许多原始青瓷的窑址，其中以浙江绍兴、萧山、诸暨一带最为密集。绍兴富盛乡和萧山进化乡共发现窑址二十多处。富盛乡竹圆窑址南北长200米，东西宽40米，遗址保存着五层窑床，是在原窑基础上重修叠成，为呈东西向的龙窑。浙江德清也发现了四十多处原始瓷遗址，时间包括整个春秋时代。从窑内的安排和器物的情况推测，春秋早期瓷窑已创造了套装叠烧工艺。由于吴越地区原始瓷业的发达，统治者往往以大量的原始瓷随葬，如江苏句容马粟发现的十座春秋中晚期墓葬，原始瓷占随葬品总数的四分之一。

春秋时期漆器手工业有了重大发展。据文献记载，当时人们已专门种植漆树，《诗经·秦风》有"阪有漆，隰有栗"，《诗经·鄘风》有"椅桐梓漆，爰伐琴瑟"的记载。据考古发掘，在临淄郎家庄齐国墓，湖北当阳、江陵雨台山、襄阳山湾等地楚国墓，长治分水岭269号和长子7号晋国墓，凤翔秦公一号墓，苏州真山吴国墓，上村岭虢国墓，沂水莒国墓，固始侯占堆等十多处遗址中发现有漆器随葬，其中尤以楚国墓出土的漆器最多。春秋时期遗址出土的漆器种类主要有：食具、用具、交通工具、葬具、武器和乐器等。漆器大多彩绘鲜艳、色彩丰富，有黑、红、褐、黄、绿等多种颜色，绘有几何纹、仿青铜器花纹、云纹、动植物纹等，绘画采用单线勾勒加平涂技法。如长治分水岭269号晋国墓出土的漆箱，绘有彩色的蟠龙、蟠螭等仿青铜器花纹；凤翔秦公一号墓的殉人棺椁外侧，黑漆底上绘有一幅朱红色豹子捕猎群鹿图，用笔简洁，造型优美，体现了春秋漆器的绘画水平。春秋漆器的镶嵌技术亦有较大发展，出现了金属嵌件，沂水莒国墓出土的一件镶嵌金贝和压花金箔的漆勺就是证明。春秋时期的漆器多为实用器皿，说明春秋时期的漆器业已从生产礼器为主过渡到生产实用器具为主的阶段。

玉、石、骨器仍是春秋时的重要手工业生产部门。用玉、石、骨制成的装饰品尤为贵族所珍视，同时也是人们用于交往、祭祀、随葬的重要器物。《左传·成公二年》记载："齐侯使宾媚人赂以纪甗、玉磬与地。"《左传·昭公七年》亦载："（齐）赂（燕）以瑶瓮、玉椟、斝耳。"《左传·昭公十七年》记有："郑裨灶言于子产曰：'宋、卫、陈、郑将同日火。若我用瓘斝玉瓒，郑必不火'。"《左传·僖公二十八年》说："楚子玉自为琼弁、玉缨。"《诗经》中有许多制作玉、石器的描写，"如切如磋，如琢如磨"[①]，"他山之石，可以为错"，"他山之石，可以攻玉"。[②]

春秋时期的墓葬和遗址中大量出土玉、石、骨制成的器物。大墓中有出土几百、成千甚至上万件，如江苏苏州浒墅关真山吴国大墓出土玉覆面、玉瑗、玉戈、玉钩、串饰等玉、石器11275件；河南淅川下寺25座楚墓出土璧、璜、簪、梳、琮、珠、牌等玉器3550余件；山西太原金胜村251号晋墓出土石磬13件，玉、石饰545件。除墓葬外，春秋遗址中出土的玉、石器数量也十分惊人，如山西侯马盟誓遗址出土了五千余片写字的玉片和玉圭片，其中完整的六百余片；河南温县盟誓遗址出土了石片盟书一万余片；江苏吴县严山出土了吴国玉器窖藏，共出土玉器、彩石器和料器402件。玉、石、骨器作坊遗址在齐、鲁、晋、燕、郑等国故城遗址中屡有发现。从出土的残石圭和遗址情况来看，当时制作石圭大体要经过选料、制坯、定型几道工序，表明石器作坊已有细致的分工。

春秋时期的玉、石、骨器制作工艺，在早期是与西周是一脉相承的，但至中晚期，从种类、造型、纹饰到制作技术都逐渐摆脱了西周宗教礼制的束缚，向装饰生活化方面发展，其表现为：第一，玉、石器复杂多样，制作随意性加强，改变了西周造型简单、形制雷同的特点，玉、石器中玉佩、串饰盛行，标志着玉、石器的人格化。第二，玉、石器多数有纹饰，通体饰纹者

---

①《诗经·卫风》。

②《诗经·小雅》。

较常见，蟠虺纹、蟠螭纹、兽面纹等十分流行。第三，由于铁工具的使用，使雕琢玉、石工艺突飞猛进，雕刻、钻孔技术有较大进步。第四，镶嵌玉、石技术也有了较大的发展，当时已将玉、石镶嵌在剑、带钩、车马器等小物件或鼎、壶、敦、盆等大型铜器和漆器上。

随着春秋时期手工业的发展，各诸侯国因所处的地理环境和社会条件不同，而出现了具有地方特色的手工业产品。据文献记载，当时秦地的长兵器柄，燕地的铠甲，越地的镈，胡地的弓、车，其产量之大和经营者之多，都是其他地方所不能比拟的。《周礼·考工记》说："粤（越）无镈，燕无函，秦无庐，胡无弓、车。粤之无镈也，非无镈也，夫人而能为镈也。燕之无函也，非无函也，夫人而能为函也。秦之无庐也，非无庐也，夫人而能为庐也。胡之无弓车也，非无弓车也，夫人而能为弓车也。"造成手工业地域特色的另一个重要条件是某地手工业所具有的特殊技术。如当时郑国生产的刀，宋国生产的斤，鲁国生产的曲刀，吴、越生产的剑都是很有名的，"郑之刀，宋之斤，鲁之削，吴粤之剑，迁乎其地而弗能为良，地气然也"①。

春秋时期的商贾，为"四民"之一。"商农工贾，不败其业。"②据《管子·小匡》记载："士、农、工、商四民者……不可使杂处。……处士就闲燕，处工就官府，处商就市井，处农就田野。"当时，各诸侯国之间的商品交换比较频繁。如东方的齐国利用"齐衢处之本，通达所出也。游子胜商之所道"③的有利条件，将齐国的食盐卖给梁、赵、宋、魏等国，得金1100斤，再用黄金向滕、鲁等国购买粮食。另外，对于本国不出产的皮革、竹器、羽毛等物，也靠对外贸易解决。齐国为鼓励商人和其他诸侯国的贸易往来。首先实行对商业贸易的减税政策，鼓励出口。让商人自由出口鱼盐而不上税，"关市讥而不征，以为诸侯利"。二是给各国商人提供各种旅途上的便利，"为诸侯之商贾立客舍，一乘者食，三乘者有刍菽，五乘者有伍养"④。

① 《周礼·考工记》。
② 《左传·宣公二十年》。
③ 《管子·地数》。
④ 《管子·轻重乙》。

三是，对外国客商在关税上以优惠，"关者，诸侯之陬遂也，而外财之门户也，万人之道行也。明道以重告之，征于关者，勿征于市，征于市者，勿征于关"①。各诸侯国的商人来齐国经商，免征一次税。"弛关市之征，五十而取一"，其税收很轻，有的甚至免征。以上优惠措施，极大地刺激了齐国国内商人和其他诸侯国的商人进行贸易的积极性，于是，"天下商贾归齐者若流水"。齐桓公还在管仲的协助下，"设轻重九府"，利用轻重理论，进行对外贸易。"善为国者，天下下我高，天下轻我重，天下多我寡。"②中原的晋与南方的楚之间的商业交往也非常密切。公元前637年，晋公子重耳逃亡到楚国，楚王设宴招待，问重耳以后回晋国当政将用什么报答，重耳回答说："子、女、玉帛则君有之，羽、毛、齿、革则君地生焉，其波及晋国者，君之余也；其何以报君？"③晋文公执政后，施行"轻关易道，通商宽农"④的政策，此举促进了商业的发展。据《史记·货殖列传》记载：西方的秦国，"献公徙栎邑，栎邑北却戎翟，东通三晋，亦多大贾"。中部的周、郑等国"东贾齐鲁，南贾梁楚"。东南地区的越国，勾践用大臣计然之策发展商业，"农末俱利，平粜齐物，关市不乏"，使得国富兵强，成为春秋末期的霸主之一。

春秋时期商业虽然由官府控制，但私商不仅存在，而且在各诸侯国中已具相当势力，他们的上层已参与政治。管仲曾说："故万乘之国，必有万金之贾，千乘之国，必有千金之贾者。"⑤如郑国的私商弦高可以假借郑君的名义机智退秦军，如没有相当的经济实力和政治地位，弦高不可能以国君的名义来交涉，秦军也不可能轻易相信。晋国的商人居然像外交使节一样行贿于诸侯，"夫绛之富商，韦藩木楗以过于朝，唯其功庸少也，而能金玉其车，文错其服，能行诸侯之贿"⑥。越国的范蠡、孔子的学生子贡都是当时著名的大商

---

① 《管子·问》。
② 《管子·轻重乙》。
③ 《左传·僖公二十三年》。
④ 《国语·晋语四》。
⑤ 《汉书·食货志》。
⑥ 《国语·晋语八》。

人，同时又是政治家。

由于商品交换的发展，货币使用必然增多，到春秋时期，出现了正式的金属货币。如《国语·周语下》记载：

> 景王二十一年（公元前524年），将铸大钱。单穆公曰："不可。古者，天灾降戾，于是乎量资币，权轻重，以振救民。民患轻，则为作重币以行之，于是乎在母权子而行，民皆得焉。若不堪重，则多作轻而行之，亦不废重，于是乎有子权母而行，小大利之。今王废轻而作重，民失其资，能无匮乎？若匮，王用将有所乏，乏则将厚取于民。民不给，将有远志，是离民也……"王弗听，卒铸大钱。

《史记·循吏列传》亦记载：

> （楚）庄王以为币轻，更小而以为大，百姓不便，皆去其业。市令言之相曰："市乱，民莫安其处，次行不定。"相曰："如此几何顷乎？"市令曰："三月顷。"相曰："罢，吾今令之复矣。"后五日，相言之王曰："前日更币，以为轻。今市令来言曰：'市乱，民莫安其处，次行之不定。'臣请遂令复如故？"王许之，下令三日而市复如故。

从上述记载可以看出，春秋时期铸造的货币已广泛流通，且有不同的等级，铸造金属货币是各诸侯国的重要事务。

从考古发掘来看，春秋时期的金属货币，最早发现的是青铜铸币空首布。1937年在河南汲县山彪镇的春秋墓中出土了674枚空首布。空首布从形制上大体可分为平肩弧足、斜肩弧足、耸肩尖足和平肩平足四种类型。在洛阳及其周围的孟津、伊川、临汝等地先后发现平肩弧足空首布十余批，约3500枚，应属周王畿内的货币。斜肩弧足空首布共发现六批，约2500枚，应属周、郑的货币。在侯马、寿阳、安阳等地发现有耸肩尖足空首布，并在侯马西北庄发现一座空首布制造工场，根据在侯马铸铜遗址出土的耸肩尖足空首布的铭文分析，应属晋国的货币。在河南扶沟县古城村出土的18枚银布币，属平肩平足空首布，据考证，应属楚国的铸币。

春秋时期的另一种青铜铸币尖首刀，在河北、辽宁西部、内蒙古南部和山东北部不断出土。特别是在齐地出土窖藏的面文为"齐之法化""即墨之法化""安阳之法化"和"莒"等的刀币，多者一次出土数千枚，少者几十枚。不少学者研究认为这是春秋时代流通于齐、莒等国的金属铸币。

除空首布、刀币之外，春秋墓葬中还出土了大量青铜贝，如山西侯马上马村13号墓出土青铜贝1600枚、包金贝32枚；河南辉县琉璃阁甲墓和60号墓各出土包金贝1000枚以上；山东曲阜林前村一春秋墓出土588枚青铜贝，另有碎贝约200片；淄博磁村M01出土青铜贝147枚；沂水刘家店1号莒国墓出土金贝65枚。由此可见，青铜贝、包金贝、金贝可能是春秋时代在齐、鲁、晋、莒等国流行的金属货币。另外春秋墓葬中还常见有海贝、骨贝和石贝，非金属贝可能仍在某些地区流通。

南方的吴、越地区，在今江苏南部和浙江北部不断出土西周至春秋的窖藏青铜块十多批，多者达150千克，每块的重量十几克到几百克不等，这可能是吴、越地区的称量货币。另外在浙江绍兴地区先后出土青铜戈多批，数量达几千枚之多，每枚平均重量4克，据分析，这应是春秋晚期至战国初期的越国金属货币。金属货币的广泛使用，有力地促进了商品经济的发展。

三、社会结构方面

"春秋为一过渡时代，一切社会经济、政治制度、学术文化均开始发生变化。"[1]这一变化在政治层面的表现就是政权重心由周王室向诸侯，由诸侯向卿大夫的逐步下移，王权衰落，公卿崛起，争霸与篡弑成为公卿政治的主要内容。在经济层面的表现是铁制农具的使用和生产力的提高，生产基本单位呈下移趋势。作为新的生产关系出现的标志，个体家庭作为社会的细胞开始逐渐从宗族母体中分离出来。

---

[1] 童书业：《春秋左传研究》，上海人民出版社1980年版，第344页。

（一）春秋时期的宗族

春秋时期的宗族主要有两种形态：一是发达的公卿宗族，一是转变中的士庶宗族。春秋公卿宗族的发达是西周二三百年休养生息的结果，公卿走上历史的前台，成为社会政治形势的主导，宗族势力是其依靠的主要力量之一。公室所含的亲属组织规模较小，只包括时公与其直系子孙，即公——公子——公孙。公室的主要功能之一，是将君位与继承权牢牢控制，使君位只在直系近亲内传递。国君之位由嫡子继承，其他公子、公孙便从王室中分衍出去自立家族。这些分立的家族便以所从出的先君谥号为自己的族号，这就是"诸侯以字为谥，因以为族"[①]的制度，由此而形成的宗族则为公族。作为同一遗族的成员，由于共同的血缘关系和共同的政治经济利益，很容易结成政治同盟乃至于左右国家政局。如鲁国的三桓：孟孙氏、叔孙氏、季孙氏，他们是鲁桓公之遗族。当昭公伐季孙氏时，叔孙氏对其众说："'凡有季氏与无，于我孰利？'皆曰：'无季氏，是无叔孙氏也。'"[②]于是出兵援救季孙氏。孟孙氏也随之出兵共伐昭公。

在先君遗族中，有些家族代表依其特殊的地位与身份参与朝政，这便是卿大夫，而其所率之族就是卿大夫家族。从广义上讲，这类卿大夫家族也应包括在公族之中。如鲁之三桓、郑之七穆、宋之华氏、晋之羊舌等。卿大夫家族在刚从公室中分立出来时，多以核心家族或小型伸展家族形式存在，随着时间的推移，其亲属规模逐步扩大，形成多级结构的宗族组织。卿大夫家族发展的大体形态为：大宗与不断从其中分衍出的众小宗形成一张以血缘为纽带的宗族网络，大宗统率小宗，小宗服从大宗，大宗为主干，小宗为枝叶，一荣俱荣，一损俱损，"公室将卑，其宗族枝叶先落，则公室从之"[③]。

士是贵族阶级的最末一等，由卿大夫家族繁衍分化而来。《礼记·大传》云："有百世不迁之宗，有五世则迁之宗。"在卿大夫家族以小宗分支形式存

---

① 《左传·隐公八年》。

② 《左传·昭公二十五年》。

③ 《左传·昭公三年》。

在的士家族，过了五世即与卿大夫家族脱离亲属关系而另立门户。春秋时期，除一部分士因担任官职而跻身统治阶级之列外，大部分则成为贵族家臣或"食田"的上层庶民。据《管子》有关"问……士之身耕者几何家""士农之乡"的记载看，士的身份虽有，但大部分士的职业已与庶民无别。

春秋时期士庶宗族的概况，我们通过《仪礼·丧服》所规定的士所服丧的范围可以窥见。士所服丧的范围为：以自己为原点，向上至曾祖父（齐衰三月），向下至曾孙（缌麻三月），这是直系亲属范围。旁系亲属由自己推及同曾祖父之族昆弟。《礼记·大传》解释说："四世而缌，服之穷也；五世祖免，杀同姓也；六世亲属尽矣。"郑玄注曰："四世共高祖，五世高祖昆弟，六世以外亲尽，无属名。"这就是士庶民亲属关系的五服制，大致可以说明春秋时期士庶宗族结构和亲属关系。

士庶宗族的居住状况，《仪礼·丧服》云：

> 世父、叔父何以期也？与尊者一体也……昆弟一体也……故昆弟之义无分，然而有分者，则辟（避）子之私也，子不私其父，则不成其子，故有东宫、有西宫、有南宫、有北宫，异居而同财，有余则归之宗，不足则资之宗。

宫即室，东西南北四室当是一个大宅院内的四个居室，士与其所隶之子弟组成一个有共同财产、有共同经济生活的同居单位。

到春秋中晚期，在某些地区，直接从事农业生产的庶民阶层中的个体家庭已开始脱离宗族的羁绊，成为独立的生产单位。《论语·微子》记载："子路从而后，遇丈人，以杖荷蓧。……（丈人）植其杖而芸。子路拱而立。止子路宿，杀鸡为黍而食之，见其二子焉。"《左传·僖公三十三年》亦载："初，臼季使，过冀，见冀缺耨，其妻馌之，敬，相待如宾。"植杖而芸的丈人，相待如宾的冀缺夫妇，均是一夫一妻式的个体家庭，是一个独立的生产单位，这与西周"千耦其耘"的生产方式相比，确实是个较大的变化。虽然这在当时尚不普遍，但毕竟预示着新的社会结构变迁的到来。

春秋时期的家臣制度更趋完备，家臣的任免已形成一套策名、委质的制度。策名即由家主授给命书，表示授予官职、任务与权力。委质就是由家臣进献一些礼物以表示对主人的臣服与忠心，以及对义务的承担，即"委质为臣，无有二心，委质而策死，古之法也"[1]。一旦确立君臣关系，就要生死以之，对家臣背叛家主的行为，不论其亲属，还是公卿大夫乃至一般乡人，会遭到一致谴责，而不论其行为是否正当。这一准则成为共识并形成强大的社会舆论。

家臣的职责已不限于管理家族事务，还要管理军赋、家族武装等，其职官有宰、室老、宗人、宗老、祝、司马、马正、工师等。

春秋时期的家臣制度相对于西周发生了如下主要变化，一是世袭制的消失，代之以选拔与择用，德才标准受到重视。二是出现"谷禄"，在采邑仍为家臣之禄的同时，开始出现谷禄的形式。"原思之为宰，与之粟九百，辞。"[2]三是家朝已形成。"夫外朝，子将业君之官职焉；内朝，子将庀季氏之政焉，皆非吾所敢言也。"[3]韦昭注曰："内朝，家朝也。"家臣制度的变化与春秋社会的变革同步，世袭制的消亡，德才的凸显，表明贵族宗族开始摆脱凝固化的状况，个人的价值受到社会的承认。家朝的形成则预示了一种有别于世卿世禄制的新政体——官僚制度的萌芽。

春秋时代宗族政治的功能主要是"卿大夫执政制"，比较典型的有晋国的六卿、郑国的七穆、鲁国的三桓等。尽管他们在取得政权、行使权力的方式上有所不同，但虚设国君、轮流执政、执政终身等方面则是一致的。卿大夫执政预示了中央集权的官僚政体的到来。

总之，春秋时期的宗族以过渡与转型为特征。社会上层的公卿宗族虽在很大程度上保持了西周宗族的结构形态，但已初露离析的痕迹。社会下层的士庶宗族在激烈的政治、经济变革中已经开始解体，在某些诸侯国和地区，个体家庭开始成为生产劳动的基本单位，小农经济时代的到来已为时不远了。

---

[1]《国语·晋语九》。

[2]《论语·雍也》。

[3]《国语·鲁语下》。

（二）春秋时期的社区

春秋中期以后，由于国野制度的消失，社会各阶级、阶层上下流动，血缘宗族组织开始解体，非血缘杂居已成为常见现象。与之相伴随，"里"作为区划组织纳入国家行政系统。"里"作为行政区划组织，其规模在各国虽有大小之别，但其性质却是相同的。《国语·齐语》详细记述了管仲对齐国地域组织的规划："管子于是制国：五家为轨，轨为之长；十轨为里，里有司；四里为连，连为之长；十连为乡，乡有良人焉。"由此可推知，齐国之"里"约有五十家。鲁国之"里"比齐国之"里"要小，《论语·卫灵公》何晏集解引郑玄注曰：鲁国"两千五百家为州，五家为邻，五邻为里"。鲁国之"里"只有二十五家。齐、鲁里之下的"轨""邻"之类的组织，类似于秦国的"什""伍"，由"什伍连坐"制度看，它们是互相纠察监督的组织。

春秋时期还有一种类似"里"的基层组织——社，或称"书社"，有些史籍"里""社"通用。但"书社"有一项"里"所不具备的特殊功能，即户籍与土地的登记与管理。《荀子·仲尼》杨倞注云："书社，谓之社之户口，书于版图。"所谓版，"名籍也，以版为之，今时乡户籍，谓之户版"。所谓图，"土地形象，田土广狭"。由此可推知"书社"可能主要施行于鄙野之中。《左传·哀公十五年》曰："因与卫地，自济以西，禚、媚、杏以南，书社五百。"《史记·孔子世家》记载："（楚）昭王将以书社地五百里封孔子。"《索引》云："古者二十五家为里，里则各立社，则书社者，书其社之人名于籍。"里中有社，社立于里中，当是社、里连称的现实基础。只不过"里"有较强的政治功能，而"社"作为传统的公共活动场所，其民间性质较浓。二者互为表里，紧密结合，将城市与乡村所有的民众全都纳入国家的控制之下了。

（三）春秋时期的阶级与等级结构

春秋时期是社会形态发生"高岸为谷，深谷为陵"的巨变时期。社会阶级与等级结构也处于新旧交替的状态。从总体来看，在春秋时期的阶级与等级结构中，西周时期的特征依然存在，不过工商业者的地位较西周时期有所上升；春秋末期出现了一些新的社会因素，如官僚地主、军功和事功地主开始崛起，庶民阶级大量成为编户齐民、佃农和雇农。

春秋时期的贵族依然是天子、诸侯、卿、大夫、士。天子名分虽在，但实权已无，"礼乐征伐自天子出"的天子威权已盛况不再。春秋时期是霸主迭兴，诸侯活跃的时代。所谓"诸侯立家"①，即分立卿族，如春秋时期齐有天子之世守国、高二氏世为卿族，楚有斗氏、蒍氏、屈氏等。卿大夫家族再分化出小宗分族，即"卿置侧室""大夫有贰宗"，②如晋国赵穿为赵氏侧室，鲁叔孙氏分出叔仲氏，晋荀氏大宗变为中行氏外，荀氏又分出小宗知氏，等等。作为族长的"士"也有隶属于他的族人，即"士有隶子弟"③。春秋时期上下级贵族间的关系，仍然是建立在土田的封赐制度基础上的政治等级隶属关系。《国语·晋语》曰："公食贡，大夫食邑，士食田。"可见公仍然依靠收取公田、公邑上的贡税生活，大夫食公所赐封邑，士食大夫所赐之禄田。

随着社会形态的变革，春秋时期的贵族等级结构亦受到巨大的冲击，其主要表现在四个方面：一是作为世族贵族的卿大夫对公室的挑战；二是贵族宗族内部小宗对宗子权力的挑战；三是家臣制度及与家主关系的变化；四是士的分化与新生。

春秋时期不仅周天子衰落，公室也面临着卿大夫的严峻挑战，卿大夫家族势力逐渐坐大，其政治、经济、军事实力已远远超过西周时期的贵族。如晋国的郤克"其富半公室，其家半三军"④，竟要求以自己一家之私兵去征伐齐国。另外韩氏、羊舌氏私家力量也很强大，"韩赋七邑，皆成县也。羊舌四族，皆强家也。……十家九县，长毂九百"⑤。晋国的其他家族加起来也有40个县的领地，曾联合起来讨伐楚国，晋公室力量大部分被侵蚀。鲁国卿

---

①《左传·桓公二年》。

②《左传·桓公二年》。

③《左传·桓公二年》。

④《国语·晋语八》。

⑤《左传·昭公五年》。

大夫的私属军事力量加起来比齐国还强，"鲁之群室众于齐之兵车"①。公室的政治、经济实力日益受到卿大夫的削夺，各国朝政大都被几个卿族轮流把持，国君形同虚设。

春秋中后期，贵族内部矛盾深化，扩及家族内部，表现为贵族宗族内部小宗对宗子权力的挑战。在卿大夫向公室争权时，宗族内部的小宗也力图摆脱宗法等级制度的桎梏，开始与宗子对抗，并争夺权益。据《左传》记载：襄公十七年，宋华臣为削弱其宗子皋比之室，杀其宰；昭公七年，郑罕朔杀其大宗罕虎弟罕魋；定公八年，鲁季孙氏小宗季寤、公锄极与叔孙氏小宗叔孙辄合谋颠覆各自宗子而投奔阳虎。

春秋时期的家臣制度也有了重大变化。一是家臣已可改变身份，脱离旧贵族。如齐鲍国先为鲁施氏家臣，后为齐人迎立为鲍氏宗子，而与施氏脱离主臣关系②；卫国"子伯季子初为孔氏臣，新登于公"③。二是家臣可以主动脱离主臣关系。如季武子家臣申丰因不满武子废庶长子公弥而立悼子的行为，欲"尽室"出奔。④三是家臣已不再只知有主而不知有国，他们已开始关心国事，有时甚至逆家主意志行事。如春秋时期鲁国出现了家臣叛主而投奔齐或攻打三桓与鲁公之事；季氏家臣阳虎甚至造成了以陪臣执国命的局面。

春秋时期，仍属于贵族下层的士阶层亦发生了剧烈的变动，他们在职业上已突破了专职武士的界限，而参与其他政治与经济活动。其变化主要表现为：第一，士开始在本家族内担任卿大夫家臣，改变了过去家臣主要由异族依附者担任的局面。如季武子庶子公锄担任季氏马正⑤；叔孙氏使族人公若藐任郈宰⑥。第二，士开始走出家族，自立门户，担任公室官吏或其他贵族的家臣或武士。如卫国子伯季子先为孔氏家臣，后任公职。贾辛、韩固、

---

①《左传·哀公十一年》。

② 参见《左传·成公十七年》。

③《左传·哀公十六年》。

④ 参见《左传·襄公二十三年》。

⑤ 参见《左传·襄公二十三年》。

⑥ 参见《左传·定公十年》。

赵阳等以馀子身份为县大夫，担任公臣。[①]当时贵族有养士的风气，所养之士多为武士。第三，西周贵族武士阶层的支裔，根据"五世亲尽"的丧服原则，其政治、经济地位已接近庶民。他们虽可能仍保有士的等级身份，但已以务农为主，平时农耕，战时从戎。《国语·齐语》记管仲改革，设"士乡十五"，韦昭注以为军士，其中含士下层与庶民上层，故《管子·小匡》又言"士农之乡十五"。第四，部分贵族子弟就学于当时兴起的"私学"中，企图以所学服务于公室或私家。如孔子弟子南宫括、司马耕等都是贵族之子弟。士的分化扩充了公室与私门的下层官吏队伍，充实了公私武装。士是当时社会中最活跃、最浩大的社会力量，士阶层（尤其是学士）随着集权政治的发展，逐渐转化为新型官僚集团的主要成分。

春秋中晚期，在公室与私门的争斗过程中，取得上风的卿大夫和部分诸侯痛感分封制与世族政治的危害，开始在所辖地推行新的政治与经济制度，遏制新的世族贵族的产生，并培育出适应集权体制的阶级和阶层，于是新兴地主开始兴起。新兴地主不同于旧式领主，他们或因任官获得禄田，或因战功而得到赏田，还有因执技艺或进善言而得到赏田。新兴地主按受田的不同原因可称为官僚地主、军功地主、事功地主等。新兴地主虽占有土地，但富而不贵，没有世族贵族的司法、行政、军事统帅权。禄田、赏田都不能世袭，多是身死田夺或职免田归的。新兴私人地主无封土与属民，不可能像封建领主那样成为国家的对抗力量。相反，由于作为他们经济命脉的租田受于国君，"食君之禄，忠君之事"，必然要拥戴集权政府，成为集权政治所依托的主要社会力量。

春秋时期的庶人仍然是"力于农稿"的农民，他们虽有自己的宗族组织，但家族成员只是"相辅佐"的关系。"庶人、工、商、皂、隶、牧、圉皆有亲昵，以相辅佐也。"[②]庶人无宗法等级，不同于贵族。

工商业者与庶人的等级地位相似，但多排在庶人之后。商人在春秋时期

---

① 参见《左传·昭公二十八年》。

②《左传·襄公十四年》。

的地位已有所上升。郑桓公立国，曾与商人盟誓；卫文公复国后，为恢复元气，"务材训农，通商惠工"①。《国语·齐语》记管仲定四民之居，制国以为二十一乡，而工商具六。"工"在春秋时地位也有所上升，多隶属于官府，由工正或工尹、工师管理，奉行的仍是"工商食官"的制度。

春秋中晚期，随着社会形态的变化，庶民阶级开始分化。除部分人仍作为贵族依附民外，部分庶民开始成为新兴私人地主的佃农，少数庶民成为出卖劳力的佣耕农民。除了佃农和雇农外，大量贵族属民因贵族封土被没收改县后开始转化为国家田制下的编户齐民，作为兵赋和租税的来源。据《汉书·食货志》记载，魏文侯时李悝推行"尽地力之教"，作为编户齐民的自耕农已成为魏国农业生产的主体和租税的主要提供者。

春秋时期，社会的最下层是奴隶，其名称有僚、仆、台、圉、牧等，他们均属于官府奴隶。清人俞正燮在其《癸巳类稿》中以为僚是罪人，充当苦役；仆是被杀戮的罪人家属；台是罪人被罚为奴隶者，其逃亡后又被抓获的；马圉、牛牧分别是养马、牛的奴隶，他们在十等之外，职事最贱，地位比仆、台还低。在春秋末年，这些奴隶阶层均可以通过军功被开豁为良。

---

① 《左传·闵公二年》。

齐
桓
即
位

　　齐桓公（？—前643），姜姓，吕氏，名小白，是姜太公吕尚的第十二代孙，齐僖公之子，齐襄公之幼弟，其母为卫国人。在齐僖公长子齐襄公和齐僖公侄子公孙无知相继死于齐国内乱后，公子小白与公子纠争位，成功后即国君位。

一、齐桓即位前的齐国形势

　　春秋初期齐国的疆域：东与纪国（今山东寿光南）为邻，东南是莱（今山东黄县东南）、莒（今山东莒县）、阳（今山东临沂北），西与鲁国相连，西南还有遂（今山东肥城南）、谭（今山东济南东）、郇（今山东东平东北）几个小国，北接燕国。从地望上看，大约东到海，南到穆陵关与泰山，西到古黄河及今运河之西，北到冀鲁交界一带，方圆约三五百里。其疆域大小，仅次于楚、晋，而较秦、越、燕、鲁、卫、郑国都大。

春秋初期，齐国与郑国、鲁国结盟，以军事手段去征伐宋、卫、许国等不朝天子、不奉王命的诸侯国。如周桓王六年（公元前714年），齐鲁之君响应王命，会于防地，策划伐宋的军事行动，原因是宋国不朝拜周王。周桓王七年（公元前713年），齐、郑、鲁国伐宋。周桓王八年（公元前712年），齐、鲁、郑三国联军以许国不供职贡为由讨伐许国，并攻下许国都城。齐僖公把许国土地割给鲁国，鲁隐公辞绝，于是又把许国土地转给郑庄公。郑庄公看到"王室既卑"，"周之子孙，日失其序"，"天而既厌周德矣"，在许国服罪认错之后，便赦免了许国。齐僖公不要许国土地和周、郑不专许政，说明春秋初期的郑庄公、齐僖公都是遵循礼制去经邦济国的。

周王室虽衰微，但还是有一定的号召力，因而各诸侯国在重大事情上还是要度德而处、量力而行的。繻葛之战后，诸侯有恃无恐，郑国于齐僖公二十六年（公元前705年），纠合齐、卫两国的军队讨伐归附周室的盟、向二邑，迫使周王将盟、向之民迁于郑。齐僖公三十年（公元前701年），齐国作为东方大国出面调和郑国与宋、卫两国之间的纠纷，与郑、卫、宋盟于恶曹，就诸侯国间的政治、经济等问题进行磋商。其后，郑国因诸公子争位而中衰，郑昭公奔卫，复位后又被杀；郑厉公亡命居栎。鲁、宋想送郑厉公复国但没有成功。齐襄公四年（公元前694年），齐襄公率诸侯联军驻军首止，迫使郑国国君与会并杀死了郑国国君。齐国与鲁国为纪国发生争端，齐、鲁战于奚。同年，鲁桓公至齐，与齐国修好，齐襄公因与鲁桓公之妻私通而杀死了鲁桓公。鲁国无奈，说："寡君畏君之威，不敢宁居，来修旧好，礼成而不返，无所归咎，恶于诸侯，请以彭生除之。"①鲁国不敢加罪齐襄公，齐处死了直接杀人凶手彭生了结此事。

---

① 《左传·桓公十八年》。

齐僖公时期，北戎侵犯，郑太子忽败戎师于齐国郊区，获其二帅大良、小良和甲首三百。齐僖公想将女儿嫁给公子忽，公子忽婉言拒绝："齐大，非吾耦也。"①由于郑国处于四战之地，地理条件使其发展受限，而鲁国、卫国都自顾不暇，齐国可以予取予夺，把持邻国国君的废立生死，因而郑国国君曾说："齐强……是率诸侯伐我。"在齐庄、僖二代，齐国处于小霸地位，史称"齐庄僖于是乎小伯"②。

（一）庄、僖小伯

周平王迁都雒邑后，在各诸侯国的帮助下虽然最终稳定了统治，但周王室的力量大为削弱。周平王为报答秦、晋、郑等国国君的护送之功，将岐山以西的封地及西周余民分封给了秦襄公，并赐郑武公虎牢以东的地区，赐晋文公温原等十二邑。东周初期周王室直接控制的土地从方圆千里之畿变为方圆六百里。东周王室后来因屡次分封功臣及被夷戎侵吞等原因，土地日渐减少，最终只剩下方圆一二百里的土地了。周王室直接控制的土地锐减，必然带来了财政收入的减少、军队数量的锐减以及综合实力的减弱，其对所分封诸侯国的影响力自然减弱，周天子逐渐失去号令诸侯的能力。而齐、晋、秦、楚四个诸侯国却在此时悄悄强大起来。《国语·郑语》载："王室将卑，戎、狄必昌，不可偪也。当成周者，南有荆蛮、申、吕、应、邓、陈、蔡、随、唐；北有卫、燕、狄、鲜虞、潞、洛、泉、徐、蒲；西有虞、虢、晋、隗、霍、杨、魏、芮；东有齐、鲁、曹、宋、滕、薛、邹、莒。"当郑桓公问史伯，周王室衰微之后，哪些诸侯国能够兴起时，史伯认为姜、嬴之姓中的齐、秦两国、南方芈姓中的荆楚、姬姓中的晋国都将兴盛起来。而历史的发展确如史伯所预言的一样，"及平王之末，而秦、晋、齐、楚代兴，秦景、襄于是乎取周土，晋文侯于是乎定天子，齐庄、僖于是乎小伯，楚蚡冒于是乎始启濮"③。

───────────

①《左传·桓公六年》。

②《国语·郑语》。

③《国语·郑语》。

　　春秋初期，虽然周王室动荡不安，但齐国却经历了一段相对安定的发展时期。据《史记·齐太公世家》记载，齐庄公在位64年，齐僖公在位33年。齐庄公、齐僖公两位国君统治齐国将近一个世纪之久。在这近一个世纪的时间里，齐国社会相对稳定，生产得以发展，国力日增，再加上齐僖公还算得上是一位有为的国君，因此才促成了"庄、僖小伯"。

　　"庄、僖小伯"的表现之一是齐、郑结盟，进而协调郑与宋、卫之间的矛盾。周平王东迁之时，曾经"晋、郑是依"。周平王东迁后，晋在黄河以北，郑在黄河以南，从北和东两面保护周王室；虞、虢（北虢）两国在西面，申、吕两国在南面共同屏护周王室。而晋、郑、虞、虢（北虢）等诸侯国中，郑对周王室的支持最大，郑国也是与周王室关系最近的诸侯家。郑国的始封者郑桓公姬友是周厉王的少子、周宣王之弟，同时也是西周王朝的卿士。郑桓公之子郑武公又因护卫周平王东迁功劳甚大，他自己及其子郑庄公都世袭郑桓公在西周王朝的卿士之职。此时王室衰微，宋、卫、蔡等许多诸侯国已不再朝拜周天子。郑庄公于是对内以王命征伐宋、卫、蔡等不服从周天子统治的诸侯国，对外或单独或协助齐国打败北狄的侵略，郑国国势于是达到鼎盛，史书上称之为"郑庄公'小霸'"时期。然而郑国在征讨过程中，一方面由于势力过大与周王室逐渐产生矛盾；另一方面与宋、卫等诸侯国的矛盾也日趋紧张。据史书统计，宋及其盟国卫与郑国曾在10年之内打了11次战争，可见郑国与宋、卫两国的矛盾之深。因此郑国一方面需要盟国与其一起讨伐不服从周天子命令的诸侯国，又需要盟国为他调解与敌国的矛盾。而齐国恰在此时充当了这一角色。《左传·隐公三年》载："冬，齐、郑盟于石门，寻卢之盟也。"公元前720年冬，齐、郑在石门结盟。而石门之盟的主要任务就是重温两国在卢地的盟约。石门之盟在公元前720年，周平王东迁在公元前770年，这说明平王东迁不久，齐、郑便开始结盟。齐、郑虽然结盟，但齐与郑的敌国卫国关系并不紧张。这是因为齐、卫在春秋初期为姻亲之国，卫庄公曾娶齐庄公的嫡女、齐僖公之妹为妻。齐、卫既是联姻之国，且齐强卫弱，卫国当然愿意与强齐结盟。郑、卫、宋等诸侯国于是在齐国的调解下缓和了矛盾。《左传·隐公八年》载："齐人卒平宋、卫于郑。

秋，会于温，盟于瓦屋，以释东门之役。"齐僖公调解郑、卫、宋三国的矛盾，这产生了深远的影响。公元前715年，"郑伯以齐人朝王，礼也"，郑庄公以王室卿士的身份引荐齐僖公朝见周天子，足以说明此事对郑国及周王室的影响。齐僖公此举还在其他诸侯国中产生了很大影响。《左传·隐公八年》载："冬，齐侯使来告成三国。公使众仲对曰：'君释三国之图，以鸠其民，君之惠也。寡君闻命矣，敢不承受君之明德。'"这说明周王室的另一分封大国、齐国的近邻——鲁国对齐僖公此举也非常敬畏。由此可以看出，齐国在齐僖公时影响力逐步增大。

"庄、僖小伯"的表现之二是齐僖公晚期齐国力量有超过郑国的趋势。《左传·桓公六年》载："北戎伐齐，齐侯使乞师于郑。郑大子忽帅师救齐。六月，大败戎师，获其二帅大良、少良，甲首三百，以献于齐。于是，诸侯之大夫戍齐，齐人馈之饩，使鲁为其班，后郑。郑忽以其有功也，怒，故有郎之师。"齐国成功抗击北戎侵略、犒劳诸国时将郑国排在鲁国之后，引发了郑国的不满，继而爆发了战争。《左传·桓公十年》载："冬有十二月丙午，齐侯、卫侯、郑伯来战于郎。"虽然史籍并没有记载这次战争的胜负，但齐、郑很快讲和，并盟于恶曹。此时，到底哪一方更占优势呢？这可从郑太子忽推辞齐国的婚姻中得到证明。《左传·桓公六年》记载："齐侯欲以文姜妻郑大子忽。大子忽辞。人问其故，大子曰：'人各有耦，齐大，非吾耦也。'"郑太子忽推辞与齐国联姻的主要理由就是齐国过于强大与郑国不相匹配，这说明郑国已没有力量与齐抗衡。正因为齐国在春秋初期外交中起到举足轻重的作用，且其地位和作用逐渐超过了郑国，因此才有《左传》中的"齐庄、僖小伯"之说。

西周时期齐国的伯国地位和作用仅限于其周围的小国，而到春秋时，齐国主持诸侯盟会的范围则远远超过西周时期。这是因为郑国、鲁国、卫国都是周天子分封的重要诸侯国，郑国国君是西周乃至东周的卿士，其地位可想而知。而鲁、卫与齐地位平等，都是西周分封的地方伯国，而齐国主持诸侯盟会的对象是郑国、鲁国、卫国，这说明齐国逐渐有了代替周天子号令诸侯的趋势。

齐庄、僖的小霸地位，主要是靠武力征服。齐国早有吞并纪国的图谋，远在齐僖公二十四年时，齐国袭击纪国未成。齐襄公三年（公元前695年），齐欲灭纪，纪求救于鲁国，鲁国出面调解，与齐国和纪国盟于黄（今山东淄川）。纪君曾想经由鲁国让周王说话，"冬，纪侯来朝，请王命以求成于齐，公告不能"[①]。纪国也是姜姓之国，由于纪国的开发，把莱夷推到了今山东高密、胶州一带。从历史上看，纪国曾一度强大，甚至一度从北、西、南三面包围莱夷，并将莱夷攻灭。后因纪国统治阶级腐朽而衰弱。齐襄公以为齐哀公复仇为口实，于公元前693年兴兵伐纪，取得了纪国的三个邑。这三个邑在今昌邑、安丘、临朐县境。纪侯的弟弟纪季向齐国投降，换得了"先祀不废，社稷有奉"的保证。结果，齐国在次年还是正式吞并纪国。《左传·庄公四年》说："纪侯不能下齐，以与纪季，夏，纪侯大去其国，违齐难也。"纪侯不能抗齐，又不愿降齐，只好把国政交给纪季，自己出奔他国。至此，纪国亡国。齐襄公十二年，齐国灭郕国，齐国的疆域南境越过泰山而达到鲁国曲阜的东北。

（二）襄公乱政

春秋初期，齐国本应顺应历史发展的潮流，奋发努力，对内尊王、平定中原各诸侯国的内部叛乱；对外攘夷，使华夏民族免受夷狄侵扰之苦，以代行周天子号令诸侯。然而此时的齐国却经历了一段曲折的发展历程，这就是齐襄公的乱政。

齐襄公诸儿是齐僖公之子，在位12年。他在位期间，国际局势对齐国非常有利。此时中原强国郑国因郑庄公去世发生了夺位内乱，致使国力徒耗，"小霸"衰落。郑国的敌国卫国此时也发生了内乱，其国力更为衰弱。齐襄公如果能够如同其父及祖父那样发展国力以及处理好与中原诸国的关系，齐国必然会称霸诸侯。然而齐襄公在执政期间，举措失当，他外伤诸侯，内乱国政，给齐国的发展带来了不利的影响。

---

①《左传·桓公六年》。

齐襄公外伤诸侯的突出表现是连杀鲁、郑两大盟国的国君。公元前694年，齐襄公与鲁桓公会盟于泺。之后，鲁桓公携其夫人文姜同到齐国。文姜是齐国公室之女，在未嫁之前与齐襄公关系暧昧；这时又与齐襄公私通，受到鲁桓公的谴责。文姜将此事告知齐襄公，齐襄公于是借宴酒之机令公子彭生杀死了鲁桓公。鲁桓公死后，"鲁人告于齐曰：'寡君畏君之威，不敢宁居，来修旧好。礼成而不反，无所归咎，恶于诸侯。请以彭生除之'"①。齐人虽然杀公子彭生以泄鲁怨，但这只是鲁国在齐强鲁弱之下的权宜之计。国君因指责夫人通奸被通奸人所杀，这对于世守周礼的鲁人无疑是奇耻大辱，齐鲁自此结下了怨仇。齐襄公杀鲁君之后仅仅三月，又杀了郑国国君子亹。子亹在齐襄公为公子时，曾与齐襄公会斗为仇；首止之盟，子亹以郑国国君的身份参加盟会，但并没有向齐襄公赔罪。齐襄公于是暗伏甲兵杀掉了郑君子亹。郑国大臣祭仲立子亹之弟为国君。齐襄公一年之内为泄私愤连杀两大诸侯国的国君，其飞扬跋扈的做法不但使齐与鲁、郑关系紧张，而且引起了其他诸侯国的不满和不安。

齐襄公内乱国政则是由于他的暴虐无信，引起大臣公孙无知、连称、管至父等人的不满，最终招致杀身之祸。公孙无知与齐襄公同为齐国公室成员。公孙无知之父夷仲年是齐襄公之父齐僖公的同母弟，因夷仲年早死，齐僖公特别爱怜公孙无知，让他享受与太子诸儿同样的待遇。齐僖公即位后因私仇废除了公孙无知的特权，引起了公孙无知的怨恨。连称和管至父本为戍守葵丘的大臣。齐襄公与两位大臣约定一年之期，即"瓜时而往""瓜时而代"②，然而一年期限过后，齐襄公不但不派人问讯，而且连二人请人替代的请求也不允许。齐襄公这种言而无信的做法引起了两人的愤怒，连称、管至父与公孙无知于是欲谋作乱。然而在齐国这样一个强大的国家里要弑君谋位又谈何容易？连称、管至父与公孙无知虽有作乱之心，但必须有齐襄公的亲信为他们通风报信，寻找作乱时机。齐襄公的宫内所出现的矛盾正好为作

①《左传·桓公十八年》。
②《左传·庄公八年》。

乱之臣提供了合适的内应人选。原来连称有一堂妹在宫中很不受齐襄公的宠爱，也怨恨齐襄公。连称、公孙无知二人联合连称的堂妹为内应，并许诺一旦作乱成功，立她为国君夫人。作乱的内应、外援都已准备就绪，他们虎视眈眈寻找作乱的良机。公元前686年，齐襄公在姑棼（即薄姑）贝丘田猎，在箭射大豕时受惊吓坠于车下受伤。连称的堂妹将这一消息通知了公孙无知、连称、管至父。公孙无知、连称、管至父乘机作乱，攻入宫中，弑杀齐襄公。齐襄公被杀后，公孙无知即位。《史记·齐太公世家》载："桓公元年春，齐君无知游于雍林。雍林人尝有怨无知，及其往游，雍林人袭杀无知，告齐大夫曰：'无知弑襄公自立，臣谨行诛。唯大夫更立公子之当立者，唯命是听。'"作乱弑君的公孙无知在游历雍林时，于公元前685年被仇敌所杀。公孙无知死后，齐国陷入了无君的混乱状态。

虽然齐襄公乱政影响了齐国的正常发展，但由于齐国本身的强大，国力在齐襄公期间仍然有所发展，这主要表现为齐襄公灭纪。齐襄公灭纪后，又召集鲁、宋、蔡等诸侯国共同伐卫，平定了卫国的内乱，将流亡在外的卫惠公送回卫国，使其重登君位。公元前686年，齐联合鲁国合围郕国，郕向齐屈服。齐国灭纪、降郕，联合鲁、宋、蔡诸国平定卫国的内乱，这些举动都说明齐国已经成为东方强国了，大有称霸中原之势。然而就在此时，齐国发生了内乱，齐襄公、公孙无知二位国君相继被杀，称霸中原的历史重任就落到了继任者齐桓公的身上了。

二、齐桓登位

据《管子·大匡》记载：齐僖公生有三个儿子：诸儿、纠和小白。按照周礼，待齐僖公百年之后，齐国的君位将由诸儿继承，而齐僖公对诸儿的性情和为人是清楚的，生怕自己死后，三个儿子骨肉相残，以致两个小儿子惨遭杀戮，便委派管仲、召忽辅佐公子纠，委派鲍叔牙辅佐公子小白。鲍叔牙知道小白因母亲早亡，大臣们也都瞧不起他，所以不想受命，因而称病不出。

管仲和召忽听说后，便去看望他，并问其想法和打算。鲍叔牙回答说："先人说过：没有比父亲更了解儿子的，没有比君主更了解臣下的。现在国君知道我不才，才让我辅佐小白，我是想不干了。"召忽对鲍叔牙的处境深表理解和同情，说："您若是坚决不干，就不要出来了。我暂且说您病得要死了，自然可以把您免掉的。"管仲却不同意这样做，他说："不行。主持国家大事的人，不应该推辞工作，不应该贪图清闲。将来继承君位的，还说不定是谁呢？您还是出来干吧！"管仲又进一步分析道："目前，国人都厌恶公子纠的母亲，以致厌恶公子纠本人；而同情小白没有母亲。公子诸儿虽然居长，但品质卑贱，前途还说不定。看来统治齐国的，不是公子纠就是公子小白。小白的为人，没有小聪明，性急但有远虑，不是我管夷吾，便无人理解他。一旦齐国有变，纠虽得立为君，也将一事无成，不是您鲍叔牙来安定国家，还会有谁呢？"管仲一席话，使鲍叔牙心中释然，便欣然受命了。

齐僖公死后，果然由长子诸儿继位，是为齐襄公。齐襄公横蛮暴戾，昏庸无道，致使朝纲失常，政局混乱，只得靠滥杀来稳定秩序。如《史记·齐太公世家》所说：襄公"杀诛数不当，淫于妇人，数欺大臣，群弟恐祸及，故次弟纠奔鲁……次弟小白奔莒"。由此可见，齐襄公已成了孤家寡人。后来，一连串的宫廷政变使齐国出现了无君的局面。

公子纠在鲁，公子小白在莒。从他们离齐国都城临淄的距离米看，鲁比莒要远约100公里。面对如此的路途差距，若不采取特殊的措施，公子小白一定先于公子纠到达齐都临淄，抢得先机。将士各为其主，这是不变之理。作为公子纠之傅的管仲，在这种情况下不可能无动于衷。于是管仲率轻军在莒国通往齐国的道路上拦截。果然，管仲领着队伍赶到时，发现公子小白的队伍正急匆匆地赶往齐国，便偷偷向小白射了一箭，小白应声而倒。管仲以为他已被射死，便派人飞报由鲁之齐的公子纠。公子纠听了，以为自己的竞争对手已经除去，于是放下心来，队伍前进的速度自然就放慢了，六天后才到齐国。不料，公子小白并未被射死，管仲只是射中了他的衣带钩，他是装死骗过了管仲。等管仲一行走了以后，他带着众人火速前进，赶在管仲和公子纠之前回到了临淄，在高、国两位大夫的帮助下，顺利坐上了齐国国君的位置，这就是姜齐历史上的齐桓公。

鲁庄公与公子纠听说小白没有死，不禁大怒，便率军前来攻打。鲍叔牙率领齐军在乾时这个地方迎战。《史记·齐太公世家》载：

> 秋，与鲁战于乾时，鲁兵败走，齐兵掩绝鲁归道。齐遗鲁书曰："子纠兄弟，弗忍诛，请鲁自杀之。召忽、管仲仇也，请得而甘心醢之。不然，将围鲁。"鲁人患之，遂杀子纠于笙渎。召忽自杀，管仲请囚。

鲍叔牙向齐桓公进言："公子纠在鲁，有管仲、召忽做辅臣，又有鲁庄公的帮助，定是齐国的大患。"齐桓公问："那怎么办呢？"鲍叔牙说："乾时一战，鲁国君臣胆战心寒，我愿统帅三军，重兵压向鲁境，令其杀死公子纠，交出管仲、召忽。"齐桓公应允。鲍叔牙率领大军，直到鲁国的汶阳，派公孙隰朋写信给鲁庄公，要他杀死公子纠，交出管仲、召忽。鲁庄公兵败，迫于鲍叔牙大兵压境，只好照鲍叔牙的要求，杀了公子纠。召忽见状说："为子者应为孝而死，为臣者应为忠而死！"说罢自杀而死以殉主人。齐国的使者表示，管仲射过他们的国君，国君要报一箭之仇，非亲手杀了他不可，于是管仲被捆绑着，从鲁国押往齐国。行至绮乌，守卫边界的官员跪在地上，端饭给管仲吃，神情十分恭敬。等管仲吃好饭，他私下问道："如果您到齐国后，侥幸没有被杀而得到任用，您将怎样报答我？"管仲回答道："要是照你所说的那样我得到任用，我将要任用贤人，使用能人，评赏有功的人。我能拿什么来报答你呢？"

鲁国军士把管仲绑了，押入槛车之中，连同公子纠、召忽的人头一并交于隰朋。于是隰朋押送管仲回齐国复命，行至堂阜，鲍叔牙早已等候多时，见管仲活着回到齐国，如获至宝，即命打开槛车，迎入馆中，亲自为管仲松绑。管仲说："没有君主的命令，不可擅自松绑。"鲍叔牙说："不妨，我将向国君举荐您。"管仲说："我同召忽共事公子纠，既不能奉以君位，又不能死于其难，臣节已亏，何况改事仇人，召忽有知，会在地下笑话我的！"鲍叔牙宽慰说："成大事者不恤小耻，立大功者不拘小谅。当初，你、我、召忽各自明志，召忽有言：'如果有人违反君令而废弃我们立的人，夺了公子纠的君位，即使得到了天下我也不活了。'他为公子纠死，实践了自己的誓言。您也曾说过，我管夷吾为之而死的，只有国家破、宗庙毁、祭祀绝。除了这三样，我就要活下去。管夷吾活着对齐国有利，管夷吾死了对齐国不利。您有治国之才，未遇其时。现在主公志大识高，如果再有你的辅佐，治理齐国，实现霸业是不成问题的。到那时功盖天下，名显诸侯，比守匹夫之节，成无益之事强百倍。"管仲听了便不再说话。

鲍叔牙将管仲留在堂阜，自己回到临淄，见到齐桓公，先吊后贺。齐桓公问："先生悼念何人？"鲍叔牙说："公子纠是国君的兄长，君主您为国家大义灭亲，实在是不得已，做臣子的哪敢不吊？"齐桓公又问："那您为什么又祝贺寡人呢？"鲍叔牙回答："管仲乃天下奇才，不是召忽更不是他人能比得了的，臣已把他活着领回齐国，君得一贤相，臣哪敢不贺？"提到管仲，齐桓公不由得怒火中烧，大声喝道："管仲一箭险些要了寡人的性命，寡人恨不得剥他的皮，食他的肉！"鲍叔牙说："做臣子的各为其主，射钩之时，管仲只知道有公子纠，不知有君主您。君主要用他，管仲将会为您射天下。管仲活着回来，是上天赐给齐国的治国良才，不能图一时痛快，杀了管仲，误了治国、称霸大业。"

齐桓公的亲信鲍叔牙与管仲为至交好友，他深知管仲的治国才能。因此当齐桓公任命他为宰相时，他从五个方面说明自己的才华不如管仲。他说："臣之所不若夷吾者五：宽惠柔民，弗若也；治国家不失其柄，弗若也；忠信可结于百姓，弗若也；制礼义可法于四方，弗若也；执枹鼓立于军门，使百姓皆加勇焉，弗若也。"[1]在鲍叔牙的大力举荐下，齐桓公从兴盛齐国、称霸中原的大局出发，抛弃与管仲的一箭私仇，宽容大度地任命管仲为齐相。《史记·齐太公世家》载："桓公既得管仲，与鲍叔、隰朋、高傒修齐国政，连五家之兵，设轻重鱼盐之利，以赡贫穷，禄贤能，齐人皆说。"齐桓公在贤臣管仲、鲍叔牙、隰朋、高傒等人的共同辅佐下，创造了齐文化发展历史上的

①《国语·齐语》。

第一次高峰。齐桓公不计一箭之仇，任人唯贤的宽大胸怀，也成为千古美谈。

三、齐桓拜相

　　管仲由死囚到宰相，得益于其至交好友鲍叔牙的力荐。鲍叔牙又称鲍叔、鲍子（约公元前723或前716—公元前644年），是鲍敬叔的儿子，春秋时期的齐国大夫，以知人著称。年少时与管仲友善，曾一起经商。据《史记·管晏列传》记载：

　　管仲曰："吾始困时，尝与鲍叔贾，分财利多自与，鲍叔不以我为贪，知我贫也。吾尝为鲍叔谋事而更穷困，鲍叔不以我为愚，知时有利不利也。吾尝三仕三见逐于君，鲍叔不以我为不肖，知我不遭时也。吾尝三战三走，鲍叔不以我为怯，知我有老母也。公子纠败，召忽死之，吾幽囚受辱，鲍叔不以我为无耻，知我不羞小节而耻功名不显于天下也。生我者父母，知我者鲍子也。"鲍叔既进管仲，以身下之。子孙世禄于齐，有封邑者十余世，常为名大夫。天下不多管仲之贤而多鲍叔能知人也。

这是由管仲自己说出的早年与鲍叔牙交往的经历。管仲说：当初自己贫困的时候，曾经和鲍叔一起经商，分财利时自己常常多拿一些；为鲍叔办事，事不随愿，但鲍叔并不认为自己愚笨；多次做官都被免职，但鲍叔并不认为自己没有才干；遇战事曾多次逃跑，但鲍叔并不认为自己胆小；公子纠失败，召忽为他而死，而鲍叔并不认为我活下来是不知羞耻。管仲以致发出了"生我者父母，知我者鲍子也"的感慨。鲍叔荐举了管仲之后，甘心位居管仲之下。他的子孙世世代代在齐国享有俸禄，得到封地的有十几代，多数是著名的大夫。因此，"管鲍之交"成为历史佳话。

　　另据《国语·齐语》记载：

　　桓公自莒反于齐，使鲍叔为宰，辞曰："臣，君之庸臣也。君加惠于臣，使不冻馁，则是君之赐也。若必治国家者，则非臣之所能也。若必治国家者，则其管夷吾乎。臣之所不若夷吾者五：宽惠柔民，弗若也；治国家不失其柄，弗若也；忠信可结于百姓，弗若也，制礼义可法于四方，弗若也；执枹鼓立于军门，使百姓皆加勇焉，弗若也。"桓公曰："夫管夷吾射寡人中钩，是以滨于死。"鲍叔对曰："夫为其君动也。君若宥而反之，夫犹是也。"桓公曰："若何？"鲍子对曰："请诸鲁。"桓公曰："施伯，鲁君之谋臣也，夫知吾将用之，必不予我矣。若之何？"鲍子对曰："使人请诸鲁，曰：'寡君有不令之臣在君之国，欲以戮之于群臣，故请之。'则予我矣。"桓公使请诸鲁，如鲍叔之言。庄公以问施伯，施伯对曰："此非欲戮之也，欲用其政也。夫管子，天下之才也，所在之国，则必得志于天下。令彼在齐，则必长为鲁国忧矣。"庄公曰："若何？"施伯对曰："杀而以其尸授之。"庄公将杀管仲，齐使者请曰："寡君欲亲以为戮，若不生得以戮于群臣，犹未得请也。请生之。"于是庄公使束缚以予齐使，齐使受之而退。

根据这段记载：齐桓公从莒国返回齐国，登上齐国国君之位后，欲任命鲍叔为国相。鲍叔辞谢了，并举荐管仲说："如果要治理国家的话，那就不是我所擅长的。若论治国之才，大概只有管仲了。"这显出了鲍叔之谦和，并从宽惠柔民、治国不失其柄、忠信可结于百姓、制礼义可法于四方以及在军门之前击鼓指挥，使百姓加倍勇猛这五个方面说明自己不如管仲。

齐桓公见鲍叔牙这么推崇管仲，就说："那你明天带他来见我吧。"鲍叔牙笑了笑说："您要得到有用的人才，必须恭恭敬敬地以礼相待，怎么能随随便便召来呢？"于是，齐桓公选了一个好日子，亲自出城迎接管仲，并且请管仲坐在他的车上，一起进城。管仲到了宫廷，急忙跪下向齐桓公谢罪。齐桓公亲自把管仲扶起来，虚心地向他请教富国强兵、建立霸业的方法。齐桓公向管仲问政说："我的哥哥襄公诸儿，骄奢淫逸，他筑起高大的台榭，修建了又长又大的水池，沉湎于宴饮和田猎，不理国政。他看不见贤士，只是宠爱女色，妻妾达到一千余人。这些宫里人吃的是山珍海味，穿的是绫罗绸缎。但是，当兵的战士却在挨饿受冻，吃的是宫里人吃剩的东西，穿的是宫里人不穿的服装，连战马都是拉不动车的老马。这样，国家怎么能向前发展呢？我现在继位当了国君，真怕被别人打倒，闹得宗庙无人打扫，祖宗没人祭奠。怎么才能让我安定国家呢？"齐桓公诚恳的态度感动了管仲，管仲便回答说："我是罪人，蒙君主不杀就是幸事了，但我之所以不为公子纠而死，为的是齐国的江山社稷。你如果想安定自己的国家，就要称霸诸侯，否则，没有称霸天下的雄心，国家也不会安定。"

齐桓公一听管仲要他称霸诸侯，赶紧说："我只是想安定齐国，哪里能称霸呢？"管仲一听非常泄气，站起身来就走，并且说："这样，我不为公子纠死，就成了贪图俸禄的人了，我怎么敢立身于此呢？"齐桓公见状忙拦住管仲说："好，我就勉强图霸吧。现在我任命你当宰相，全权处理军国大事。"管仲说："贱不能临贵，贫不能使富，疏不能制近。像我这样贵、富、近一无所有的人，怎么能当宰相呢？"齐桓公心想，既然要用他，就要给他行使权力的条件，否则，也就如先祖太公所说，只有任贤之名而无任贤之实了。于是立即拜管仲为上卿，位在高氏和国氏二卿之上；赐给管仲一年的市租，并使其有三归之家；同时立管仲为仲父。管仲具备了"贵""富""近"这三条，极力辅助桓公，使其成就了霸业。一百多年后孔夫子评论这件事时还说，像管仲这样的贤人如果得不到"三权"，也不能使齐桓公称霸。由此可以看出，管仲要求齐桓公所给的，均是发展齐国、称霸诸侯的必要条件，而不是一己之私利。

管仲劝齐桓公称霸，齐桓公也答应管仲称霸，但要真正能够称霸却不是那么简单的事，它需要主观的、客观的许多条件。只有众多条件的优化组合，才能实现称霸诸侯的愿望。齐桓公作为一国之君，对这些是十分明白的，他对管仲坦白道："仲父让我称霸天下，可我有三大缺点，不知是否还可以治理国家？"管仲让他说说是什么样的缺点，桓公这才不好意思地说："一是好打猎。白天到野外打猎流连忘返，有时还夜以继日。二是好饮酒。高兴了白天喝到晚上，夜晚喝到天明，致使诸侯国的使臣到来还找不到我，百官也没法向我请示汇报。三是好女人。尽管宫内女人不少，可还不满足，以致不许姑表姐妹们嫁给别人。"管仲听后说："这三样的确是缺点，但却都不是最紧要的，可以容忍。"齐桓公却觉得这三样是国君绝不可有的严重缺点，便说："如果连这么严重的缺点都无关紧要，还有什么不可以的呢？"管仲见时机成熟，便一下抬起了说话的理论高度，说："不了解贤人，了解了贤人而不加任用，虽任用了却又不相信，即使相信了却经常使小人参杂其间，对一个国君来说，这才是最可怕的。"管仲的一席话，使齐桓公深受触动，所以在其执政期间，将由姜太公制定的"尊贤尚功"的国策进一步推展。

关于齐桓公对这段谈话的践行情况，我们从《韩非子·难一》所记载的一则故事中可以略见一斑：齐桓公时有个处士叫小臣稷（所谓处士，是指那些有才德而隐居不仕的人），齐桓公欲得贤士以治齐国，便去拜访小臣稷，可一连去了三次，小臣稷就是不出面。齐桓公说："我听说，平民百姓不轻视爵位俸禄，没办法唤来国君；一国之君不爱好仁义，也没办法争取来平民百姓。"结果，齐桓公第五次去时，才见到了小臣稷。

小臣稷究竟有什么才能，史无记载，齐桓公见过小臣稷又于齐国有何助益，也不见于史籍。齐桓公的这一做法，给后人以启迪。但《韩非子·难一》却评论说：

> 今桓公以万乘之势，下匹夫之士，将欲忧齐国，而小臣不行见，小臣之忘民也。忘民不可谓仁义。仁义者，不失人臣之礼，不败君臣之位者也。是故四封之内，执禽而朝名曰臣，臣吏分职受事名曰萌。今小臣在民萌之众，而逆君上之欲，故不可谓仁义。仁义不在焉，桓公又从而礼之，使小臣有智能而遁桓公，是隐也，宜刑；若无智能而虚骄矜桓公，是诬也，宜戮。小臣之行非刑则戮，桓公不能领臣主之理，而礼刑戮之人，是桓公以轻上侮君之俗教于齐国也，非所以为治也。

韩非的评论，从法家强化君权的核心思想的角度看，或者有他的道理在。但在当时，在齐桓公欲强齐、称霸急需人才之际，他这种屈身以求贤士的做法，无疑会对人才的大量涌现起到直接推动作用，是求贤任贤的率先垂范，有助于使尊贤蔚然成风。

齐桓公在管仲的辅佐下，初步稳定了国内形势，内心也是十分高兴，但他终是心怀大志、不满足当前的人，总想在一个早晨就治理好齐国，称霸诸侯。一天，他对管仲说："我有了仲父的辅佐，就像飞鸟长了翅膀，渡河有了舟楫。咱们治国、称霸，从何处着手呢？"管仲回答说是"要从根本上抓起"。齐桓公听了赶快离开座位，屈身拱手，非常真诚地问："齐国的根本是什么呢？"管仲胸有成竹地回答说："齐国的百姓就是我们的根本。人们都怕饥荒，可国家的赋税却很重；人们都怕死，可国家的刑罚却很严苛；人们都怕徭役之苦，可国家兴办事业却不受时间约束，这是曾经有过的情况。国君如能轻徭、薄赋、宽刑，一定会受到百姓的欢迎。"

　　齐桓公听后，觉得管仲说得实在深刻。于是齐桓公对管仲说："你这么重要的话，不能只有我一个人听，我要举行一个仪式让先君们也听到。"于是，齐桓公宣布命令，让大小官吏准备好记录用具，次日到太庙集合。第二天，接到命令的百官、有司集中到太庙，听齐桓公宣布了管仲的讲话，并当场确定了一些法令。例如，减轻赋税，把税率降到百分之一；减轻刑罚，小孩和老人不给治罪；按时开放水泽和河流，让老百姓去捕鱼；边关上对进出的商人只进行检查而不征税；商人在市场上只进行货物登记，也不纳税；对近处的人要示以诚信，对远处的人要示以礼仪。这样一来，齐国百姓得到不少实际的利益，到齐国进行贸易的他国商人，也减少了成本支出。所以，齐桓公爱民的形象很快便树立起来了。

齐桓霸业的基础

据《管子·小匡》记载，齐桓公想征服天下诸侯，于是问管仲："四民定居事功已成，我想号令天下诸侯，可以吗？"管仲回答说："不可以。民心还没有安定。"齐桓公说："怎样才能安定民心？"管仲回答说："修正旧法，制订有益于人民的法律，并严格执行；慈爱人民，救济贫户，宽缓征役，敬重百姓，则国家富裕而人民安心了。"管仲劝齐桓公要把民众摆在十分重要的位置，认为这是成就霸业的根基。齐桓公说："人民安心，可以创立霸业了吧？"管仲回答说："不可以，您还要整顿军队，修治甲兵。"于是，管仲为桓公提供了一套寓兵于民，军、政合一的强兵方案。齐桓公说："卒伍已定，事功已成，我想干预诸侯的事务，可以了吧？"管仲回答说："还不可以。关于军事，我既已寄寓于内政了，但齐国还缺乏盔甲兵器，我想用从轻处理重罪的办法把赎金用来充实盔甲兵器上。"齐桓公说："盔甲兵器十足了，我想干预诸侯的事务，可以了吧？"管仲回答说："不可以。治理内政的人选不足，从事外交的人员也不齐全。"于是委任鲍叔牙为大谏，王子城父为将，弦子旗为理狱官，宁戚为田官，隰朋为通使诸侯的官；曹孙宿驻楚国，商容驻宋国，季友驻鲁国，卫开方驻卫国，匽尚驻燕国，审友驻晋国。又派出游士七八十人，配给他们车马衣裘，供给钱粮物资，使之周游四方，以号召吸引天下的贤士来齐。还带上好玩的物品，卖给各国诸侯，以了解他们的嗜好，然后择其混乱者先事征伐。齐桓公说："外交与内政都准备好了，这回可以了吧？"管仲回答说："不可以。因为邻国还没有同我们亲善。"齐桓公说："怎样与它们亲善呢？"管仲回答说："审查我们的边境，归还侵占各国的土地，订正邻国的封界，不要接受他们的货财，而好好地拿出皮币，不断聘问各国诸侯，这样来安定四邻，邻国就同我国亲善了。"

由此可见，称霸是一系统而艰巨的工程，为了辅佐齐桓公称霸，管仲任相之后，设计了一系列制度。齐桓公依据管仲的构想，逐步地付诸实践，结果使齐国国富兵强，在此基础上外联诸侯，稳定周王室，多次会合诸侯，匡扶天下，成就了一番霸业。对此，司马迁以赞叹的笔触写道："管仲既用，任政于齐，齐桓公以霸，九合诸侯，一匡天下，管仲之谋也。"①

一、倡导"人本"理念

管仲辅佐齐桓公称霸，首倡"人本"理念。管仲鉴于三代隆替的史实，认为君人者必须"以百姓为天，百姓与之则安，辅之则强，非之则危，背之则亡"②。所以，他明确提出"霸王之所始也，以人为本"③。"齐国百姓，公

①《史记·管晏列传》。
②《说苑·建本》。
③《管子·霸言》。

之本也。"①管仲将百姓视作国家的根本、社稷的根基，"士、农、工、商四民者，国之石民也"②。基于以上认识，管仲主张，要把争取民心作为政治的中心任务，"政之所兴，在顺民心，政之所废，在逆民心"③。顺民心的首要事务在于爱民，要把民众的利益置于首位，"民恶忧劳，我佚乐之；民恶贫贱，我富贵之；民恶危坠，我存安之，民恶灭绝，我生育之"④。

管仲的生活经历也使他有了人民是国家政权的基础的认识。齐桓公急于称霸，要加强军队建设，管仲却劝他把精力放在争取百姓的事情上来。《管子·大匡》说："异日，公告管仲曰：'欲以诸侯之间无事也，内修兵革。'管仲曰：'不可。百姓病，公先与百姓而藏其兵。与其厚于兵，不如厚于人。齐国之社稷未定，公未始于人而始于兵，外不亲于诸侯，内不亲于民。'公曰：'诺。'"在百姓穷困、社稷还没有安定的情况下，不能先加强军队建设，否则就会诸侯不服，百姓离心，首要的事情应该是先使百姓的生活有保障。他还更明确地指出，齐国的百姓是国君依靠的根本力量。《管子·霸形》记载说：

> 管子对曰："君若将欲霸王举大事乎？则必从其本事矣。"桓公变躬迁席，拱手而问曰："敢问何谓其本？"管子对曰："齐国百姓，公之本也。人甚忧饥，而税敛重；人甚惧死，而刑政险；人甚伤劳，而上举事不时。公轻其税敛，则人不忧饥；缓其刑政，则人不惧死；举事以时，则人不伤劳。"桓公曰："寡人闻仲父之言此三者，闻命矣，不敢擅也，将荐之先君。"于是令百官有司，削方墨笔。明日，皆朝于太庙之门朝，定令于百吏。使税者百一钟，孤幼不刑，泽梁时纵，关讥而不征，市书而不赋；近者示之以忠信，远者示之以礼义。行此数年，而民归之如流水。

要想成就霸王之业，必须重视根本，这个根本就是齐国的百姓。如果百姓担心饥饿而赋税繁重，百姓怕死亡而刑罚繁多，百姓本来劳苦却常有劳役，谁还能安居？所以要减赋、宽刑、省役。齐桓公采纳了管仲的建议，发布了有

---

① 《管子·霸形》。
② 《管子·小匡》。
③ 《管子·牧民》。
④ 《管子·牧民》。

利于百姓的行政措施。没几年，"天下归齐者若流水"。管仲在具体的国家管理实践活动中实施了其"人本"思想。

齐桓公任用管仲为相而进行的改革，最终目的是要称霸诸侯。但要实现称霸的目的，必须具有强大的国力。按照管仲的观点，要想把国家治理好，首先必须使百姓富裕起来。《管子·治国》记载：

> 凡治国之道，必先富民。民富则易治也，民贫则难治也。奚以知其然也？民富则安乡重家，安乡重家则敬上畏罪，敬上畏罪则易治也。民贫则危乡轻家，危乡轻家则敢陵上犯禁，陵上犯禁则难治也。故治国常富，而乱国常贫。是以善为国者，必先富民，然后治之。

那么，如何才能富民呢？桓、管君臣采取了不少的措施，从大的方面说，桓、管改革中的许多内容都是利民的。如农业改革中的"均地分力""相地衰征"。"均地"，就是平均分配土地；"分力"，就是国家和农民一起分配产品。"相地"，就是查看土地的质量；"衰征"，就是根据土地质量的好坏征收不同数量的地租。这是一个连续的政策，分配土地的时候，按照土地质量或农作物产量的不同而分配不同数量的土地，国家的税收则根据产量的高低而定，这样，农民的土地数量虽因质量不同而有差别，但不同质量的土地纳税数量也是不一样的，而且产量越高自己剩余的就越多，这就显示了税收的公平性。这种改革，有利于激发百姓生产的积极性。

管仲认为，为政首要的是"始于爱民"[1]。据《管子·五辅》记载：

> 辟田畴，制坛宅，修树艺，劝士民，勉稼穑，修墙屋，此谓厚其生。发伏利，输滞积，修道途，便关市，慎将宿，此谓输之以财。导水潦，利陂沟，决潘渚，溃泥滞，通郁闭，慎津梁，此谓遗之以利，薄征敛，轻征赋，弛刑罚，赦罪戾，宥小过，此谓宽其政。养长老，慈幼孤，恤鳏寡，问疾病，吊祸丧，此谓匡其急。衣冻寒，食饥渴，匡贫窭，振罢露，资乏绝，此谓振其穷。

"厚其生""输之以财""遗之以利""宽其政""匡其急""振其穷"涉及人民

---

[1]《管子·小匡》。

生产、生活的各个方面。这些爱民主张不是抽象的，而是实实在在、切实可行的。

桓、管从国家发展的大局着眼，清醒地认识到，富民的首要之务是发展生产，尤其是发展国民经济的支柱产业——农业。"夫国富多粟，生于农，故先王贵之。"[1]为了保障农业的健康发展，国家要采取一定的措施来督促、支持和保护农业生产。"所谓兴利者，利农事也。所谓除害者，禁害农事也。农事盛则入粟多，入粟多则国富。"[2]同时对于那些影响农业生产的因素，要予以摒弃。"凡为国之急者，必先禁末作、文巧。末作、文巧禁则民无所游食。民无所游食则必事农，民事农则田垦，田垦则粟多，粟多则国富，国富者兵强，兵强者战胜，战胜者地广。"[3]

除了富民措施之外，桓、管君臣还关心百姓疾苦，尤其是对鳏寡孤独老弱残疾等人的关心爱护。《管子·入国》篇所说的行"九惠之教"，就是这方面的突出表现。这与管仲所说的要除"四恶"从"四欲"又是一脉相承的。不仅有"九惠"的规定，也有一定的监督检查机制，《管子·问》篇就记有这方面的内容。《问》篇是关于社会情况的全面调查，也是对官吏政绩进行考核的提纲，当然也可以看作是国家关于行政情况的摸底。

> 凡立朝廷，问有本纪。爵授有德，则大臣兴义；禄予有功，则士轻死节。上帅士以人之所戴，则上下和；授事以能，则人上功。审刑当罪，则人不易讼；无乱社稷宗庙，则人有所宗。毋遗老忘亲，则大臣不怨；举知人急，则众不乱。行此道也，国有常经，人知终始，此霸王之术也。

这种调查，是治国的常道，是关乎能否称霸的大问题。在这份调查提纲中，涉及惠民的问题很多，如"问死事之孤，其未有田宅者有乎""问死事之寡，其饩廪何如""问独夫、孤穷、疾病者几何人也""问国之弃人何族之子弟也""问乡之良家，其所牧养者几何人"等，这些都表现出了对人民生活的关心和爱护。《管子》书中的诸多惠民措施是其人本思想的重要组成部分，这些

---

[1]《管子·治国》。

[2]《管子·治国》。

[3]《管子·治国》。

措施的贯彻执行，对于国家政权的巩固和稳定产生了积极的作用。

二、强化齐国的政治制度

春秋时期，齐国的政治制度在不断变化，特别是齐桓公继位以后，在贤相管仲的辅佐下改革内政，并建立了一整套系统的政治制度。

（一）君义臣忠

管仲主张君臣之间要"明别""有分"，同时主张君臣之间应该讲诚信，认为和谐是君臣关系的最高境界，所以在要求臣忠君的同时，主张君要以仁义待臣。

1. 君臣一体。君臣关系是伴随着国家的产生而形成的一种社会政治关系，是一种古老的客观存在。对于君臣关系的起源及其实质，先民早就进行过探讨，商周时期最为普遍的一种看法是，君臣关系乃是上天的赐予，用《尚书·泰誓》中的话来说就是："天降下民，作之君，作之师。"这反映了当时人们对天的敬畏意识。到春秋战国之际，人们开始把视角转向人类社会自身，试图从社会发展的现实过程中去寻找君臣关系的根源。管仲则把人类社会的矛盾运动作为考察和立论的基本依据。《管子·君臣下》指出："古者未有君臣上下之别，未有夫妇妃匹之合，兽处群居，以力相征，于是智者诈愚，强者凌弱，老幼孤独不得其所，故智者假众力以禁强虐而暴人止，为民兴利除害、正民之德而民师之。是故……上下设，民生体，而国都立矣。"这就是说，君臣关系是人类社会发展到一定历史阶段的产物，是在"兽处群居，以力相征"、愚弱老幼孤独之人备受欺凌、强横奸诈之人为所欲为的混乱情况下，基于"禁暴虐""为民兴利除害"的社会需要而产生、形成的。民众中的仁智者不仅以保护愚弱老幼孤独之人为己任，而且注重以"道术德行"导民、"正民之德"，因而受到了广大民众的拥戴，从而为君为臣，成为民众的首领。《管子·君臣下》还指出："神圣者王，仁智者君，武勇者长，此天之道、人之情也。"《管子·牧民》亦言："知时者可立以为长，无私者可置以为政，审于时而察于用而能备官者，可奉以为君也。"

在对君臣关系的实质的看法上，《管子》也表现出了相当的超前性。商周时期自不必说，就是思想趋于活跃的春秋时期，对于君臣之间关系的认识，居主导地位的也还是一种绝对的尊与卑、令与从的思路。如《左传·宣公四年》《定公四年》《僖公二十四年》《文公十八年》等有"君，天也""君命，天也""君命无二，古之制也""死君命"的说法。《国语·晋语》亦谓："事君不贰是谓臣"，主张臣对君应"报生以死，报赐以力。"《管子》固然极力维护君主的独尊地位，声称："使天下两天子，天下不可理也；一国而两君，一国不可治也。"①但是对于臣的政治地位，却也是十分看重的。《管子·君臣上》有言："上下之分不同任，而复合为一体。"把君臣关系说成是相辅相成、唇齿相依的"一体"关系，这就从逻辑上肯定了臣对于君的不可替代的重要意义和作用，在理论上具有重大意义。

《管子》对君臣之间相互依赖的关系做了具体解释，《管子·君臣上》指出："为人臣者，仰生于上者也。"就是说，君是臣的衣食财富之源和荣辱生死之主，离开君，臣势必无所凭依，难以生存。但是君也不能够摆脱臣下而独自存在，"万乘之国，兵不可以无主；土地博大，野不可以无吏；百姓殷众，官不可以无长"②；"无佐则君卑、国危、民乱"③。军队、土地、人民都需要君主委任臣下来管理，君主若没有臣下辅佐，自己就会丧失尊严，人民就不能安定，国家就不免危亡。

2. 君明臣忠。君主应该具备什么样的素养？对此，管仲认为就是圣明。"明君""明主""明王"之类的提法在《管子》一书中随处可见。首先，主张君主应是道德高尚之人。《管子·立政》篇指出：'大德不至仁，不可以授国柄。"《管子·君臣上》强调"上之人务德，而下之人守节"。君主之德内

---

①《管子·霸言》。

②《管子·权修》。

③《管子·版法解》。

容非常丰富，特别强调临民的仁爱之德和御臣的公正之德二端，仁爱的具体表现就是"民恶忧劳，我佚乐之；民恶贫贱，我富贵之；民恶危坠，我存安之；民恶灭绝，我生育之"①，就是"救天下之祸，安天下之危"②。君主只要如此临民，就是仁爱之君，而"明王之爱天下，故天下可附"③。公正的具体表现就是黜陟赏罚，"以法制行之，如天地之无私也"④，"中正而无私"⑤。"任公不任私"⑥，"不以禄爵私所爱"⑦是明王御臣的道德素养。其次，君主应是明达治道之人。《管子·形势解》指出："明主之官物也，任其所长，不任其所短"，"明主之举事也，任圣人之虑，用众人之力，而不自与焉"，"明主……言辞动作皆中术数，故众理相当，上下相亲"。这就是说，君主应当量能授官，善于发挥智慧之人和广大民众的不同特长，以求得事情的成功；如此去做，君主的言行举止就会得体，就会身不劳而百业有成、官民和乐。居至尊之位而行臣仆之事是败事取祸之由，因而强调"为人君者修官上之道而不言其中"，"官人不官，事人不事"⑧。优柔寡断是君主性格上的一大致命弱点，"人君唯优与不敏为不可。优则亡众，不敏不及事"⑨。此外，刚愎自用也是君主之大忌，"伐矜好专，举事之祸也"⑩，因此作为君主应当乐于听谏，闻过则喜，"谏者，所以安主也；食者，所以肥体也。主恶谏则不安，人啬食则不肥"⑪。

人臣应具备什么样的素养？就是"忠"和"敬"。《管子·形势解》说：

---

① 《管子·牧民》。
② 《管子·形势解》。
③ 《管子·心术下》。
④ 《管子·任法》。
⑤ 《管子·五辅》。
⑥ 《管子·任法》。
⑦ 《管子·法法》。
⑧ 《管子·君臣上》。
⑨ 《管子·小匡》。
⑩ 《管子·形势》。
⑪ 《管子·形势解》。

"敦敬忠信，臣下之常也。"其中又以忠为臣德之中的最紧要者："忠者，臣之高行也。""日益之而患少者，唯忠；日损之而患多者，唯欲。多忠少欲，智也，为人臣之广道也。"所谓忠，就是"事君者无二心"，具体说来包括以下几点；其一，"委质为臣，不宾事左右。……若有事，必图国家，遍其发挥。……临难据事，虽死不悔。……不谤其君，不毁其辞。"[1]也就是说，既为人臣，就尽心事君，不去巴结、左右逢源；国家有事，则不遗余力，虽赴汤蹈火，在所不辞；不诽谤君上，勇于对自己的言论负责。其二，"察身能而受官，不诬于上；谨于法令以治，不阿党……受禄不过其功……不以毋实虚受"[2]。就是说，要根据自己的能力接受官职，不欺骗君上；要根据法令行事，不袒护私党；领取俸禄不超过自己的功劳，不冒领。其三，"君若有过，进谏不疑"[3]，"正谏死节"[4]。也就是说，假如君主言行失当，就要直言极谏，毫不迟疑；要敢于坚持真理，不惜为了恪守"匡救其恶"的臣职而牺牲生命。如果说"忠"是对人臣思想品德的集中而概括的要求，那么"敬"则是对于人臣工作作风的具体要求。《管子·君臣上》说："为人臣者，受任而处之以敬。"人臣仅有对君主的"忠"还不够，还应把这种"忠"在实际工作中体现出来。"忠"在实际工作中的具体体现谓之"敬"。如何工作才可以称得上"敬"呢？《管子·四称》说："居处则思，语言则谋，动作则事。"意思是说，闲居的时候不忘思考本职工作，与人谈话则是为了商讨工作方法，行动无不是为了完成职事。这种"敬"，可称得上殚精竭虑、兢兢业业了。《管子·形势解》在解释"怠倦者不及"这句话时说："解（懈）惰简慢，以之事主则不忠，以之事父母则不孝，以之起事则不成，故曰'怠倦者不及'也。"这就把人臣工作作风上的"敬"与思想品德上的"忠"统一了起来。

3. "君操要""臣主详"。君臣虽然是"一体"关系，但是彼此仍存在着上下之别。君臣必须明晓各自的职分，不越俎代庖，《管子·君臣上》强调：

---

[1]《管子·四称》。

[2]《管子·重令》。

[3]《管子·四称》。

[4]《管子·形势解》。

"为人君者修官上之道而不言其中，为人臣者比官中之事而不言其外"，因为"为人君者下及官中之事则有司不任，为人臣者上共专于上则人主失威"。《管子·小问》则说："明分任职，则治而不乱"。那么君臣的职责分工应是怎样的呢？从维护君主的权威和尽可能发挥人臣的作用这一原则出发，管仲提出了君操要、臣主详的主张，"兼而一之，人君之道也；分而职之，人臣之事也。"①这里所主张的君职臣责，具体说来就是："论材、量能、谋德而举之，上之道也；专意一心，守职而不劳，下之事也"；"君据法而出令；有司奉命行事"。②"制群臣，擅生杀，主之分也；县令仰制，臣之分也。"③一言以蔽之，君主的职责主要是用人、制令和赏罚；人臣的职责则是守任治事，人臣级别不同，职责亦各不相同。

君主用人，目的在于"使之奉主之法，行主之令，以治百姓而诛盗贼也"④，因而用人得当与否，直接影响到事务的成败、君主的荣辱和国家的安危。《管子·立政》提出了德、功、能三结合的用人标准："君之所审者三；一曰德必当其位，二曰功必当其禄，三曰能必当其官。"《管子·君臣下》则有"称德度功，劝其所能……任以社稷之任"。德即品德，包括忠、信、廉、让等内容，众德中而以忠最为根本。功即业绩，能即才能，德、功、能三者不可或缺。因为不重德就不能够有效地避免小人当道；不重功就难以使有功之人得到激励；不重能就无法调动人才施展其才华的积极性。德、功、能三者当中，德最重要、最关键，要把德放在首位而不能本末倒置。在确信德行无亏之后，再考察人才的功和能，以"知其短长，知其所不能益"⑤，然后避短用长，"督其成事"⑥。坚决反对君主插手本应由人臣管理的事务；《管子·心术上》要求"毋代马走，使尽其力；毋代鸟飞，便弊其

---

①《管子·君臣上》。

②《管子·君臣上》。

③《管子·明法解》。

④《管子·明法解》。

⑤《管子·君臣上》。

⑥《管子·明法解》。

羽翼"。人臣的升迁废免完全根据其工作表现来决定，"胜其任者处官，不胜其任者废免"①。

关于制令，《管子·重令》强调："凡君国之重器，莫重于令。"《管子·法法》也说："令者，人主之大宝也。"《管子·版法解》则提出了"治国有三器"，"三器者何也？曰号令也、斧钺也、禄赏也"。"号令"被列在"斧钺""禄赏"之前而居"三器"之首。一方面强调君主要牢牢掌握号令之权，另一方面又主张君主制令必须慎之又慎："人主不可不慎其令。"②慎于制令关键有二：一是要因于民情，求其可行。"号令逆于民心，……而求民之必用，不可得也。"③"令于人之所能为则令行，使于人之所能为则事成。"④顺民心、合事理的令是"重令"；逆民心、违事理的令是"轻令"。《管子·重令》曰："令重则君尊，君尊则国安；令轻则君卑，君卑则国危。"二是令既立，就不能随意更革，要保持一定的稳定性。《管子·法法》说：

> 君有三欲于民，三欲不节则上位危。三欲者何也？一曰求，二曰禁，三曰令。求必欲得，禁必欲止，令必欲行。求多者其得寡，禁多者其止寡，令多者其行寡。……未有能多求而多得者也，未有能多禁而多止者也，未有能多令而多行者也。……号令已出又易之，礼义已行又止之，度量已制又迁之，刑法已错（措）又移之，如是，则庆赏虽重，民不劝也；杀戮虽繁，民不畏也。……令之所行者多而所废者寡，则民不诽议，民不诽议则听从矣。……令之所行者寡而所废者多，则民不听，民不听则暴人起而奸邪作矣。

关于赏罚，《管子·明法解》认为，"人主之治国也，莫不有法令、赏罚"。《管子·君臣下》也说："君之所以为君者，赏罚以为君。"如同号令必须出自君主之口一样，赏罚二柄也必须由君主亲自掌握，即如《管子·明法解》所说："明主之治也，县（悬）爵禄以劝民……立刑罚以威其下。""人

---

① 《管子·明法解》。

② 《管子·法法》。

③ 《管子·法法》。

④ 《管子·形势解》。

主者，擅生杀，处威势，操令行禁止之柄以御其群臣，此主道也。"但是君主虽有赏罚之权，却不可滥用。一是不可依个人一时的喜怒随意诛赏，即所谓"喜无以赏，怒无以杀"，因为"喜以赏，怒以杀，怨乃起"。[1]二是不可依赏罚对象身份的贵贱和关系的亲疏无原则地加重或减轻，即所谓"案其当宜，行其正理"，"舍公法而行私惠，则是利奸邪而长暴乱也……明主不为也"。[2]"禁不胜于亲贵，罚不行于便辟，法禁不诛于严重而害于疏远，庆赏不施于卑贱而求令之必行，不可得也。"[3]三是不可简单化地理解和运用"有功必赏，有罪必诛"的原则，一切都应在法令所限定的范围内施行。《管子·立政》篇指出："凡将举事，令必先出。曰事将为，其赏罚之数，必先明之。……有不合于令之所谓者，虽有功利，则谓之专制，罪死不赦。"《管子·法法》也说："令未布，而民或为之而赏从之，则是上妄予也……令未布而罚及之，则是上妄诛也。……令已布而赏不从，则是使民不劝勉、不行制、不死节。……令已布而罚不及，则是教民不听。……号令必著明，赏罚必信必，此正民之经也。"

《管子》对君臣关系、君臣素养和君臣分工作了十分全面细致的论述，提出了许多有创造性的见解和主张，大大丰富了古代君臣观的思想宝库。尽管它是站在维护专制统治者的立场上立论的，但其中的不少观点仍然值得今人深思和借鉴。

（二）中央官制

春秋时期，齐国的中央官制主要包括国君、上卿、下卿（宰或相）以及五官为代表的百官等。其中国君是齐国最高统治者，上卿是周天子所任命，春秋初期为齐国的执政卿，总管百官。下卿即宰或相，它在春秋中期以后执政，统领五官及众官，执掌国政。以五官为代表的百官负责国家的具体事务。

---

[1]《管子·版法》。
[2]《管子·明法解》。
[3]《管子·重令》。

齐国君主既是齐国最高统治者，又是地方霸主，还曾成为中原霸主，代周天子发号政令，在一定程度上起到周天子应起的作用。然而尽管如此，齐国君主的权力还是受到国内卿大夫的制约，卿大夫在特殊情况下有拥立国君的权力。

国氏、高氏都出自姜姓。他们是周天子亲自任命的齐国上卿。《左传·僖公十二年》记载，周王室发生王子带内乱，齐桓公派管仲率军平定内乱。周襄王想以上卿的礼节款待管仲。管仲加以推辞，其理由是："臣，贱有司也。有天子之二守国、高在……陪臣敢辞。"杜预注说："国子、高子，天子所命为齐守臣，皆上卿也。"这说明国氏、高氏世代为周天子所命的上卿，他们在齐国位高权重。他们既可代表齐国与他国结盟，又可作为统帅领兵出征。"秋七月丙申，及齐高傒盟于防"①，"夏四月戊辰，晋侯、宋公、齐国归父、崔夭、秦小子憖次于城濮"②。前者是高傒代表齐与鲁会盟，后者国归父率齐军参加晋文公与楚国的城濮之战。国氏、高氏之权不仅于此，他们还可在君位出现空缺之时，暂代国政，并拥立新君。如公元前686年齐国发生的内乱，国君齐襄公被公孙无知所杀并自立为君。第二年，公孙无知又被雍林人所杀，此时，齐国处于无君的状态之中。在这种情况下，作为天子任命的上卿国、高两氏在议论立新君时，"阴召小白于莒"③。齐桓公改革内政时，拜管仲为相，权在国、高两氏之上，但齐国所设的三军中，除齐君统帅中军外，其余两军归国氏和高氏统帅。可见齐桓公即位之前国、高两氏的权高位重，其地位与西周初期中央官制中的三公大致相当。

然而在齐桓公即位后，确切地说，是管仲辅佐齐桓公改革之后，国氏和高氏的许多权力都转移到下卿即宰或相手里，宰或相成为齐国的执政卿。《韩非子·外储说左下》记载："管仲相齐，曰'臣贵矣，然而臣贫。'桓公曰：'使子有三归之家。'曰'臣富矣，然而臣卑。'桓公使立于高、国之上。曰：'臣尊矣，然而臣疏。'乃立为仲父。"由于管仲本人家贫、位卑并且与姜姓公室关系

①《左传·庄公二十二年》。
②《左传·僖公二十八年》。
③《史记·齐太公世家》。

疏远，齐桓公于是在拜管仲为相后，使他有"三归之家"的租税，使他位在天子命卿国、高氏之上，并且尊其为仲父。可谓身贵、家富、位尊、身亲。管仲任相期间，他辅佐齐桓公改革内政，为齐国制定了"四民分业定居""叁其国而伍其鄙""作内政而寄军令"以及"相地而衰征"[①]等制度，这说明齐相有权制定国家的各项制度。管仲不但为国家制定各项制度，而且有权向国家推荐各级官吏。如管仲曾向齐桓公推荐国家中卿级以下的核心官员——五官，即"鲍叔牙为大谏，王子城父为将，弦子旗为理，宁戚为田，隰朋为行"[②]。管仲不但重权在握，而且齐桓公对他言听计从。齐桓公本人就曾说过，"寡人之有仲父也，犹飞鸿之有羽翼也，若济大水有舟楫也"[③]，"仲父命寡人东，寡人东；令寡人西，寡人西。仲父之命于寡人，寡人敢不从乎"[④]。受此影响，齐国宰或相的权力日益扩大，春秋后期发展到威胁国君地位的程度，并最终导致了田氏世代为相，代姜氏而建立了田氏政权。

　　除君主、上卿和下卿之外，还有以五官为代表的百官。五官制度并非源于齐国。据《史记·周本纪》记载，早在殷商时期，周国的首领古公亶父率领百姓避戎狄于岐山之下后，"营筑城郭室屋，而邑别居之。作五官有司。民皆歌乐之，颂其德"。古公亶父重建国家之时，做了两件重要的事：一是筑城墙和房屋，二是建立以五官为代表的官制，可见五官在官制中的重要作用。有关"五官"，宋裴姻集解说："《礼记》曰：'天子之五官曰司徒、司马、司空、司士、司寇，典司五众。'郑玄曰：'此殷时制。'"可知，殷商之时便设有五官，而且我们由上文可知：司徒、司马、司空、司士、司寇也是西周早期卿事寮中最主要的官职。至西周中期以后，司寇这一官职的作用已经大大降低，担任司寇的大臣已不是卿一级的官僚。

　　春秋时期，齐国在一定程度上摆脱了周王室的控制，但其五官的制度并

---

① 《国语·齐语》。

② 《管子·小匡》。

③ 《管子·霸形》。

④ 《管子·小称》。

没有废除，五官仍然是百官中的重要官吏，只是五官的名称①及其职责发生了一些变化。《管子·小匡》记载：

相三月，请论百官。公曰："诺。"管仲曰："升降揖让，进退闲（娴）习，辨辞之刚柔，臣不如隰朋，请立为大行。垦草入邑，辟土聚粟多众，尽地之利，臣不如宁戚，请立为大司田。平原广牧，车不结辙，士不旋踵，鼓之而三军之士视死如归，臣不如王子城父，请立为大司马。决狱折中，不杀不辜，不诬无罪，臣不如宾胥无，请立为大司理。犯君颜色，进谏必忠，不辟死亡，不挠富贵，臣不如东郭牙，请立以为大谏之官。此五子者，夷吾一不如；然而以易夷吾，夷吾不为也。君若欲治国强兵，则五子者有矣；若欲霸王，夷吾在此。"桓公曰："善。"

从上述的记载可以看出：其一，五官的名称为大行、大司田、大司马、大司理、大谏；其二，五官的职责非常清楚。

齐国在五官之外还设置了虞师、司空、司田、乡师、工师、锐司徒、太史、太祝、傅、主屦等官吏。虞师是主管山林湖泽方面的官吏。司空是主管水利及建筑工程的官。司田是主管农业方面的官吏。乡师是主管乡里的官吏。工师是主管手工业的官吏。锐司徒，是主管兵器之官。太史和大祝既是齐国主管策命之礼的官吏，也是记事官吏。傅、主屦属于为国君及诸公子服务的官吏，因而也称之为宫廷官。

值得注意的是，除上述官职之外，春秋晚期齐国还出现了"将"这一官职。《史记·司马穰苴列传》载："齐景公时，晋伐阿、甄，而燕侵河上，齐师败绩。景公患之。晏婴乃荐田穰苴曰：'穰苴虽田氏庶孽，然其人文能附众，武能威敌，愿君试之。'景公召穰苴，与语兵事，大说之，以为将军，将兵扞燕、晋之师。"唐司马贞索隐在解释"以为将军"时说，"谓命之为将，以将军也。……遂以将军为官名"。而将军在此时并不固定，当田穰苴战胜回

---

① 五官的名称除见于此段引文外，还见于《韩非子·外储说左上》和《新序·杂事第四》。他们的内容大同小异，本书以《管子》中的五官名称为准。

朝后，齐景公任他为大司马。"晋师闻之，为罢去。燕师闻之，度水而解。于是追击之，遂取所亡封内故境而引兵归。未至国，释兵旅，解约束，誓盟而后入邑。景公与诸大夫郊迎，劳师成礼，然后反归寝。既见穰苴，尊为大司马。"田穰苴在战胜晋、燕之师，收复被两国侵占的土地后，率军凯旋回朝。还没到国都，田穰苴就解除了战备，取消了战时的口令。而齐景公并没有再任他为将军，而是任他为主管军事方面的大司马一职。由此可以看出，将军虽然是齐国的一个官职，但极有可能是临战任将，而不是一种固定官职。

（三）地方行政制度

1. "叁其国，伍其鄙。"齐国的地方行政制度在西周时期与周王制在某种程度上是相同的，都实行乡遂制和采邑制。演至春秋中期，管仲辅佐齐桓公改革内政，齐国在国君直辖区域开始实行国鄙制，因此春秋时期齐国的地方行政制度是国鄙制与采邑制并行。

国鄙制是齐桓公改革中的重要内容之一。其中的"国"指国都与其近郊地区，"鄙"（又称"野"）即指郊外田野地区。有关国鄙制的情况，《国语》和《管子》中都有记载。春秋时期齐国国君直辖区内的地方行政组织即国鄙制的情况大致如下：第一，齐君在国都及其近郊设立了21个乡，其中工、商之乡占6个，士、农之乡占15个。这21个乡之中，工商之乡没有参军打仗的义务。而剩下的士农之乡则是齐国的常备军，必须执干戈以保卫国家的安全。这15个乡组成齐国军队的核心即三军，其中齐君统帅一军，天子命卿国氏、高氏各统帅一军。齐国对乡的行政区划具体组成情况如下：五家组成一轨，十轨组成一里，四里组成一连，十连组成一乡。每乡自下而上设立轨长、里有司、连长、乡良人等官职来进行管理。同时，城郊山泽分设大、中、小泽虞和山衡之官。可见齐国乡当中自下至上应有轨长、里有司、连长、乡良人以及泽虞和山衡之官。第二，齐君在远郊即鄙野地区设立了"五鄙"。其中三十家组成一邑，十邑组成一卒，十卒组成一乡，三乡组成一县，十县组成一属。根据《国语·齐语》的记载，五鄙长官自下而上应为：邑有司、卒帅、乡帅、县帅和属大夫。其中，属大夫有治罪狱政的职责；县帅有划分田界的职责，而乡帅则有处理全乡所有事务的职责。

　　春秋时期齐国在国鄙之外的地区实行采邑制。采邑制是西周政治制度的重要组成部分，周天子分封诸侯建立国，诸侯分封土地给卿大夫建立家。天子以分封的形式建立诸侯国，而诸侯分封给卿大夫的土地则称为采邑。因此采邑制作为一种制度不但存在于春秋时期的齐国，而且也存在于晋、鲁、郑、卫、楚、秦等其他诸侯国。《礼记·礼运》载："天子有田以处其子孙，诸侯有国以处其子孙，大夫有采以处其子孙，是谓制度。"明确说明无论是分封还是采邑，都是一种制度，普遍存在于周王朝及各诸侯国。《尚书·大传》记载："古者诸侯始受封，则有采地。……其后子孙虽有罪，黜，其采地不黜，使其子孙贤者守之，世世以祠其始受封之人。"这说明采邑作为卿大夫的私有财产，不仅是归其本人所有，而且是代代相传，即使是其子孙有罪，正常情况下也不能剥夺其先祖的采邑。由此可以看出采邑制度与世卿世禄制一样，长久存在于包括齐在内的所有诸侯国家之内。

　　齐国存在采邑制度可从文献中得到证明。如齐国的鲍叔牙、管仲、晏婴等卿大夫都有采邑。《史记·齐太公世家》载："鲍叔既进管仲，以身下之。子孙世禄于齐，有封邑十余世，常为名大夫。"《晏子春秋·外篇第七》载："景公谓晏子曰：'昔吾先君桓公，予管仲狐与谷，其县十七，著之于帛，申之以策，通之诸侯，以为其子孙赏邑。'"《左传·襄公二十八年》载崔氏之乱被平定后，齐景公"与晏子邶殿其鄙六十，弗受……与北郭佐邑六十，受之"。我们从鲍叔牙、管仲、晏婴受封的情况可知，卿大夫受封采邑是一种非常普遍的制度，且子孙可以世代享受封地。卿大夫的采邑不但世袭，而且卿大夫还拥有采邑上的一切权力，采邑内的官吏由卿大夫任免，且直接听从卿大夫的命令，而不必听从国君的命令。采邑内的最高统治者称为"主"或"宗"，采邑内的官吏称为家臣。其中帮助宗主管理宗族内部事务的家臣称为室老和宗老；帮助宗主统治采邑内百姓的家臣称为宰，宰有家宰和邑宰两种，家宰掌管全家的政务，邑宰则管理某个邑的政务；为宗主生活上服务的家臣则有司宫、饔人、车或差车、御驺、工、阍人、寺人等内官。所有的家臣都由宗主任免。宗主通过"委质"这一策命礼，确立了家臣对宗主的绝对服从关系。按照礼节，家臣必须效忠于宗主，不得有二心。家臣只知有"家"而不知有"国"。卿大夫通过家臣制度牢牢控制着采邑内的所有权力[①]。

2. "三选法。"齐桓时期，齐国开创了"匹夫有善，可得而举"的选官制度，规定乡大夫有荐举贤才的职责："有居处为义好学、慈孝于父母、聪慧质仁、发闻于乡里者，有则以告。有而不以告，谓之蔽明，其罪五。""有拳勇股肱之力秀出于众者，有则以告。有而不以告，谓之蔽贤，其罪五。"[②]桓管时代，任用官吏采取选举制度，推举贤能，人才由乡长向上进贤，长官考评，齐桓公亲自策问，称为"三选"。地方官吏如果埋没压制人才，就以"蔽贤""蔽明"罪论处。管仲劝齐桓公"无听左右之谒请，因能而授禄，录功而与官"，使无功无能的人"莫敢索官"。管仲称那种专靠请谒钻营以谋私利的人是"社鼠"，是国家之患，告诫齐桓公警惕"社鼠"，这些人出则倚仗权势敲诈勒索人民，入则花言巧语向君主隐瞒罪恶。

管仲所创的"匹夫有善，可得而举"的选官制度，打破了世官世禄制的请谒成风、用人唯亲的陋习。下层的士人有善行或治国才能，便可一朝被授任官职。如管仲拔宁戚于饭（喂）牛之中，就是一例。任能授官、因功授爵、循名责实、赏罚分明的政策，开辟了下层人士参政的渠道。

3. 官吏监督制度。为了保证政令的顺利推行和督促官吏尽职尽责，齐国制订了一套行之有效的监督制度。《管子·君臣上》记载说，在上面设立五官以治理人民，民众就不敢越轨行事了；在下面有五衡之官以纠察官吏，执事官吏就不敢背离法制而行使职权了。在地方上，设"吏啬夫"担任督察，吏啬夫充分掌握着计量的规章和办事的法律，审议刑法、权衡、斗斛、文告与劾奏，都不以私意论断，而是据事实为准。

监督制度的设立，目的是督促官吏各负其责；其监督的主要内容是国事、政事、讼事，《管子·大匡》记载说，劝勉国事，无功而造成恶果；为政无治绩，无能力，野原又多荒废；办案骄傲轻忽，凡有此三条缺点的，有

---

① 有关家臣制度详见杨宽著《西周史》，上海人民出版社2016年版，第446—450页。
②《国语·齐语》。

罪无赦。与监督制度相联系，齐国还规定了考核和赏罚制度。只有对官吏的政绩以时按规定进行考核，优赏劣罚，才能褒奖清官循吏的嘉行，规范贪官污吏的劣迹，从而使整部国家机器得以正常运转。当时，齐国有一年两次的"校官"（即考核）制度，《管子·立政》记载说，正月初起，国君要亲自临朝听政，评定爵赏，考核官吏，一共用五天时间。腊月末尾，国君也要临朝听政，议定罚、罪、刑、杀，也用五天。《国语·齐语》中也有类似的记载。

4. "教训成俗"制度。"教训成俗"制度是与齐国当时的政体相联系的，在官僚政体下，治民需要选官，选官需要育才，育才需要教育。《管子·戒》说："三年教人，四年选贤。"当时的齐国，奉行的是"教训成俗"的教育制度。在四民分业定居制度的基础上，实行的是"父兄之教，不肃而成""子弟之学，不劳而能"①的教育方式。这种教育，基本上属于口口相传、代代相因的传统职业性教育。在这种制度中，我们既看到"士之子恒为士""农之子恒为农""工之子恒为工""商之子恒为商"的培养目标，又看到社会阶层流动，育才入仕的新现象。《管子·小匡》中记载说，（农人）朴实而不奸恶，其优秀人才能够成为士人的，就可以信赖；让他们种地，粮食就多，让他们做官，贤才就多。齐桓公任管仲为相，在政治上采取了一系列革新措施，从而使齐国政局出现了相对安定的局面，稳定的社会环境，这是齐桓称霸的重要保障。

---

① 《管子·小匡》。

三、完善齐国的经济制度

春秋时期，齐国的经济制度不断变化，特别是管仲辅佐齐桓公治国，进行了大规模的改革，其中建立了一系列重要的经济制度。

（一）"四民分业"制度

《国语·齐语》曰："四民者，勿使杂处，杂处则其言哤，其事易。……昔圣王之处士也，使就闲燕；处工就官府；处商就市井；处农就田野。"士、农、工、商四民是国家的基石，《管子·小匡》称为"石民"。如果从事四种不同职业的人杂居在一起，说什么话的都有，相互影响，见异思迁，百姓就不会专心从事自己的职业，从而影响生产的发展和国家的安定，所以，要使四民按职业的不同划分居住区域：让士居住在幽静的地方，让工人居住在官府附近，让商人居住在集市一带，而让农民居住在田野附近。

这种四民分业定居制度的推行，可以使各种职业的思想、技术非常自然地传给下一代。《国语·齐语》说：

> 令夫士，群萃而州处，闲燕则父与父言义，子与子言孝，其事君者言敬，其幼者言悌……令夫工，群萃而州处，审其四时，辨其功苦，权节其用，论比协材，旦暮从事，施于四方，以饬其子弟，相语以事，相示以巧，相陈以功……令夫商，群萃而州处，察其四时，而监其乡之资，以知其市之贾，负、任、担、荷，服牛、轺马，以周四方，以其所有，易其所无，市贱鬻贵，旦暮从事于此，以饬其子弟，相语以利，相示以赖，相陈以知贾……令夫农，群萃而州处，察其四时，权节其用……以旦暮从事于田野。

从事各职业人的子弟，由于长辈的言传身教，自然地学习了各种专业技巧，对生产技术的提高起到保证作用。其二是可使各业人员安心从事于本业，不会见异思迁。那么，从业人员就相对稳定，这无疑会促进经济的发展。

（二）土地制度和农业税收政策

管仲首先改革土地制度，废除井田制，实行"均地分力"的办法。"均地分力"，就是把土地平均分给农民，实现一家一户的个体经营。土地有肥沃、贫瘠之差，有山泽、平地之分，把这些不同质量的土地统一折算，平均分配给农民。这里所说的"平均"，不是指土地的实际数量，而是指土地上粮食收获的数量。因为土地的品质不同，收获相同数量的粮食则所需要土地的数量不同，这叫"地均以实数"。要达到合理分配土地，就要对全国的土地进行测量，《管子·乘马》称为"正"，只有土地得正，财货增加，国家才会走向正规，可见土地与政治之间有着密不可分的关系。"地者，政之本也。是故地可以正政也。地不均平和调，则政不可正也。政不正，则政不可理也。……可以正政者，地也。故不可不正也。正地者，其实必正。长亦正，短亦正，小亦正，大亦正，长短大小尽正。地不正则官不理，官不理则事不治，事不治则货不多。"

由于土地折算、分配合理，农民在自己分得的土地上自由地耕种，不再受劳役地租的剥削，生产的主动性和积极性就被充分调动起来了。《管子·乘马》说："民乃知时日之早晏，日月之不足，饥寒之至于身也，是故夜寝早起，父子兄弟不忘其功，为而不倦，民不惮劳苦。"

在"均地分力"的基础上，齐国对农业税收制度也进行了相应的改革，即把过去井田制下的劳役地租改变为实物地租。就是《管子》所谓的"与民分货"。"货"指土地上的收获。"与民分货"就是国家根据农民土地产量的多少，收取一定的租税，留一部分归农民。具体的做法是"相地而衰征"。"相地而衰征"，《国语》韦昭注："相，视也。衰，差也。视土地之美恶及所生出，以差征赋之轻重也。"《管子》尹知章注谓："相地沃塉，以差其政（征）。"以上都是说因土地品质的不同而征收数量不等的租税。《管子·乘马》记载：

一仞见水不大潦，五尺见水不大旱。一仞见水轻征，十分去一，二则去二，三则去三，四则去四，五则去半，比之于山。五尺见水，十分去一，四则去二，三则去三，二则去四；尺而见水，比之于泽。

这种根据土地贫瘠的不同交纳租税制度的推行，具有很大的优越性，就是"相地而衰其征，则民不移矣"。道理十分明显，土地经过"相"确定了等级，这是全国统一的，而不同质量的土地交纳地租的数量不同也是统一的，因此，就没有必要迁徙流动，这就增加了常住户口。"民不移"，不仅有利于培养农民对自己所耕种土地的感情，增加农作物的产量，也有利于国家的经济发展。

（三）工商业制度

桓管时代，齐国在重农的同时，继承了姜太公因地制宜发展齐国经济的方针，并有了进一步的发展。其主要措施是：

1.官山海。山，指矿产，主要指铁；海，指水产，主要指鱼盐。"官山海"，就是矿产、水产由国家经营，实行盐铁国家专卖政策。齐国濒临大海，鱼盐资源丰富；域内还有矿物资源，特别是含铁量高的矿山，这些都是国家财富的重要来源。齐国在长期的采矿冶炼和生产管理中，逐渐摸索出一套矿山管理和保护措施，而其中最突出的一点是：必须坚持矿产国有、管理权高度集中的政策。一旦发现了矿藏，就立即封禁，严禁乱开乱采，如犯封山禁令，就"死罪不赦"，犯禁令者就要砍掉左脚或右脚，以保护矿藏不受破坏。当齐桓公问管仲"何以为国"时，管仲十分肯定简洁地回答说："唯官山海为可耳。"[1]只要垄断了盐铁的专卖权，有了丰厚的财政收入，国家就可以治理好。这是因为，盐和铁都是人们生产生活必不可少的东西，"十口之家十人食盐，百口之家百人食盐"，"一女必有一铖一刀，若其事立；耕者必有一耒一耜一铫，若其事立"。[2]

在对盐铁实行专卖的基础上，管仲还对矿山开采冶炼的管理办法进行

---

[1]《管子·海王》。
[2]《管子·海王》。

了大胆的改革尝试，其方式可称之为官有民营，就是将国家的矿山资源让百姓开采冶炼，最后将赢利进行三七开分配。按《管子·轻重乙》的说法就是"量其重，计其赢，民得其七，君得其三"。另外，齐国在冶金生产、工具制造、矿产开采与经营管理等方面也都有一套相应的制度。

2. 在生产管理和质量检查方面，也都有相对完善的制度。以纺织行业为例，春秋时期的齐国纺织品生产出现了官营手工纺织业和民间纺织业同步发展的局势。为了便于掌握和加强管理；官府设了号称"百工"的各级工官。在丝绸生产方面，齐国设立了"典丝官"。专门负责纺织品的质量检查和原材料的验收、储存和发放等工作。在纺织作坊中，设立了"筐人"负责煮炼丝帛，又设立了"染人"负责丝帛及其他纺织品的染色，还设立了"画缋"负责丝帛或其他纺织品画花绣花、装饰加工等事务。因为纺织生产多为女工，所以把纺织劳动称为"妇功"，为便于纺织生产管理，设立了"典妇功"领班干活，还有典丝（掌管征购蚕丝）、染人（管染丝、染帛）、掌染草（掌管征集植物染料）等。当时除官府专营的丝织品纺织业的"官工"外，民间丝绸纺织业也很发达。为便于管理，官府设立了"载师官"，负责管理民间的丝织业和麻纺织业生产。

3. 鼓励对外贸易。桓管时代，齐国充分发扬姜太公"通商工之业，便鱼盐之利"的政策，积极主动地开展诸侯国之间的贸易往来，将鱼、盐、丝织品等产品销往他国，并采取优惠措施吸引其他国家的商人到齐国来，从而达到"来天下之财，致天下之民"的目的。为了鼓励对外贸易，齐国政府采取了一系列优惠政策。首先是优待外国客商。先是在税收上优惠。鱼盐等是齐国的优势商品，其他国家的商人必然要到齐国来贩运，减少税收，就是增加了他们的利润，对他们来齐国进行贸易具有很大的吸引力。《国语·齐语》说："通齐国之鱼盐于东莱，使关市几而不征，以为诸侯利。"《管子》中则记有三种税收优惠方式："关者，诸侯之陬遂也，而外财之门户也，万人之道行也。明道以重告之：征于关者勿征于市，征于市者勿征于关"①，就是在关

---

① 《管子·问》。

税和市场管理费之间免征一种，此其一；"驰关市之征，五十而税一"①，就是降低关税，只收百分之二，此其二；"使关市讥而不征，壖而不税，以为诸侯利"②，就是将关税和市场管理费全部免征，此其三。其次，为客商提供良好的服务。"为诸侯之商贾立客舍，一乘者食，二乘者有刍菽，五乘者有伍养。"③春秋时期，齐国已有完善的驿站制度。一般每三十里设传舍，官府备有交通工具，传送公文或紧急事务，可凭符节乘传急驰或在传舍宿息。驿站制度的建立，成为便利交通、传达政令信息的重要保障；同时为经济的发展提供了诸多便利，以至于"天下之商贾，归齐若流水"④。

四、改革齐国的军事制度

（一）兵役制度和军赋制度

春秋时期，"野人"不能当兵的制度逐渐被打破，这是因为日趋频繁、激烈的战争使"国人"的兵役负担过于沉重，使诸侯国不得不从"野人"中去寻求兵源。齐国通过管仲的军政改革，实行了按户籍摊派兵役的制度，并且逐步确立了"常备军"制度。为了保证"常备军"的兵源，管仲在"四民分业"制度中，明确规定了"士"的权利和义务，并使"士之子恒为士"，这样，"士"的责任更加明确，从而保证了常备军的固定来源。

齐国通过管仲的军政改革，实施了征收军赋的制度。既然有了脱离生产的职业兵，那么他们的给养必然要依靠国家提供。国家为了取得这些给养和战备所需器械，必然向国民征赋，在古代，赋、税有所不同，赋以养兵，

---

① 《管子·大匡》。

② 《管子·小匡》。

③ 《管子·轻重乙》。

④ 《管子·轻重乙》。

税以养政。管仲改革，赋以粟，即直接向农民征收粮食以养兵。齐国在征收军赋的过程中，注重从实际出发。首先，区分土地的好坏，实行"相地而衰征"的政策；其次，要制"户籍田结"，知"贫富之不訾"。[1]另外，还要调查"乡帅马牛之肥瘠"，[2]做到心中有数，按实制赋。

齐国对于军械装备的征用，采取按行政区划征收的办法。《管子·乘马》记载："五家而伍，十家而连，五连而暴。"暴"方六里"，"方六里为一乘之地也。一乘者，四马也。一马，其甲七，其蔽五；一乘，其甲二十有八，有蔽二十；白徒三十人奉车两"。在方六里的一暴内征收兵车一乘，计四马、一车，甲士二十八人，盾手二十人，徒兵三十人。齐人将此称作"丘邑之籍"[3]。在齐国，还实行过以兵赎罪的政策，作为军械的来源之一，《国语·齐语》记载："制重罪赎以犀甲一戟，轻罪赎以鞼盾一戟，小罪谪以金分，宥间罪，索讼者，三禁而不可上下，坐成以束矢。"齐国通过对兵役制度和军赋制度的改革，使征兵范围和征收军赋的范围不断扩大，使齐国"甲兵大足"，成为春秋时期的军事强国。

（二）军队管理体制和军事训练制度

春秋时期，各诸侯国的实力逐渐增强，周王室的地位逐渐衰微，周天子对各国军队的调遣越来越难，诸侯国国君指挥本国军队进行军事行动的权力则越来越大。西周时期"兵无专主，将无重权"的局面已被打破，"兵多常聚，帅多世守"，形成了兵有专主、将有重权的局面。各国卿大夫都有其独立的军事组织，有宗族武装或私属武装，强大者甚至分割国的军事组织。齐国的最高军事统帅为齐侯、国氏、高氏，他们分率齐国的三军，尽管有时打着"尊王"的旗号，实际上周天子已对其无法控制，而其尊王的目的，是为了"挟天子以令诸侯"。

自管仲"作内政而寄军令"后，在齐国形成了一套编制严密、井然有序

---

① 《管子·禁藏》。

② 《管子·问》。

③ 《管子·山国轨》。

的管理体制。从最基层的"伍"到最高层的"军",都有专人负责,高一级对低一级的军事组织具有直接领导权,"五家为轨,故五人为伍,轨长帅之;十轨为里,故五十人为小戎,里有司帅之;四里为连,故二百人为卒,连长帅之;十连为乡,故二千人为旅,乡良人帅之;五乡一帅,故万人为一军,五乡之帅帅之"[①]。这样就形成了以轨长、里有司、连长、乡良人、五乡之帅为领导的层层负责的管理体制。以军、旅、卒、小戎、伍为建制的军队组建后,打破了血统关系,士兵与军官的关系变成一种臣属关系,并无必然的血缘联系。军队中的士兵要效忠最高统帅,各级军官都要对最高统帅负责,最高统帅对各级军官有直接任免的权力。这样,国君和卿大夫便可以直接控制自己的武装力量。

春秋时期,由于"兵农合一"的军事制度仍占主导地位,所以其军事训练的方式与西周时期差别不大,一般都安排在农闲之时进行,名为"春蒐、夏苗、秋狝、冬狩",这种与田猎结合在一起的训练形式,又称为"教于田猎以习五戎",是殷周时代传统军事训练方式的延续。春秋中期以降,随着各诸侯国常备军的设置,使士卒们有了更多的时间和精力来专门从事军事训练,已不限于"春蒐秋狝"式的围猎演习了。这时,军队中出现了专门负责军事训练的职官,如孙武由齐入吴后,曾在吴王阖闾面前按军法训练宫女,由此可见齐国的军事训练水平是相当高的。齐国历来具有"尚勇"的风气,春秋时期将角选勇士作为定制,"春秋角试以练,精锐为右"[②],在春、秋两个时节举行角力比赛,选拔精锐之士。据《管子·小匡》记载,正月之朝,国君问国都各乡乡长和五属大夫:"于子之乡,有拳勇、股肱之力、筋骨秀出于众者"否?"有则以告,有而不告,谓之蔽才,其罪五。"由于春秋时期车战在战斗中的重要地位,使齐国军队重视驰逐、射箭和驾驭战车的训练。《晏子春秋·内篇杂下》言"齐人甚好毂击,相犯以为乐",便是讲齐景公时于娱乐中训练驭术。由此可见齐国军队对车战训练已形成风气。

①《国语·齐语》。
②《管子·七法》。

（三）武器装备和后勤保障制度

春秋时期，随着科技水平的提高和制造技术的进步，各国军队的武器装备也大大加强。车兵是这一时期的主力兵种，据《周礼·司兵》记载，西周末到春秋时期，战车上的武器有戈、酋矛、夷矛、戟、殳五种长兵器，还有刀、剑等防卫短兵器。戈，装有长柄，主要适用于在战车上机动作战。矛是西周、春秋战车上最常见的兵器，从西周到春秋，矛的进步主要在于矛身逐渐加长，两翼逐渐缩小，这样可以深中要害，使杀伤力大大增强。戟是由戈、矛联体发展来的复合兵器；春秋中期以后，出现了一种联装2—3个戈头的戟；戈和柄的夹角加大，内和胡上加刃，以增强杀伤能力。殳是打击武器，由菱形的金属头和竹、木竿装配而成。除战车五兵以外，车上的甲士还配有弓矢、刀或短剑。春秋时期的战车同西周时期一样，一乘车工有3名甲士，中间的负责驾车，左边的主射，右边的执戈、矛。甲士佩带刀或剑，以便在近距离时肉搏。

步兵使用的攻击型武器与车兵大体相同，也是弓矢、戈、矛、戟、刀、剑之类，只不过戈、矛、戟等长兵的柄比车兵的要短。车兵和步兵的防卫性武器装备主要有甲、胄和盾，甲披在身上，形如衣服，胄戴在头上，形如帽子。盾是安装在战车上，重型战车上的大盾又称"橹"，一般的战车装备两张盾；车左车右各执一张。

齐国素以手工业发达而著称。在春秋时期，齐国制造兵器的水平已十分发达。据《考工记》记载："'金有六齐'，六分其金而锡居其一，谓之钟鼎之齐；五分其金而锡居其一，谓之斧斤之齐；四分其金而锡居其一，谓之戈戟之齐；二分其金而锡居其一，谓之大刃之齐；五分其金而锡居其一，谓之削杀矢之齐；金锡各半谓之鉴燧之齐。"戈、戟兵器的制作需含锡20%，大刃和削杀矢一类的兵器则含锡25%~28.57%。这些配比的产生，是对手工业制造的科学总结。发达的手工业使齐国"工盖天下""器盖天下"，以"甲兵大足"著称于世。

后勤保障是军队的生命线，在战争中起着举足轻重的作用。春秋时期，各国军队的后勤补给越来越多地受到重视，并且逐渐制度化。《孙子兵法·军争》说："军无辎重则亡，无粮食则亡，无委积则亡。"重要的武器装备由国家统一监制、供给和管理。当战争爆发时，国家将武器装备分发给出征的将士们；待战争结束后，武器装备由国家清点收回，并派专人负责修缮和保管。《孙子兵法·作战》篇所讲的"取用于国"就是这种管理体制的反映。

春秋前期的军粮辎重补给方式仍承西周之旧制，即在战争中由士卒自备衣物，自带粮草，不轻易征用敌对国的物资，如《司马法·仁本》所记："入罪人之地，无暴神祇，无行田猎，无毁土功，无燔墙屋，无伐林木，无取六畜、禾黍、器械。"春秋中后期以后，由于战争规模的扩大，加上远距离的征伐，单靠自带粮草和"千里馈粮"[1]的补给方法已无法保障车队的供给，在这种情况下，出征一方大多采取"因粮于敌"[2]的方法筹集军事物资，"故智将务食于敌，食敌一钟，当吾二十钟"[3]。"因粮于敌"是军需物资补充的有效方法，这一方法在春秋中后期被广泛推行。

春秋中后期，军队中出现了专门负责供应军需物资的部队，称为"辎重"。辎重部队随大军一道行动。《司马法》说："轻车七十五人，重车二十五人。"轻车指战车，重车就是辎重车。辎重车每辆有25人组成：炊家子10人，固守衣装5人，厩养5人，樵汲5人。每辆战车要配一辆重车。可见，辎重部队是大军后勤供应的重要保障。

（四）军事赏罚制度

春秋时期，世袭宗法制仍是社会政治生活中的主要制度，但随着社会的发展，人才在社会发展中的地位逐渐被认同，各诸侯国为了自己的发展和称霸诸侯，都采取"设官爵而致贤士"的做法以广揽人才。齐国是这方面的突出代表。春秋时期，桓、管继承和发展了姜太公"尊贤尚功"的优良传统，在齐国推行的选贤制度——"三选法"中，即包含了对军事人才的选拔，"于

---

[1]《孙子兵法·作战》。

[2]《孙子兵法·作战》。

[3]《孙子兵法·作战》。

子之乡，有拳勇、股肱之力、筋骨秀出于众者，有则以告。有而不以告，谓之蔽才，其罪五。"①在选拔的同时，注意通过试用而"课其功"，"明主之择贤人也，言勇者试之以军，言智者试之以官。试于军有功者举之，试于官而事治者则用之。故以战功之事定勇怯，以官职之治定愚智"。②

在齐桓公和管仲的大力倡导下，"按能荐人"逐渐成为齐国的常设制度，"二政曰赋爵列，授禄位"③。管仲曾荐弦商为大理、隰朋为大行、宁戚为大田、王子城父为大司马、东郭牙为谏官。可见"尊贤尚功"之风在齐国的盛行，在此影响下，以至于有自请官爵、自求俸禄者，如《管子·小问》言："客或欲见于齐桓公，请仕上官，授禄千钟。"在春秋时期，虽然按血缘确定爵位的制度仍然存在，但齐国已初步确定了"因能而受禄，录功而与官"的封赏政策。《左传·襄公三十年》记载："（齐）庄公为勇爵"，杜预注："设爵位以命勇士。"这更加凸显了以军功授爵的封赏之策。

春秋时期，齐国已有了严格而明确的军法军纪。如《司马法·天子之义》曰："从命为士上赏，犯命为士上戮"；"国容不入军，军容不入国"；"介者不拜，兵车不式，城上不趋，危事不齿"。当时，对违反军令的处置是十分严厉的，据《史记·司马穰苴列传》等记载：春秋末期，齐景公听从大夫晏婴的建议，任田穰苴为将，带兵抗击晋、燕联军。根据穰苴的提议，齐景公又派自己的宠臣庄贾作监军。穰苴当即与庄贾约定第二天中午在营门会合。穰苴提前到了军中，午时已过，庄贾还没到达营门，穰苴放倒时标，开始整顿军队，宣布军令。直到黄昏时刻，庄贾才面带醉容而来，并推说亲戚们设宴饯行，所以来迟了。司马穰苴怒斥他恋小家而不以国事为重，并把军法官招来问："按照军法，无故误了时间的如何处理？"军法官答："该斩。"庄贾听后派人飞报齐景公求救，还没等派去的人回来，庄贾的人头已落地。齐景公派来的使臣为救人，匆忙闯进营中，命令赦免庄贾，司马穰苴说："将在军，君命有所不受！"又问军法官："乱在军营中跑马的该如何处理？"军法官答：

---

①《管子·小匡》。

②《管子·明法解》。

③《管子·四时》。

"该斩。"穰苴说:"君王之使,不可杀。"于是杀了他的随从和左边驾车的马,以示惩戒。从司马穰苴斩庄贾这一史实来看,无故误军令和扰乱军营纪律的都要处以极刑。

五、高举"尊王攘夷"的旗帜

管仲以"尊王攘夷"为旗帜,与周边国家发展睦邻友好关系。"尊王"就是要尊重周天子。当时周王室衰微,已经失去控制诸侯的能力,但周天子还有一些传统的势力、规矩、观念对诸侯国有制约作用。尊重周天子就会得到天下的人心。如在召陵盟会上,楚国派使臣责问齐国为何入境侵犯,于是管仲抬出周天子的命令,指责楚国没有给周天子纳贡,不尊周王室祭祀之礼,迫使楚国认错,避免了一场大战。再如周天子为了奖赏齐桓公,派人送来一块祭肉,说:"你有这样大的功劳,等于是我的伯舅,以后见我不要下拜了。"齐桓公找管仲商量,管仲说:"这样君不君、臣不臣,就会乱套。"于是齐桓公向周王的使者表示,我是周天子的臣属,不拜不行。从此周王更加信赖他,诸侯对齐桓公更加信服。至于"攘夷",是针对北方戎狄而言的。当时华夏诸国,像一盘散沙,一旦戎狄进扰,形势就更危殆。齐国提出"攘夷",就好比号召"团结一致,共同对敌",正好符合各诸侯国的需要,因而得到诸侯国特别是弱小诸侯国的一致拥护。同时,齐国与周边国家实行"亲邻政策"。周惠王十三年(公元前664年),山戎进扰燕国时,燕国形势危急。齐桓公亲自率军北伐山戎,灭孤竹国而还。两年之后,狄人扰掠邢国,邢军大败。次年,狄人又侵入卫国,卫国灭亡。齐桓公就联合宋、曹两国的军队,大败狄人。然后为邢、卫两国筑城,让两国国君和臣民居住。齐国还帮助鲁国修建边防工事,与邻近的诸侯国互通往来。各诸侯国就其利、信其仁、畏其危,莫不服于齐国。

齐桓所处的春秋时代,周王室虽然衰微,但王权仍然是秩序安定的象征，加之齐国是周王室所属的重要诸侯国，齐国有与周王室累世联姻的特殊关系，因此，管仲视齐国为家邦。在他看来，相齐国和宗周室是统一的，其"定齐国""霸天下"目的，旨在维护天下的安定和统一，"尊王攘夷"即是其具体表现。

"尊王"在当时是极有号召力的口号，它对维护社会的安定，具有重要的意义。一方面，在"尊王"的旗帜下，齐国利用盟会的形式，力争使诸侯国之间不得无故侵扰与残杀。另一方面，当周王室遇到外患时，可集合各诸侯国的力量，共同拱卫周王室。在这一宗旨下，齐国对于与周王室关系密切的诸侯国极力支持和保护。据《左传》记载，公元前662年，鲁庄公逝世，这引起了鲁国因君位继承而带来的严重内乱。桓、管对鲁国的这次内乱十分关切，公元前661年，齐桓公派大夫仲孙湫到鲁国慰问。在鲁国三位国君相继死亡、国内大乱的情况下，齐国本来可以毫不费力地灭亡鲁国，但是齐国所奉行的外交政策是遵守周礼，亲密团结尊重其他诸侯国，加强同邻国的联盟。这些政策多是管仲为齐桓公称霸而谋划的。齐桓公息难存鲁，安定了鲁国的政局，致使保存周礼较多的鲁国得以延存。齐国此举，极大地提高了齐国在诸侯国中的地位，对齐国号召诸侯、共同抵御夷狄外患具有重要意义。

"攘夷"是加强华夏族内部的相互团结，共同抵御四周地区戎狄的侵扰和进犯。华夷之辨是当时华夏族的一种心态。那时，生活在周边地区的戎、狄等少数民族势力很强，经常骚扰周王室，进犯中原地区。所以，齐桓时期，在管仲的辅佐下，齐桓公除大力维护周王室的权威外，还联络中原各诸侯国，共同抗击戎狄对中原各诸侯国的侵袭。如齐国"救邢""存卫"之举，就集中体现了这一点。公元前661年，狄人攻打邢国，面对这一事件，管仲对齐桓公说："戎狄豺狼，不可厌也，诸夏亲昵，不可弃也，宴安鸩毒，不可怀也。《诗》云：'岂不怀归？畏此简书。'简书，同恶相恤之谓也，请救邢以从简书。"[1]管仲分析了天下大势，主张齐桓公履行诸侯之长的职责，在管仲的力主下，齐桓公派军队打退狄人，解除了邢国的危机。又据记载：公元前

①《左传·闵公元年》。

660年，狄人攻卫，占领了卫国的国都。在卫军溃败之时，齐军渡河救卫，救出卫国的遗民730多人，加上共、滕（卫国邑名）的居民共计5000多人。齐国把曹地选为卫国的临时国都，立卫戴公为国君。并向卫国赠送战车、祭服、木材、锦绸等，派军士为卫国守城。卫戴公死后，卫文公继位，齐桓公又带领各诸侯国为卫国修筑楚丘城。在齐国的扶持下，卫文公励精图治，卫国逐渐强盛起来。对于齐国救邢、存卫，史称："邢迁如归，卫国忘亡。"[①]

在睦邻外交的思想主导下，中原各诸侯国频频会盟，有力地加强了彼此之间的交流，增进了彼此之间的团结。对辅助周王室，抗击外族入侵，维护国家的安定和统一产生了深远的影响。

---

① ［清］高士奇撰，杨伯峻点校：《左传纪事本末》（卷18齐桓公之伯），中华书局2015年版，第200页。

综而观之，管仲辅佐齐桓公主盟称霸，号令诸侯大体可分为四个阶段：

第一阶段：齐桓公主盟的目标是降服鲁、宋这两个东方大诸侯国。齐襄公死后，国内混乱。鲁国趁机进攻齐，连败齐军。齐桓公审时度势，不直接与鲁争胜，而是联络周围的诸侯，以增强自己的势力。齐桓公五年（公元前681年），齐邀集宋、陈、蔡、邾等国在北杏（今山东东阿县境）盟会，主要是为了平定宋国的内乱，其后对于召而不至的遂国，发兵诛灭。北杏之盟，一方面使宋国稳定，另一方面也加强了齐国联盟的力量。在北杏之盟以后，鲁国日感孤立，而对日益强盛的齐国，不得不采取妥协退让的态度。齐桓公五年冬天，齐、鲁在柯（齐国邑名，今山东阳谷县东北）地盟会，齐、鲁关系趋于平和。北杏之盟、柯地会盟为齐桓公六年的鄄（卫之城邑，今山东鄄城北）地盟会奠定了基础。鄄地会盟，齐桓公不仅邀集了宋、陈、卫、郑等诸侯，还邀请周天子的特使单伯，目的在于"挟天子以令诸侯"。鄄地会盟的结果，使鲁、宋两大诸侯国亲附于齐，标志着齐桓公称霸的开始。

第二阶段：齐桓公主盟是为了消除以齐为首的军事集团的内部矛盾，以加强内部的团结。公元前679年，"齐始霸也"。至此，齐桓公建立了一个以齐为首的军事集团，但是一开始，这一军事集团内部各成员之间的矛盾比较尖锐。不稳定因素的存在，加之各诸侯国并非心悦诚服于齐国，使齐桓公不能不引起重视。为了稳固自己的霸主地位，齐桓公把征伐"叛者"，消除不稳定因素作为这一时期的主要任务。郑、宋两国为齐之盟国，但两国积有宿怨，所以，在公元前679年，郑国趁诸侯伐宋之机，侵伐宋国。郑国的这种行为，显然是违背了鄄地盟会的盟约，齐桓公作为盟主，对此不能袖手旁观，于是齐桓公会合宋、卫之兵，于公元前678年伐郑，以示对郑背盟的惩戒。此时，郑国又遭受南方楚国的攻打，在两面夹击下，郑国不得不向齐屈服。《左传·庄公十六年》载："冬（鲁侯、齐侯、宋公、陈侯、卫侯、郑伯、许男、滑伯、滕子）同盟于幽，郑成也。"郑虽为齐之盟国，但趁宋出兵伐郳（小邾国）之际伐宋，此举破坏了军事集团的内部团结，为齐桓公所不允，故而合师伐郑，同盟于幽，郑国顺服。郑国介于齐、楚之间，一贯为两国争取之地，郑只能是唯强是从，方能保全自己。"幽之盟"以前，郑曾离齐与楚交好。盟"幽"之后，郑服从于齐，楚不甘失败。于是，楚挥师伐郑，齐合师鲁、宋救郑，楚师夜遁。从此，齐国军事集团内部逐渐稳固。以齐为首的军事集团的一个重要成员是鲁国，对于齐国，鲁国一开始是不甘心服从的，但是随着齐国的强盛、势力范围的扩大，使鲁不得不注意与齐修好，据《春秋经》记载：公元前671年，鲁庄公曾两次去齐国；两次与齐桓公会见，一次是毂地会见，一次是扈地会盟。这说明，齐国已制服了鲁国。公元前667年夏，在鲁、郑、陈等诸侯国都顺服的情况下，齐桓公邀集中原各诸侯在幽地再次会盟。这次盟会，标志着以齐为首的军事集团的内部团结已巩固，也标志着齐桓公霸业的初定。同年秋天，周惠王派召伯"赐齐侯命"，命齐桓公代王伐卫。这时，周惠王"赐齐桓公为伯①"。

第三阶段：齐桓公采用管仲之谋，通过主盟，以"攘夷""存亡继绝"为主要目的。齐桓公作为盟主，在其同盟国遭受外侵或内乱之时，给以援助或安抚。如郑国在遭受楚国的侵伐之时，齐桓公率诸侯军扶郑抗楚。在鲁国内乱之时，齐桓公致力于安定鲁国。公元前660年，赤狄伐卫，齐桓公派兵救卫。公元前659年，赤狄攻打邢国，齐国率宋、曹军队救援邢国，驱逐赤狄。齐桓公的安鲁、存卫、救邢，使齐桓公在诸侯中的威信大大提高，使其霸业又向前推进了一步。在齐桓公北伐戎狄之机，南方的楚国趁机北进，灭"汉阳诸姬"和邓、申等国，接着又连续三年伐郑。在这种情况下，齐桓公邀集鲁公、宋公、郑伯、曹伯、邾人在荦（宋国地名，今河南淮阳县西北）盟会，商讨救郑抗楚之事。为了阻止南方的楚国，齐桓公还率领诸侯攻伐楚国的盟国蔡国，笼络江、黄等国，瓦解以楚为首的军事集团。公元前658年，齐桓公、宋公、江人、黄人在贯（宋国地名，今山东曹县南）盟会，至此，江、黄两国归服了齐国。公元前657年秋，齐桓公、宋公、江人、黄人在阳毂（齐国地名，今山东阳谷县北）盟会，谋划攻打楚国。公元前656年春，齐桓公率宋公、鲁公、陈侯、卫侯、郑伯、许男、曹伯攻打楚国的盟国蔡国，大败蔡军。接着又攻打楚，楚国在诸侯之师的威慑下，派屈完于召陵同诸侯结盟。至召陵之盟，齐桓公的霸主地位进一步巩固了。

第四阶段：齐桓公率天下诸侯，安定周王室。公元前655年，齐桓公、鲁僖公、宋公、陈侯、卫侯、郑伯、许男、曹伯在首止（卫地，今河南睢县东）盟会，会见周王太子郑，谋划安定周王室。公元前652年春，齐桓公、周人、鲁僖公、宋公、卫侯、许男、曹伯、陈世子款在洮地会盟，商量安定周王室。帮助周襄王安定了王位，而后为周惠王举行葬礼。齐桓公率中原诸侯，打退北狄，解除其对周王室的威胁，从而安定了周王室。为此，周襄王派"宰孔赐齐侯胙"②。册命齐桓公为诸侯之长。公元前651年的葵丘之盟，

---

①　此处的"伯"为"侯伯"，即诸侯之长，也可以说是诸侯中的霸主，而非爵位伯。
②　《左传·僖公九年》。

标志着齐桓公的霸业达到了鼎盛。公元前645年，管仲去世，齐桓公的霸业也开始走上了下坡路。

齐桓公称霸，主要是通过诸侯会盟的方式呈现的。会盟是各诸侯国解决当时社会生活中各种矛盾和纠纷的重要手段，在政治、经济、军事、文化交流等方面都起着不容低估的作用。在政治上，诸侯会盟是维持霸主政治的重要工具，是壮大实力的方式；在经济上，会盟制定贡赋制度与经济盟约，促进了经济交往；在军事上，会盟对战争有着较大的影响，在一定程度上遏制了战争的爆发与升级；在文化上，会盟也促进了文化的交流与融合。

一、北杏之盟

齐桓公首次号召诸侯的会盟是"北杏之盟"。此前也不是没有盟会，但都是由周天子主持。以诸侯（尊王的诸侯）身份主持盟会，担当盟主，齐桓公是第一个。春秋首霸的辉煌篇章，由此翻开。"北杏之盟"，开启了齐桓公称霸的时代。据《左传·庄公十三年》记载："十有三年春，齐侯、宋人、陈人、蔡人、邾人会于北杏。夏六月，齐人灭遂。"公元前681年至公元前671年，齐桓公霸业初成。公元前681年春，齐桓公在北杏（今山东聊城东），与宋、陈、蔡、邾几个诸侯国的国君会盟。

宋国（公元前1040年—公元前286年），是周朝的一个重要诸侯国，国都商丘（今河南省商丘市睢阳区西南）。周武王伐纣，商朝覆亡后，按照分封制的礼法，国家虽然覆亡，胜利者仍然不能让以前的贵族宗祀灭绝，因此当周武王分封诸侯时，仍然封商纣王的儿子武庚于殷，以奉其宗祀。周武王死后，武庚叛乱，周公平叛并将其杀死，另封商纣王的庶兄微子启于商丘（今河南商丘），国号"宋"。《论语·尧曰篇》曾记载此一原则叫作"兴灭国，继绝世"。宋国地位特殊，与周为客，被周天子尊为"三恪"之一。《汉书·地理志》云："宋地，房、心之分野也。今之沛、梁、楚、山阳、济阴、东平及东郡之须昌、寿张，皆宋分也。"

　　宋国疆域主要在今河南东部、江苏西北部、安徽北部和山东西南端，面积约有十万平方公里，皆膏腴之地。微子启去世后，其后裔担任王朝大臣，为微氏。其弟微仲衍继位。国君传了几代后，即发生内乱。宋湣公去世后，其弟宋炀公熙自立，其太子弗父何不得立。宋湣公子鲋祀为此很不满，认为国君应该为其兄长弗父何。于是在宋炀公三年，公子鲋祀杀掉了叔父宋炀公熙，欲立兄长为国君。弗父何以得位非正为由，拒绝出任国君，于是公子鲋祀自立为国君，是为宋厉公。自此之后，宋国君位基本父子相承，直到宋宣公打破这惯例，结果由此引发了宋国的一场内乱。春秋初年，宋国仍奉行着兄终弟及的传位制度。公元前728年，宋宣公卒，其弟宋穆公继位。宋穆公去世后，不立其子公子冯，以忠于其兄宋宣公所托为由，坚持立兄长之子公子与夷。于是公子冯流亡郑国，公子与夷成为国君，是为宋殇公。宋殇公继位后，大司马孔父嘉受穆公和所托，与另一大臣华父督共同执政，辅佐宋殇公。两人皆为公族大夫。华父督为宋戴公之孙，而孔父嘉则为弗父何之后。华父督对孔父嘉地位高于自己很不满，而且有一次华父督见孔父嘉之妻美貌并垂涎不已。由于公子冯在国内仍有一定的势力，而且又得到郑国国君郑庄公的支持。大司马孔父嘉对此不放心，因此宋国与郑国发生连年的战争，但宋国输多胜少，因此国内民怨很深。华父督利用此形势，说大司马将要再次对郑用兵。于是宋国国内发生骚乱，华父督趁机袭杀孔父嘉，夺走了孔父嘉之妻。孔父嘉之子木金父则逃难到鲁国，从此孔氏成为鲁国人。宋殇公与夷听闻华父督杀死自己的亲信孔父嘉，于是驱战车欲杀华父督。华父督见国君发难，干脆一举杀掉了宋殇公。接着从郑国迎立公子冯即位，是为宋庄公。宋庄公继位后，置当年郑国的关照之恩于不顾，贪于财赂。而且，由于他是华父督所立的，因此华父督掌握大权。宋国常常因干涉卫国、郑国的内政而与之发生战争。

　　"陈"，最早见于《史记·五帝本纪》："帝喾娶陈锋氏女，生放勋。"放勋即陶唐氏帝尧，帝喾是黄帝的曾孙。"陈"部落是黄帝时代最大的原始部落之一，与黄帝的姬姓部落互相联姻。黄帝族起于姬水，即今陕甘之交的岐

山一带，陈部落的起源也在附近。陈部落跟随黄帝部落四处征战，最后统一
了黄河流域。陈部落也随着黄帝族东迁于中原肥沃的平原，最后落脚于东夷
族属的太昊部落旧地宛丘（即今河南淮阳）。陈部落东迁后，由游牧生活走
向定居生活。夏商时期，陈部落一直在豫东一带活动，也曾建立小的国家，
分别臣属于夏、商。商代晚期，周武王灭商前夕，派大军攻取商纣的两个属
国——靡、陈。夺取陈地，切断商朝同淮河流域赢、偃姓诸国的援军，为灭
商创造有利条件。

　　陈国（公元前1045年—公元前478年），出土金文资料作"敶"，是西周
至春秋时期的周朝诸侯国，国君妫姓，是虞舜后裔。先祖虞阏父曾为周的陶
正，周武王克商后，其子满受封于陈，为三恪之一，以"追思先圣王"和
"兴灭国、继绝世"为原则，并将长女大姬许配给他。舜曾居住于妫水（今
山西永居），故而以妫为姓。妫姓陈国的建立，有两种说法：一说是商汤封虞
遂于陈，如《世本》宋忠注："虞思之后，箕伯直柄中衰，殷汤封遂于陈，以
为舜后是也。"一说是虞思之后阏父之子满，《史记》《左传》均主此说。《左
传·襄公二十五年》记载，子产曰："昔虞阏父为周陶正，以服侍我先王，我
先王赖其利器用也，与其神明之后也，庸以元女大姬配胡公，而封诸陈，以
备三恪。"

　　陈国一开始建都于株野（今河南柘城胡襄镇），后迁都于宛丘，其城墙
高大，并有护城河守护。地势是中央低，而四周高。《诗经·国风》中有一首
《陈风·宛丘》描写了其地形："子之汤兮，宛丘之上兮。洵有情兮，而无望
兮。坎其击鼓，宛丘之下。无冬无夏，值其鹭羽。坎其击缶，宛丘之道。无
冬无夏，值其鹭翿。"辖地最大时达十四邑，大致为现在的河南东部和安徽西
北部一部分。从妫满受封至公元前478年，楚惠王杀陈湣公为止，陈国共历
25世，延续567年，中间经历过两次亡国和两次复国。陈亡后，在齐国任职
的陈国公子陈完的后裔于公元前386年取代了姜姓齐国，史称"田氏代齐"。

　　陈国所在的位置原本是太皞伏羲氏的都城，称之为"太皞之虚"。陈境地
处黄河以南、颍水中游、淮水之北，是为淮阳之地。在地理上，与蔡接近，
北方的邻居还有夏的后裔杞和商的后裔宋，西南则有楚和徐。东周初期，西

北方又有从西方迁来的郑（国都在今河南新郑）。由于地处中原，属于重要的交通枢纽。

西周初所封诸侯国面积有大有小，国君爵位也有高有低。按历史记载，其时的爵位分五级：公、侯、伯、子、男，但所封各国君主统称诸侯。五级之下，又有第六级的附属国，它们的土地面积更小，一般隶属于邻近较大的封国。陈胡公被封的爵位是侯爵，面积和公国一样。西周至春秋之际存有十二个有影响的诸侯国，即齐、鲁、晋、秦、楚、宋、卫、陈、蔡、曹、郑、燕，这十二个诸侯国大多为公元前11世纪所封。陈国被封的时间，按《礼记·乐记》所述："武王克殷及商，未及下车，封帝舜之后于陈。"周武王克商为公元前1046年，陈当为西周之初最早所封之国。而被誉为"第一功臣"的吕尚被封齐国，及周武王同母兄弟周公之子所封鲁国都在其后；郑国则晚至西周宣王二十二年（公元前806年）才获封爵；秦、楚两国，其国君爵位也相当低微，楚国君的爵位仅是第四级的子爵，而秦国君在西周之初还未得爵位，仅为附属国，直到周宣王七年（公元前821年），秦庄公才被封为子爵。春秋中后期发展起来并兴盛一时的吴、越，在当时根本没机会受封。由此可见陈国在当时地位之高。

陈国优越的自然环境和地理条件，为其经济发展奠定了基础；再加上陈胡公及陈国早期几位君主修明政治，在整个西周时期，国力都比较强盛，为西周十二大诸侯国之一。陈国在西周时期共传十君：胡公卒，其子申公犀侯立；申公卒，其弟相公皋羊立；相公卒，其子孝公突立；孝公卒，其子慎公圉戎立；慎公卒，其子幽公宁立；幽公卒，其子僖公孝立；僖公卒，其子武公灵立；武公卒，其子夷公说立；夷公卒，其弟平公燮立。陈平公七年时，周朝东迁，开始进入东周时代，诸侯"礼崩乐坏"，天下开始大乱，周室变成了空壳，陈国自然难以独善其身，也由此进入多难之秋。陈宣公时，齐国的齐桓公已经称霸，陈国多次参加齐桓公主持的诸侯会盟。陈与齐、鲁等强国关系比较和谐。

蔡国，是周初分封的一个姬姓诸侯国，侯爵，首任国君蔡叔度是周文王姬昌的儿子、周武王姬发的弟弟。周武王一母同胞的兄弟共有十人。他们的母亲名叫太姒，是周文王的正妻。她的长子是伯邑考，以下依次是武王发、管叔鲜、周公旦、蔡叔度、曹叔振铎、成叔武、霍叔处、康叔封，最小的是冉季载。十兄弟中只有武王发和周公旦德重才高，是辅助周文王的左膀右臂，伯邑考早逝，周文王立次子姬发为太子。周文王死后，太子姬发即位，就是周武王。周武王战胜商纣王、平定天下以后，大封功臣和兄弟。于是把管地分封给叔鲜，把蔡地分封给叔度；并让二人做商纣王之子武庚禄父的相，一起治理殷族遗民。把鲁地分封给叔旦，同时让叔旦做周王朝的相，故称周公。叔振铎封于曹地，叔武封于成地，叔处封于霍地。当时康叔和冉季载年龄幼小，未受分封。

周武王克商建周后，封姬度于蔡，称蔡叔，定都于蔡（通祭，今河南荥阳祭城村）。周武王死后，周成王年幼继位，周公旦掌握国家大权。周武王的弟弟中管叔最长，按照兄终弟及的惯例，他最有资格摄政，因此周武王的遗命被他认为是遭到了周公的篡改，加之周公制定的礼制严格限制诸侯势力，引起了周武王群弟的不满和猜忌。而武庚早有复国的野心，于是管叔和蔡叔扶持武庚一起叛乱。这时武庚不仅联合"三监"，而且又和殷商旧地东夷的徐、奄、薄姑等方国串通，叛乱反周，局势十分严重。周公联合召公奭，采取果断措施，亲率大军东征。诛杀武庚、管叔并流放了蔡叔，流放时只给了蔡叔十乘车和刑徒七十人为随从。蔡叔度在流放中死去。他的儿子姬胡，一改其父旧行，尊德向善。周公听说后，举荐他做鲁国的卿士，鲁国大治。周公向周成王建议，又把姬胡封在蔡地，以行蔡叔的岁时祭祀之礼，姬胡就是蔡仲。其都邑迁往今河南上蔡，蔡国辖地大致也在今河南上蔡一带。

公元前680年，蔡哀侯由于在莘地战役遭俘，因此怨恨息侯，便在楚文王面前赞美息夫人。楚文王贪恋息夫人的美貌，便设宴招待并袭击息侯，灭掉息国。蔡哀侯二十年（公元前675年），蔡哀侯在楚国遭扣留九年去世（《史记·楚世家》则记载，楚文王俘虏蔡哀侯后，不久便将其释放回蔡国）。蔡国人拥立其子公子肸继位，是为蔡缪侯。蔡缪侯把妹妹嫁给齐桓公做夫人。蔡缪侯十八年（公元前657年），齐桓公和蔡夫人乘船游玩。蔡夫人少女心性，仗着熟悉水性使劲晃船，齐桓公因害怕而制止她，她还是晃个不停。齐桓公大怒，把她送回娘家却并不断绝关系。蔡侯也很生气，把其妹嫁了别人。齐桓公一怒之下讨伐蔡国；蔡国大败，蔡缪侯被俘，齐国向南进军至楚国召陵。后来诸侯替蔡侯向齐桓公道歉，齐桓公才放蔡侯回国。

邾国，也称邾子国，又作邹国，亦称邾娄，周代东方著名方国之一，附庸于鲁国。邾国的先祖是安（或书作"晏"，二字古通用），周武王封安的五世孙侠于邾，《世本》称邾侠，后世亦称曹侠。古帝颛顼的玄孙陆终有6个儿子，第五子名安，大禹赐曹姓。周武王灭商建立周朝后，封安的后裔曹侠在邾建立邾国。邾国建都于邾（今山东邹城境内）。公元前614年，邾文公迁都于峄（今山东邹城市东南），至二十九世为楚所灭（公元前261至前256年间），在此建都350余年。

春秋时期，在今山东境内，邾国是仅次于齐、鲁的国家，与之相当的还有莒国。邾国的疆域大致相当于今邹城的全境和周边的济宁、金乡、滕州、兖州、费县的部分地区。其国力也比较强，春秋末年仍有600乘战车的军事力量，是今山东境内众多小国家中的佼佼者。邾国在北边与鲁国接壤，"击柝之声相闻"。从春秋初年开始，邾国与鲁国的关系就不和睦。因为鲁为周的同姓国，在周代各诸侯国的位次排列顺序上，即"周班"，有"鲁之班长"的说法。鲁国的地位高、影响大，又与邾国为近邻，为了自己的生存，邾国千方百计地要搞好与鲁国的关系。在春秋时期，邾国国君多次到鲁国结盟朝见，以结好于鲁。但鲁为了扩展领土，将邾国视为"夷"而经常加兵于邾。仅《左传》记载，短短的二百余年里，鲁国对邾国的入侵就达十几次之多，先后夺取了邾国大量的土地。邾有时也不示弱，经常与当时的强国如齐、晋、楚等诸侯国结交，以求得保护，与鲁国对抗。

邾国虽然自周初立国，但直到春秋时期的邾君克（仪父）之时都没受周天子册封，无爵位，其国君只称"邾君"。齐桓公推行霸业，当时的邾君克积极予以支持，去各国奔走联络，曾夜宿滕国和薛国。齐桓公霸业始成，为了报答邾国的帮助，即奏请周天子册封邾君克，在齐桓公的奏请下，周天子册封邾为子爵，邾君始称邾子，位列于诸侯。

北杏会盟掀起了齐桓公称霸的序幕，对齐桓公最终成为五霸之首具有重要的意义。遂国因没参加这次会盟，导致了当年的齐灭遂之战。遂国是周武王封舜的后裔于遂（山东省宁阳、肥城一带）所建之国，是鲁国的附庸国。夏朝封虞舜的后裔于遂，历夏、商、西周三代。清雍正版《山东通志》载："遂，虞舜之后，周时为鲁附庸。《春秋》：'庄公十三年齐人灭遂'；《汉书》：'济北蛇丘县有遂乡'，在今宁阳县。"杨伯峻的《春秋左传注》据《世本》推定，遂国故址在今宁阳县西北，与肥城界交错。所述地望与其他古籍如《路史》《水经注》所载基本相符，与近人编著的《辞源》及《中国古今地名大辞典》两书的说法和谭其骧主编的《中国历史地图集》标注的遂国位置也大致吻合。今山东宁阳西北鹤山乡尚有山名曰"遂山"（又作"磑山""穗山"），当与此有一定历史关系。鲁庄公十三年（公元前681年），在管仲的建议下，齐桓公与宋、陈、蔡、郑等国国君在齐的北杏（今山东聊城东）会盟，当时也邀请了遂国。但遂国当时是鲁国的附庸，因宗主国鲁国未应邀与会，故未参加会盟。齐桓公以此为借口向遂国发兵，遂国灭亡。

二、柯之盟

　　齐桓公首次以诚信而名闻诸侯的会盟是柯（今山东东阿西南）之盟。据《左传·庄公十三年》记载："十有三年春，齐侯、宋人、陈人、蔡人、邾人会于北杏。夏六月，齐人灭遂。秋七月。冬，公会齐侯盟于柯。"鲁庄公十三年，鲁庄公会齐桓公于柯，曹沫劫持齐桓公，逼他退还齐侵占鲁的土地，齐桓公答应后才被释放。事后。齐桓公十分生气，想背弃约定。管仲劝谏齐桓公不能这么做，最后齐桓公还是归还了齐国侵占鲁国的土地。

　　另据《新序·杂事四》记载：

　　　　昔者齐桓公与鲁庄公为柯之盟。鲁大夫曹刿谓庄公曰："齐之侵鲁，至于城下，城坏压境，君不图与？"庄公曰："嘻，寡人之生不若死。"曹刿曰："然而，君请当其君，臣请当其臣。"及会，两君就坛，两相相揖。

曹刿手剑援刃而进，迫桓公于坛上，曰："城坏压境，君不图与？"管仲曰："然则君何求？"曹刿曰："愿请汶阳田。"管仲谓桓公曰："君其许之。"桓公许之。曹刿请盟，桓公遂与之盟，已盟，弃剑而去。左右曰："要盟可倍，曹刿可仇，请倍盟而讨曹刿。"管仲曰："要盟可负，而君不负；曹刿可仇，而君不仇，著信天下矣。"遂不倍。天下诸侯翕然而归之。为鄄之会，幽之盟，诸侯莫不至焉；为阳谷之会，贯泽之盟，远国皆来。南伐强楚，以致菁茅之贡；北伐山戎，为燕开路。三存亡国，一继绝世，尊事周室，九合诸侯，一匡天下，功次三王，为五伯长，本信起于柯之盟也。

齐、鲁柯地盟会，齐桓公在被胁迫的危机情势下不得不答应曹刿的要求，与鲁国缔结了盟约。结盟后曹刿弃剑离开盟坛，齐桓公身边的臣子说："在要挟下缔结的盟约可以背弃，曹刿可以视为仇敌，请求大王您允许我们背弃已订的盟约，发兵伐曹刿。"管仲则说："在要挟下缔结的盟约是可以背弃的。但国君却不背弃；曹刿可以视您为仇敌，但国君却不把他视为仇敌。这样，国君就可以在天下显扬信义了。"由于齐国没有背弃盟约，显示出了诚信，所以天下的诸侯信服齐国。齐桓公主持鄄邑之会、幽地会盟，诸侯没有不参加的；主持阳谷之会、贯泽会盟，连边远的国家都来参加；齐国向南讨伐强大的楚国，向北讨伐戎国，替燕国开路；齐桓公三次使即将被灭亡的国家得以保存，一次使断代的国家得以延续，尊奉周王朝，九次会合诸侯，使周王朝的天下得以巩固，他的功德仅次于三王，成为春秋五霸之首。寻源追根，他的信义即是从柯邑的缔结盟约开始建立起来的。

齐与鲁皆为周初分封于东方的重要诸侯国，是西周在东方代行统治权的两个重要阵地。因为西周初建时，东部地区殷人和东夷人的势力强大，不服统治，屡次发生反周叛乱。周公东征，平定武庚和商奄叛乱之后，周王便将两个最得力的人物：姜太公和周公分别封于薄姑和商奄旧地，建立齐国和鲁国，以镇抚东方。齐居泰山之阴，始都营丘，后迁薄姑，再迁至临淄。鲁居泰山之阳，都曲阜。齐、鲁始封时，地方各百里，至春秋战国时期，经过数百年的兼并战争，两国疆域不断拓展扩大，基本控制了今山东地区。

齐、鲁都是位列侯爵的大诸侯国，排在公、侯、伯、子、男五级的第二等。西周分封公爵的国家没有多少,《春秋公羊传》做的一个总结是非常准确的:天子所任命的三公,都是公爵;前朝君主之后裔被分封为诸侯的,爵称也是公爵。接下来的爵位就是"侯",所以侯爵的地位也是很高的,齐国是姜太公的封国,鲁国是周公旦的封国。周武王死得早,周公要留在王室辅佐年幼的成王,于是鲁国实际上是由他的儿子伯禽治理的。伯禽到达封国之后,把曲阜作为自己封国的都城,然后依照周王朝的制度、习俗来进行治理。因为要去除当地的旧习俗,伯禽前后用了三年时间才完成了初步的稳定,然后返回成周报告政绩。而齐却只用了五个月就返回成周报告结果了,这是因为齐国采取了和鲁国完全不同的政策。齐国的封君姜太公简化了周的制度,并依照当地风俗来治理封国,于是很快地稳定下来了。周公因此认为鲁国将来会不如齐国,因为它的政策不如齐国让人民感到亲切。

齐、鲁联姻,是甥舅之国。齐僖公将女儿文姜嫁给了鲁桓公,生了个儿子是鲁庄公。但是文姜和哥哥齐襄公通奸,导致鲁桓公被齐襄公派的大力士彭生所杀。齐桓公小白继位后鲁庄公内心极度不满,率了五百乘战车,要去干涉齐国内政,并送公子纠继位,结果在乾时被打败。公元前684年,齐桓公不顾管仲等人劝阻,执意讨伐鲁国。派鲍叔牙统帅五百乘战车讨伐鲁国,结果齐军大败,这就是中国历史上著名的"长勺之战"。

公元前684年初,齐国军队进攻鲁国。鲁人曹刿往见鲁庄公,询问其作战的理由。鲁庄公以平时用度与臣下分享及祭祀时不滥设祭品为理由,均未被曹刿接纳。鲁庄公随后称自己在司法方面尽量做到合情、公平,曹刿便认为鲁"可以一战",并获鲁庄公批准随行督战。此时的齐军仗着兵强马壮,侵入鲁境。鲁庄公暂时避开齐军锋芒,撤退到有利于反攻的地方——长勺。由于乾时之战的胜利,齐军将士都轻视鲁军,认为鲁军不堪一击,于是发起声势汹涌的攻击。鲁庄公见齐军攻击鲁军阵地,就要擂鼓下达应战的命令。曹刿劝阻说:齐兵势锐,我军出击正合敌人心愿,胜利没有把握,"宜静以待",不能出击。鲁庄公遂令鲁军固守阵地,只令弓弩手射击,以稳住阵势。齐军冲不进鲁军阵地,反而受到鲁军的弓弩猛射,只得向后撤退。经过稍事休整,齐军又展开第二次攻击,曹刿劝鲁庄公仍然不要出击,继续固守阵地。齐军攻势虽猛，但仍攻不进阵内，士气不免疲惫，不得不再次退回到原阵地。齐军两次进攻，鲁军都没有应战，齐军将领都认为鲁军怯于应战，决定再次发动进攻。于是齐军的第三次进攻开始了。曹刿看到这次齐军来势虽猛，但势头已没有上两次大，认为出击时机已到，立即向鲁庄公提出反击齐军的建议。鲁庄公亲自擂起战鼓，发出攻击命令，随后鲁军获得了决定性的胜利。鲁军战胜，鲁庄公传令追击。曹刿认为齐乃大国，兵力素强，不容易判定是否真正失败，恐怕另有埋伏，于是阻止鲁庄公下达追击令。他登轼而望，见齐军旗鼓杂乱，兵器倒曳，又下车观察到齐军战车的车辙十分混乱，判定齐军是真正溃败，才向鲁庄公提出大胆追击的建议。鲁庄公令下，鲁军猛打猛追，给齐军以沉重打击，俘获了大量辎重，把齐军赶出了国境，并射杀齐桓公之子公子雍，洗刷了乾时之战所蒙受的耻辱，国势为之一振。

周庄王十四年（公元前683年）六月，齐国联合宋国再次进攻鲁国。鲁庄公与宋国战于乘丘，取得大胜。齐国军队随后撤退。次年五月，宋国伐鲁以报乘丘之败，但鲁国再次战胜。齐国于公元前681年与鲁国在柯举行会盟。终鲁庄公之世，齐鲁关系相对和睦。

三、鄄之盟

齐桓公首次有周天子代表参加的诸侯会盟是鄄（卫邑，今山东鄄城西北）之盟。据《左传·庄公十四年》记载："十有四年春，齐人、陈人、曹人伐宋。夏，单伯会伐宋。秋七月，荆入蔡。冬，单伯会齐侯、宋公、卫侯、郑伯于鄄。"鄄地会盟，齐桓公不仅邀集了宋、陈、卫、郑等诸侯，还邀请周天子的特使单伯，从而使鄄之盟成为春秋时期第一次得到天子认可的诸侯主导的会盟。鄄地会盟的结果，使鲁、宋两大诸侯国亲附于齐，是齐桓公称霸诸侯的重要标志之一。

鄄之盟的参与诸侯国宋、陈、卫，我们前面已做了介绍，它们早就是齐国的盟友。这次又有新的盟友加入，就是郑国。这使齐桓公主盟诸侯的范围进一步扩大。

郑国，别名为奠国，是西周的姬姓诸侯国，伯爵。公元前806年，郑国的开国君主郑桓公建都陕西华县。第二任君主郑武公迁都荥阳，第三任君主郑庄公迁都新郑，直到灭亡。郑国立国共计432年，传位20位国君，建都新郑395年。郑国主要的版图位于今天的河南省中部。

郑国初为周王朝的畿内诸侯，周室衰微，郑桓公积极谋寻全身之策。据《国语·郑语》记载，郑桓公问史伯："王室多故，余惧及焉。其何所（处）可以逃死？"史伯说："王室将卑，戎狄必昌，不可逼也！"他接着仔细分析了当时形势，只有"济、洛、河、颍之间"比较安全，那里没有大国，虢、郐两个小国国君，"皆有骄侈怠慢之心"，稍加武力或贿赂，就可以对付。郑桓公听从史伯的建议，利用自己王朝大臣的身份，通过向虢、郐之君贿赂，取得十邑之地作为郑国在东方的立足点。当周王室东迁，郑武公和郑庄公亦相继为王朝大臣，他们常借天子之名行兼并之实，兼并了周边的一些小诸侯国，包括虢、郐两国。由此郑国由畿内诸侯成为畿外诸侯。

郑国的东面是鲁、宋，西北是成周、卫、晋，西南是陈、蔡、许和楚，周围还有许多姬姓、姜姓、偃姓、嬴姓及其他姓的诸侯国，正如《国语·郑语》所说："是非王之支子母弟甥舅也，则皆蛮荆戎狄之人也。"

周王室东迁时，郑、晋都尽了保卫的责任。由于晋国不久分裂为翼（晋）和曲沃两部分，内战频仍，所以王室不得不依靠虢和郑，它们的国君都曾以诸侯而兼王室的卿士。郑武公、郑庄公对周的态度都很骄横、无礼，周平王很不满意，想把权力分一半给虢。郑庄公知道后，责问周平王，周平王竭力否认，以致互相交换质子。周天子的权威已扫地殆尽了。郑国充分利用王室大臣的身份为自己谋私利。郑国兼并了周边的小国，侵夺许国，干涉宋、卫、鲁等国。它还助齐国赶走入侵的北狄。郑庄公之时的郑国，俨然是春秋初期的第一大国。

郑国的第三任君主郑庄公，可谓是一代枭雄，企图使郑国称霸中原，"天下诸侯，莫非郑党"。郑国名相子产治国有方，使得郑国路不拾遗、夜不闭户。郑国以商业发达、法制健全、政治昌明和诗乐文化繁荣闻名于世。郑国是中国法制和法家思想的重要起源地之一。郑国是千乘之国，军力总体较强，楚国和晋国都想灭掉郑国，但一直未能如愿。

郑庄公多宠子。在其死后，郑国即陷入内乱。郑昭公即位后不久，权臣祭仲入宋时为公子突的岳父雍氏所迫，不得不改立公子突为郑国国君，公子突就是郑厉公。郑昭公逃到了卫国。不久，郑厉公不满祭仲专权，谋杀祭仲。事泄，祭仲杀雍纠，迎郑昭公复位。但郑昭公与高渠弥有私怨，在一次狩猎时，高渠弥射杀郑昭公。然高渠弥与祭仲不敢迎郑厉公复位，于是立公子亹为君，是为郑子亹。齐襄公会诸侯于首止，郑子亹去参加会盟，高渠弥相礼。结果齐襄公杀郑子亹，高渠弥逃回。祭仲与高渠弥迎公子婴于陈，立为国君，是为郑子婴。不久，齐国攻郑，郑子婴、祭仲和高渠弥等皆被杀，郑厉公由边邑入郑，复位。经过几次君位的争夺，郑国国势大不如前，而周边诸侯国则纷纷而起。南方的楚国早已不尊周王室号令，求加爵位不成之后，自立为王，并大肆兼并"汉水诸姬"，直接面对郑国。而北方的晋国，曲沃一族在晋国公室的斗争中取得了绝对优势。

正当中原各诸侯国争夺之际，在东方的齐国，管仲则辅佐齐桓公实行了改革，齐桓公开始称霸。郑国位置处于四战之地，无险可守，且夹于大国之间。因此列强争霸，常把郑国作为战场。

四、幽之盟

公元前667年，齐与鲁、宋、陈、郑等会于幽。齐国主持的幽地会盟，参加会盟的诸侯进一步增加。据《左传·庄公十六年》记载："十有六年春王正月。夏，宋人、齐人、卫人伐郑。秋，荆伐郑。冬十有二月，会齐侯、宋公、陈侯、卫侯、郑伯、许男、滑伯、滕子同盟于幽。"会上大家再推齐桓公为盟主，承认了齐桓公的霸主地位。这次会盟，齐国除了一些"老盟友"

鲁、宋、陈、卫、郑外，又有许、滑、滕几个"新盟友"的加盟。

许国，男爵爵位，也是至今唯一可确定为第5等爵位"男"的周代诸侯国。国君为姜姓。西周灭商之后，周成王大封诸侯。其中，在商王朝的旧地，也分封了一些姬姓诸侯国和许多姜姓诸侯国。许国是被周朝分封的姜姓诸侯国之一。始祖为许文叔，为太岳之嗣。公元前375年，史料记载"许二十四世为楚所灭"。许国在周武王初年，都城在今许昌城东20千米的张潘古城四周，据《括地志》记载，周代关于城郭建筑的礼制，"王城方九里，诸侯城按七、五、三递减"，许国作为一个五等诸侯国，城池方圆1.5千米至3.5千米。管辖范围，从都城向四周辐射，方圆30千米左右，包括今河南许昌县及临颍县北、鄢陵县西南这一广大地域，作为"中原之中"，在地理位置上有着无与伦比的优势。

公元前770年，以周平王东迁洛阳为标志，中国进入东周时期。此时王权衰落，盛世不再，一些逐渐强大的诸侯纷纷称王称霸，许国如同一叶扁舟，在诸侯争霸中风雨飘摇。由于许国地处中原要冲，四周豪强林立，虎视眈眈。许国只好小心周旋于强国之间，齐强时附齐，楚盛时附楚，晋来时归晋。即使这样，北方的郑国却始终怀有吞并许国的野心。郑国国君郑庄公是一个老谋深算的野心家，他借周平王东迁之机，相继灭掉对他有恩的虢国和郐国后，就把许国当成了下一块肥肉。想攻占许国，首先得建立一个"桥头堡"，郑庄公把目标定在了毗邻许国都城的许田。公元前722年，郑庄公向鲁国国君鲁隐公说："天子东迁之后，我们前去朝觐，路途遥远，多有不便；而你们去泰山祭祀的时候，沐浴歇息也缺少落脚的地方。不如用我们的'汤沐之邑'和你们的'朝宿之邑'许田交换，这样大家都方便一些。"鲁隐公当然洞晓郑庄公的觊觎之心，婉言拒绝了郑庄公的提议。公元前712年7月，郑庄公还是以许国不听周天子号令为由，约齐国、鲁国联合攻打许国，相约谁先攻陷许国都城，谁就有权分割许国土地。一心想得到许国土地的郑庄公亲率雄兵伐许，直抵许国都城。当时的许国十一世国君许庄公率领将士、百姓死守城池，怎奈郑、齐、鲁三国兵将三面夹击，破城只是迟早之事。到城被围的第三日午后，在郑国兵将的猛攻之下，郑大夫颍考叔手执郑庄公大旗，不避刀矢,奋力登上许国城墙,然而未等站稳,突然一支箭从背后飞来,颍考叔中箭后从城头跌下。原来,平素与之不和的郑大夫子都忌妒他夺了头功,就在城下暗施冷箭,中国成语中的"明枪易躲,暗箭难防"就是从这件事而来。颍考叔刚跌下城头,郑将瑕叔盈立即冲上去,接过郑庄公的大旗重又跃上城头大呼:"郑国国君登城了!"郑国将士见城头旌旗招展,更加奋勇当先。许庄公见大势已去,便打开城门率军民突围,杀出一条血路奔向卫国。两年后许庄公客死他乡。许国都城被攻破后,郑庄公虽然想霸占许国,但又怕各诸侯干涉,就假惺惺地让齐、鲁两国国君看怎样处置,齐、鲁二君认为许国没有犯灭国之罪,应酌情发落。郑庄公只好命许国大夫百里"奉许叔(许庄公弟)居许东偏",并让郑国大夫公孙获率兵居许西偏,把许国君臣完全置于监视之下。公元前697年,郑国发生内乱,许叔乘机夺回都城,赶走郑国军队,复建许国,史称许穆公。从此郑国视许国为仇敌,屡屡兴兵犯许。据史书记载,在春秋五霸争战的120多年间,许国先后遭受侵伐11次,其中被郑国侵犯就有9次。

滑国是周朝时期由华夏族建立的一个诸侯国,与郑国相邻。据《重修滑县志》记载:约公元前1000年,周康王执政时,封周公第八子于滑,为滑伯。滑国先是在今河南滑县,后迁至河南偃师府店镇。滑国范围以今河南省偃师市府店镇为中心,偃师东南巩义市西南以及登封市北部一带。现在流经这里的一条小河就叫滑城河,就是因为这里曾是古滑国都城所在地,公元前678年,滑国君主参加了霸主齐桓公组织的幽之会。之后,由于靠近强盛的郑国,滑国成为郑国的与国。但这样的政策也有过改变。公元前640年,郑国因为滑国的背叛而攻入滑国都邑。于是滑国服从郑国,但郑国军队回国后,滑国再一次倒向卫国。因此公元前636年,郑国再一次讨伐滑国。周襄王为滑国求情。触发了周王室和郑文公之间的矛盾,又导致了周、郑之间的战争。

公元前627年,秦国东征郑国,但是上了牛贩子弦高的当,以为郑国真的早已得知消息,有了防守准备,所以不敢再攻打郑国,可是又怕回去无法向秦穆公交差,就顺手灭了滑国,抢了不少玉帛、粮食和人口,装满几百辆大车，取道而回。秦将孟明视带领的军队到了地势险绝的崤山地带（今河南陕县东），被早已埋伏在那里的晋军杀得全军覆没，他自己和西乞术、白乙丙两名副将也做了俘虏。秦国虽灭滑国，却无法占领其土地。滑国土地之后由晋国所有。《左传·襄公二十九年》载晋人语："虞、虢、焦、滑、霍、扬、韩、魏，皆姬姓也，晋是以大。若非侵小，将何所取？武、献以下，兼国多矣。"可证此处所论姬姓滑国，最终为晋国所取。

滕国，周初大分封时所分封的诸侯国，子爵，国君为姬姓。公元前1046年立国。始封祖是周文王之子错叔绣。周武王在灭商之后，而封其宗亲及功臣为诸侯。其中叔绣（即周文王姬昌第十四子）被封于滕，是为滕叔绣。古滕城是滕国的首都，距离今山东滕州7千米。有一种观点认为：滕始封可能在卫地，后改封鲁南。今滕州市西南7千米处有古滕城遗址。昔日滕国绝长补短方五十里，相传31世，历时达七百余年之久。在八百诸侯并立、群雄称霸之时被誉为"善国"，"卓然于泗上十二诸侯之上"，创造了富民强国、自强自立的光辉范例。春秋初期，滕国与鲁国的关系密切。此在《左传·隐公七年》中已有记载。公元前712年，滕侯、薛侯朝见鲁公，争行礼之先后位置，滕侯因姬姓得以为先。滕国不但与鲁国的关系密切，而且还依附于宋国、晋国，经常参加大国间的会盟和战争。公元前415年为越国所灭，不久复国。后又被宋（一说齐）灭掉。共传23世。战国时，孟子曾到滕国拜见滕文公。

五、贯之盟

公元前658年，齐国与宋、江、黄会于贯（今山东曹县南）。贯之盟又有新的诸侯国——江国与黄国参加盟会，据《左传·僖公二年》记载："二年春王正月，城楚丘。夏五月辛巳，葬我小君哀姜。虞师、晋师灭下阳。秋九月，齐侯、宋公、江人、黄人盟于贯。"

江国又作"鸿国""邛国"。据《世本》《史记·秦本纪》等记述，江为赢姓国。为殷商至春秋时期华夏族在河南一带建立的一个诸侯国。甲骨文卜辞中有"鸿"的国名，系以鸿鸟为图腾，以后发展成为国号，是东夷族中与夷的一支。江国始祖玄仲为伯益之子，伯益佐禹治水有功，其子启即位后封玄仲于江地（今湖北江陵）。另一种观点认为，伯益的后代于商朝受封建立江国。周代江则位于今河南正阳县东南、淮水北岸。这里发现有江国故城，面积约17.5万平方米，时代为东周至汉代。江人周初以前应在东方，周公东征伐淮夷，践奄后才南迁。周穆王时及其以后，溯淮河两岸西侵，渐入中土。西周晚期，周召公平淮夷，江、黄等赢姓诸族归附于周，各自所居即成为周王室承认的封土。江国的国都古称"凤凰台"，当地人叫它"烽火台"。西北角有座2000平方米的圆锥形土堆，曾是江国国君游乐、纳凉的地方，古称"江亭"。公元前623年，江为楚所灭，子孙以国为氏。

江国建国初期，曾一度繁荣，国力强盛，政局稳定，人民渔、猎、耕、织，安居乐业。后期东周式微，大国崛起，战事频仍，江国深受其害，加之淮水侵扰，春秋时介于楚、宋、齐大诸侯国势力之间，江国成为一个非常弱小的国家，只得依附大国，受其控制和操纵，一直没能再强盛起来。春秋中期的35年间，江国采取或联姻或会盟的方式，先依附于楚国，楚成王曾嫁妹于江。待齐桓公称霸时，江又改依附于齐。后又参与齐、宋伐楚的战争。

黄国的族源，据司马迁《史记·秦本纪》所记，为伯翳（伯益）之后：

> 秦之先，帝颛顼之苗裔孙曰女修。女修织，玄鸟陨卵，女修吞之，生子大业。大业取少典之子，曰女华。女华生大费，与禹平水土。已成，帝锡玄圭。禹受曰："非予能成，亦大费为辅。"帝舜曰："咨尔费，赞禹功，其赐尔皂游。尔后嗣将大出。"乃妻之姚姓之玉女。大费拜受，佐舜调驯鸟兽，鸟兽多驯服，是为柏翳。舜赐姓赢氏……其后分封，以国为姓，有徐氏、郯氏、莒氏、终黎氏、运奄氏、菟裘氏、将梁氏、黄氏、江氏、修鱼氏、白冥氏、蜚廉氏、秦氏。然秦以其先造父封赵城，为赵氏。

赢姓远祖当为东方部族的少昊氏后裔，至舜、禹之时，其近祖伯益（伯翳）

与偃姓的皋陶同时受封于山东和淮河中下游地区，为嬴姓，秦与徐、郯、莒、黄、江等方国同祖同宗。嬴姓部族与东方其他部族被夏人、商人和周人视为东夷，黄国原为夏、商时期活动于淮河流域的黄夷，在夏、商的军事压力之下西迁至今安徽与河南交界处，这便是周代时黄国的前身。

周人灭商后，黄人归服，得以保留。黄国故城位于河南省潢川县城西北6千米的隆古乡境内，遗址至今保存完好。据考古资料，黄国故城最迟在西周时期已经形成规模。城址呈长方形，周长6720米，总面积为2.8平方千米，城墙残高5—7米，时代为西周到春秋时期。现存城墙系用黄土夯筑而成，城墙高处为7—8米，低处为4—5米，基宽59米，上宽10—25米，如今尚存三处城门豁口，其墙之厚、路之阔、基之固，均可见当年之巍峨。以黄国都城为中心的黄邑地区，地处如今河南、湖北、安徽三省的边界，沃野千里，山清水秀，水陆交通方便，农业发达，人民丰衣足食。当地盛产水稻、小麦、麻等农作物和经济作物，是长江以北、淮河以南的鱼米之乡。

鲁桓公八年（公元前704年），楚国方兴，在楚地约会诸侯，黄、随二国都没参加，结果，汉阳的随国受到讨伐，淮水的黄国由于相距较远，躲过一劫，但也遭到楚国的斥责。鲁庄公十九年（公元前675年），楚文王率军讨伐黄国。可能是由于黄国的抵抗精神和强大武力，楚军并没有一鼓作气灭亡黄国，在小胜之后匆匆回国。而面对势力已扩张到淮河中上游的楚国，黄国采取了依靠齐国抵御强楚的策略。公元前658年，黄国参加了在宋地举行的谋划伐楚的四国会盟。第二年，四国又在山东阳谷会盟。公元前655年秋天，黄、江二国伐陈。随着齐国霸主地位的形成，淮河流域诸国纷纷叛楚附齐。极力北上争霸的楚国当然不甘示弱，公元前655年，楚将黄国的姻亲小国弦国灭掉，弦国国君逃到了黄国。公元前649年冬，楚国借口"黄人不归楚贡"，出师伐黄。公元前648年夏，黄国终于被楚成王带兵所灭。

六、召陵之盟

召陵（今河南郾城县东）之盟是齐国与南方大国楚国的首次盟会。据《左传·僖公四年》记载："四年春王正月，公会齐侯、宋公、陈侯、卫侯、郑伯、许男、曹伯侵蔡。蔡溃，遂伐楚，次于陉。夏，许男新臣卒。楚屈完来盟于师，盟于召陵。"公元前656年，齐会鲁、宋、陈等侵蔡，与楚盟于召陵。

楚人的祖先最早活动在黄河流域的中原地区，是颛顼的后人。最初起源地在河南新郑，即祝融之墟，又名有熊之墟（新郑在上古时期又称有熊，有熊相传为黄帝的国号）。后在商王朝的驱逐下南迁。《楚居》记载楚人大致迁徙路线是：从河南新郑出发，向豫西南和陕东南方向迁徙，西周初年到达丹水和淅水交汇处（丹淅流域）。后继续南下到达荆山附近丘陵平原结合部，即河南新郑（祝融之墟）——桐柏山——丹阳（秭归县）——湖北荆山。楚人南迁后给楚地带来了先进的中原文化因子，以中原的商、周文明特别是姬周文明为基础缓慢向前发展，形成了一套具有自身特色的文化——楚文化。楚国在江汉地区发展强大，国君为芈姓熊氏。楚王族出自华夏，夏、商、周三代分封诸侯国一直奉行"夏君夷民"的做法。商朝末年，楚人首领鬻熊参与周文王姬昌的起兵灭商，《史记》记载："鬻熊子事文王，蚤卒。"公元前1042年，周成王封鬻熊曾孙熊绎为子爵，楚始建国。刚建立的楚国仅二十多平方公里。此后，楚经常向周王朝进献桃木弓、枣木弓。周康王时的一次诸侯大会，楚国代表不受重视，与鲜卑部落的酋长一起为周王守燎。

此后，熊绎带领国人开始了"筚路蓝缕"的艰苦创业。周昭王时，由于害怕楚国会崛起，周王南征楚国。周昭王在回师的途中渡过汉水时被伏击身亡，结果西周"丧六师于汉"。这是楚国与周的第一次大规模冲突。周夷王时，各诸侯逐渐轻慢周天子，楚国也开始了分庭抗礼的初步尝试。熊渠在江汉一带威望很高，遂兴兵伐庸、扬粤，至于鄂，并立长子康为句亶王，中子红为鄂王，少子执疵为越章王。周厉王时，由于其本人的残暴不仁，楚国未真正崛起，是以熊渠畏周伐楚，亦去其王号。周宣王时，在江汉间封了许多周室成员或者依附于周的势力，史称"江汉诸姬"，西周就是试图以这些亲周势力封锁江汉通往中原的门户，以遏制楚国的北进对西周造成的威胁，但最终江汉诸姬尽被楚所吞并。不满自己爵小的熊通认为其先祖鬻熊是周文王的火师，有辅佐周文王推翻殷商建立周朝的功劳，只因早死而仅得到第四等子级的爵位，遂通过姬姓诸侯随国（汉阳诸姬以随为大）向周天子讨要更高级的爵位。遭拒后，熊通率兵多次征讨随国，迫使随侯投降。熊通因此在公元前704年自称为王（后谥武）。被楚国占领的还有古麇国、卢国、罗国。熊通子楚文王定都于郢（今湖北省宜城市西南），此后为扩充领域，楚国与其他诸侯国经常发生战事。楚成王时，楚在令尹子文的治理下更显强盛。《左传·僖公二十八年》记载的晋楚城濮之战，楚军大败。晋师"三日馆谷"，向周天子献楚捷"驷介百乘、徒兵千"，楚国几十年不敢北向。《子犯和钟》记载："诸楚荆不听命于王所，子犯及晋公率西之六师博伐楚荆，孔休大功，楚荆丧厥师，灭厥渠。"

　　楚国是周朝镇守南方各民族的重要防线，周惠王曾对楚成王说"镇尔南方夷越之乱，无侵中国"①。于是楚国向南方扩地至方圆千里。楚熊渠时期，西征庸国，东攻扬越。春秋前期，楚武王大举进攻蛮人。楚文王时期，灭萧国、邓国、绞国、权国、罗国、申国等。公元前306年，灭越国。公元前224年，秦将王翦率领60万秦军南下攻楚都寿春，楚国灭亡。

　　春秋初年，楚国发展起来，向中原挺进，它先后灭掉了在今河南省南部和西部的申、息、邓等国，并伐黄服蔡，多次向郑国进攻。郑国支持不住，已准备背齐向楚。为了救郑，齐桓公于公元前656年，率领齐、宋、陈、卫、郑、许、鲁、曹、邾八国军队进攻楚的盟国蔡国，蔡军不战而溃。陈兵楚境，楚国见齐的盟军强大，不敢率军交战，派使者质问齐桓公：你住北

---

①《史记·楚世家》。

海，我住南海。你带大军来此是何缘故？齐以楚不向周王室朝贡相质询。齐桓公又进兵到陉地（今河南郾城县南），两国军队从春天相持到夏天，都不敢轻易进攻对方。楚王派大夫屈完与齐讲和。齐桓公也看到楚国强大，无隙可乘，退军到召陵（今河南省漯河市郾城区东南）。齐桓公见不能用强力屈楚，只好在召陵与楚国结盟，史称"召陵之盟"。这是齐桓公"尊王"的又一次胜利，其霸主地位也更加巩固。

七、首止之盟

首止（今河南睢县东南）之盟又有新的诸侯国参加。据《左传·僖公五年》记载："五年春，晋侯杀其世子申生。杞伯姬来朝其子。夏，公孙兹如牟。公及齐侯、宋公、陈侯、卫侯、郑伯、许男、曹伯会王世子于首止。秋八月，诸侯盟于首止。"公元前655年，在齐桓公的主持下，会同鲁公、宋公、陈侯、卫侯、郑伯、许男、曹伯等在首止举行会盟。这次会盟中，有新的诸侯国——曹国加入。

曹国是西周分封给周文王的第六子振铎的封国。据《史记·管蔡世家》记载："曹叔振铎者，周武王弟也。武王已克殷纣，封叔振铎于曹。"公元前826年，曹幽伯被弟弟曹戴伯所杀。进入东周后，曹国再发生内乱。公元前761年，公子武杀死兄长曹君石甫自立，后来谥为曹穆公，以后的曹国君主谥号皆称公。曹建都陶丘（今山东菏泽市定陶区），辖地范围大致为现在山东省菏泽市的定陶区、牡丹区、曹县等。

春秋时期，曹国成为诸侯争霸所争取的对象之一。公元前637年，晋公子重耳落难时经过曹国，受到曹共公的无礼对待。公元前631年晋、楚城濮之战（在今山东菏泽市鄄城境内）时，晋国伐曹、卫救宋，把曹共公俘虏。楚国失利后，曹国亲近并听命于晋国。后来，曹国与宋国交恶。曹悼公于公元前515年遭宋景公禁锢致死后，曹国发生内乱，继任国君的曹声公和曹隐公先后被杀。后来曹伯阳继位，背叛晋国，又入侵宋国。关于曹国的灭亡，有一段神话故事。公元前499年，国人有梦众君子立于社宫（社地），谋欲亡曹。曹的始祖叔振铎出来劝阻他们，说："请等待公孙彊。"众许之。天明以后，求公孙彊其人，却遍索不得。那个做梦的人暗暗告诫其子说："我亡，尔闻公孙彊为政，必离开曹，不然会遭祸。"这是曹国已将灭亡的前兆。曹伯阳好田弋之事。曹野人公孙彊亦好田弋，获得一只白雁去献给伯阳，并且给他大讲田弋之说，进而讲国家政事。曹伯阳非常喜欢他，使为司城以听政。梦者之子乃亡去。公孙彊以言霸，取悦于曹伯阳。曹伯阳于是背晋而干预宋国之政。宋景公伐曹，晋人不救。公元前487年，宋终于灭曹。此事为《史记·管蔡世家》所载："太史公曰：余寻曹共公之不用僖负羁，乃乘轩者三百人，知唯德之不建。及振铎之梦，岂不欲引曹之祀者哉？如公孙彊不修厥政，叔铎之祀忽诸？"

八、洮之盟

"洮之盟"对齐桓公的意义也很重大。其意义在于"郑伯乞盟"，自管仲辅佐齐桓公称霸，郑作为有影响的中原大国对齐国一直不大服气，齐桓公自然心知肚明，之前郑伯逃盟，引发公元前654年的"诸侯伐郑"，"洮之盟"中的"郑伯乞盟"，也算给足了齐桓公面子。据《左传·僖公八年》记载："八年春王正月，公会王人、齐侯、宋公、卫侯、许男、曹伯、陈世子款盟于洮。郑伯乞盟。夏，狄伐晋。秋七月，禘于大庙，用致夫人。冬十有二月丁未，天王崩。"公元前652年春，齐桓公、周人、鲁僖公、宋公、卫侯、许男、曹伯、陈世子款在洮地（今山东鄄城县西南）会盟，商量安定周王室。帮助周襄王安定了王位，而后为周惠王举行葬礼。

对于这段历史，春秋三传有着相似又有所不同的记载。《左传·僖公》载："春，盟于洮，谋王室也。郑伯乞盟，请服也。襄王定位而后发丧。"春季，鲁僖公和周王室的使者、齐桓公、宋桓公、卫文公、许僖公、曹共公、郑世子款在洮地会盟，商谈安定王室。郑文公请求参加盟会，表示顺服。周襄王的君位安定后，才举行丧礼。《公羊传·僖公》载："王人者何？微者也。曷为序乎诸侯之上？先王命也。郑伯乞盟。乞盟者何？处其所而请与也。其处其所而请与奈何？盖酌之也。""王人"是什么人？是周王室地位较低的官员。为什么他的位置排在各国诸侯的前面呢？因为要尊崇周天王的命令。郑伯乞求参加盟会。乞求参加盟会是什么意思？就是不离开自己的国家而请求加盟。这里说不离开自己的国家而请求加盟是怎么回事？大概是派使者带自己的血来吧。《谷梁传·僖公》载："王人之先诸侯何也？贵王命也。朝服虽敝。必加于上。弁冕虽旧，必加于首。周室虽衰，必先诸侯。兵车之会也。以向之逃归乞之也。乞者，重辞也，重是盟也。乞者，处其所而请与之也。盖汋之也。"王人为什么排在诸侯前面？是尊重天子的命令。朝服虽然破了，也要穿在其他衣服的上面；帽子虽然旧了，定戴在头上。周王朝虽然衰微，一定排在诸侯前面。这是兵车之会。郑伯因为以前逃会回国，这次乞求参加会盟。乞求，表示重视的意思，重视这次盟会。用"乞"字，表示郑伯在自己住处乞请参加。后来齐桓公同意他与盟。

公元前652年，鲁僖公和周王室的使者、齐桓公、宋桓公、卫文公、许僖公、曹共公、陈世子款在洮会盟，谋划安定王室之事。郑文公请求参加盟会，表示顺服。《谷梁传》说这是"兵车之会也"。秋七月，鲁国在大庙举行大祭（禘）。这种大祭一般是合祭鲁国的祖先，在大庙（即祖庙，也就是周公之庙）中进行。《左传》之所以加以记载，是因为这次祭祀的同时把哀姜的牌位放进祖庙，这是不合于礼的。《左传》说夫人的排位放进祖庙，必须具备以下四个条件，缺一不可：薨于寝（这里指正房），殡于庙（停棺于祖庙），赴于同（向盟国家发讣告），祔于姑（下葬后把牌位放在祖庙中婆婆的牌位旁边）。后三条哀姜倒是符合，只是没有死在正寝，就不能把牌位放进太庙里去。

九、葵丘之盟

在众多盟会中意义最为重大的是公元前 651 年的葵丘（今河南兰考东）之盟，它标志着齐桓公的霸业达到顶峰，齐桓公成为春秋时期中原的首位霸主。据《左传·僖公九年》记载："九年春王三月丁丑，宋公御说卒。夏，公会宰周公、齐侯、宋子、卫侯、郑伯、许男、曹伯于葵丘。秋七月乙酉，伯姬卒。九月戊辰，诸侯盟于葵丘。"

根据史料的记载来看，公元前 651 年的"葵丘盟会"应该有两次，前一次是在夏天，后一次是在秋天。《左传》上的记载先说："夏，会于葵丘。"紧接着又说："秋，齐侯盟诸侯于葵丘。"《史记》也同样记载："夏，会诸侯于葵丘"；"秋，复会诸侯于葵丘"。复，就是重复的意思，复会，就是再会盟一次。夏天的会盟，是周天子为齐桓公加尊赐胙。齐桓公邀集鲁、宋、曹等国国君及周王使者周公宰孔会于葵丘。这次会盟，一则是为了消除嫌隙，一则也是为了结盟。周王使周公宰孔赐齐桓公文武胙、彤弓，赏服大路；龙旗九旒、渠门、赤帜。宰孔传达王命："以伯舅耋老，加劳，赐一级，无下拜！"为了维护周礼，齐桓公说："天威不违颜咫尺，小白余敢贪天子之命无下拜？恐陨越于下，以遗天子羞。"[1]大意是说：天威不远，小白怎敢贪受天子加赐一级可不下拜的恩命，废弃臣下拜谢王恩的大礼。于是齐桓公下阶叩拜王命，然后登阶接受王赐。

秋天的这次盟会，《孟子·告子下》记载道："五霸，桓公为盛。葵丘之会，诸侯束牲载书而不歃血。初命曰：'诛不孝，无易树子，无以妾为妻。'再命曰：'尊贤育才，以彰有德。'三命曰：'敬老慈幼，无忘宾旅。'四命曰：'士无世官，官事无摄，取士必得，无专杀大夫。'五命曰：'无曲防，无遏

---

①《左传·僖公九年》。

籴，无有封而不告。'曰：'凡我同盟之人，既盟之后，言归于好。'"在五霸之中，齐桓公的功绩算是最大的了。在葵丘的盟会上，诸侯把祭牲绑好，将盟书放在它身上但是没有歃血。第一条盟约说，要惩处不孝顺的人，不要任意废立太子，不要将妾立为正妻。第二条盟约说，要尊重贤人培养人才，为此表彰有德行的人。第三条盟约说，敬养老人爱护儿童，不要怠慢贵宾、旅客。第四条盟约说，士人的职位不能世袭，不要同时兼任两个公职，录用士人一定要得当，不要专横杀戮大夫。第五条盟约说，不要私筑堤防，不要阻碍买卖粮食，不要有所封赏却不报告盟主。

这次盟誓的内容，前三项是修身正家的事，第四件事是说士可以世禄，但不可以世袭为官，应广求贤能以充实各级政权；士不得兼职废事，取士必须是才德兼备的贤能者；不得擅自处死大夫。第五件事是有关水利粮食生产等问题。当时的许多诸侯国互相树立壁垒，往往曲为筑堤，壅塞泉水，如"东周欲为稻，西周不下水"。盟书要求不得擅自截断水源。诸侯国之间还往往囤积粮食，限制粮食出境，致使受灾缺粮的国家买不到粮食。因此，各国共同约定不准遏阻籴粮。诸侯往往一面扩大领土，一面擅自滥封，因此盟约规定．不得有新的封邑而不报告天子。这个盟书的内容，说明从政治上调整诸侯国内部上下尊卑与尊贤任官制度，从经济上打破割据封闭，发展生产，已成为十分迫切的问题。齐桓公以霸主主持的盟会，是有利于政治统一、经济开放发展的。

葵丘会盟，以其历史贡献被载入史册，也标志着齐桓公的霸业达到了巅峰。然而，成功的背后往往蕴含着危机。诸侯们与齐桓公签订了最新的条约之后，齐桓公突然对天子的使者宰孔说："寡人听说夏、商、周三代都有封禅之事，寡人欲趁此盛会，封泰山，禅梁父，如何？"宰孔听了，脸色大变！这封泰山就是祭天，禅梁父就是祭地。把自己的功绩报知于天地，只有天子（还不是普通天子，多是开国天子）才有这种资格，因为天子的权利是上天给予的。而诸侯只能祭祖，而不能祭天。现在，齐桓公要祭天，就等于是在宣布要取代大周王朝了！宰孔见齐恒公趾高气扬，似有矜高之色，就愤愤回答道："你以为可，谁敢说不可！"宰孔对于齐桓公的不满，原因大概有三个：一是齐桓公成为霸主后，日益骄横，态度傲慢。二是齐桓公说要封禅泰山，以下犯上，虽没去成，但已经有了"犯上"的口实。三是作为周王室的臣子，看到一个诸侯国如此昌盛，难免有点"羡慕生嫉妒"。

宰孔私下对管仲说："封禅之事，哪里是诸侯该说的话！仲父，你就不能说一句话谏止他吗？"管仲劝阻齐桓公不要去封什么泰山，有名无实、有害无利的事，都不值得去做。齐桓公怫然道："寡人南伐楚国到了召陵，望见熊耳山；北伐山戎，灭了令支、孤竹国；西征大夏，远涉流沙；登太行险道，直达卑耳山而还。诸侯没人敢违抗寡人，寡人九合诸侯，一匡天下，虽过去夏商周三代的开国天子，也不过如此！"管仲力谏，齐桓公不听。管仲于是介绍封禅之礼要等远方各种奇珍异物具备才能举行，齐桓公最终放弃了封泰山祭天地的想法。因为取代天子的条件并不成熟，在这种情况下，齐桓公就只好老老实实做他的诸侯长，天下才不会动荡。因此，齐桓公姜小白一生的成就，也就只能被永远地定格在"霸主"这个位置上了。封禅的事，缓一缓。这一缓，就缓了四百多年，直到秦始皇一统天下后，才成为春秋之后第一个封禅泰山的人。

一个人，当他取得一定成绩而又很顺利时，往往容易产生骄傲情绪，而这种骄傲情绪一旦滋生，再要戒除就难了。齐桓公"合诸侯""匡天下""尊王攘夷"，在当时的各诸侯中，他是首屈一指，无人能比的，因此便日益骄横，态度傲慢了。

一、意欲封禅

《史记·封禅书》载有春秋时期齐相管仲论封禅的一段话，说齐桓公称霸后想行封禅之祀，遭到了管仲的反对。封为"祭天"（多指天子登上泰山筑坛祭天），禅为"祭地"（多指在泰山下的小丘除地祭地）；即古代帝王在太平盛世或天降祥瑞之时的祭祀天地的大型典礼。封禅，最早出现于《管子·封禅》，后太史公在《史记·封禅书》中曾引用《管子·封禅》中的内容。唐代张守节解释《史记》时曾对"封禅"进行了释义，并指出了封禅的目的，大意是说，在泰山顶上筑圆坛以报天之功，在泰山脚下的小丘之上筑方坛以报地之功。即《史记·封禅书》中的"登封报天，降禅除地"。《五经通义》云："易姓而王，致太平，必封泰山，禅梁父，天命以为王，使理群生，告太平于天，报群神之功。"

封禅是古代统治者举行的一种祭祀天地的礼仪。古人认为群山中泰山最高，为"天下第一山"，因此人间的帝王应到最高的泰山去祭过天帝，才算受命于天。远古及夏商周三代，已有封禅的传说。认为古代封泰山、禅梁父的有七十二代的帝王，著名的有无怀氏、伏羲、神农氏、炎帝、黄帝、颛顼、帝喾、尧、舜、禹、汤、周成王等十二个，都是受命之后才举行封禅仪式的。他们那时候封禅，有嘉禾生出，凤凰来仪，种种祥瑞不召而至。

齐桓公霸业达到顶峰之后，越来越觉得周天子有其名无其实，国家的事情，包括天子的事情，没有自己的参与根本解决不了。可自己依然是诸侯，尽管是可以左右天子废立的诸侯，却在名义、地位上与其他诸侯无别。怎样显示一下自己与其他诸侯的不同，或者说怎样才能让别人看出自己的特殊呢？他想来想去，觉得古代天子都有到泰山封禅的事情，自己是没有天子之名的天子，不如也到泰山举行封禅典礼，那样地位不就高出其他诸侯而像古代天子一样了吗？齐桓公把这种想法告诉了管仲，满以为会得到支持，谁知却遭到了坚决的反对。管仲认为根本不行，不是时候。

管仲没有想到自己的国君狂妄到了这种程度，便十分严肃地对他说："你的功业当然可以永垂史册，但还不能效法古代天子。古代天子封禅以前都会有祥瑞出现，诸如凤凰、河图、洛书等，你看现在出现了什么呢？再说，你搞封禅就表现出了野心，就会失去诸侯的拥戴，连诸侯盟主的地位也会失去。"齐桓公觉得有道理，就放弃了封禅的想法。

封禅的想法倒是放弃了，可那种要凌驾于诸侯之上、传之千秋的想法却放不下。根据《说苑·正谏》的记载，齐桓公找鲍叔牙商量，说自己想铸个大钟，把自己的功劳都刻在钟上，那就可以传之千秋万代了。谁知鲍叔牙并不同意。鲍叔牙问齐桓公："您有哪些作为、品德值得刻在钟上呢？"这下齐桓公来了精神，激昂慷慨地说道："我曾包围谭国三年，可以得到它却没占有它，这可以说是仁德吧？北伐孤竹和令支两国以后，又把土地返还给了他们，这可以算得上武德吧？我在葵丘大会各国诸侯，使各国之间不再攻来伐去，这不能不说是文德吧？许多诸侯抱着美玉来齐国朝贺、贡献，可我并不接受，反而好好地接待他们，并重重地回报给他们礼物，这能说不是义气吗？我文、武、仁、义四德具备，难道不能与尧、舜相比吗？"

鲍叔牙听后觉得不给他挑破脸皮说话不足以改变他了，就说："既然国君能直来直去坦白地讲出了心里要说的话，我也就毫无保留地说出我的看法。公子纠和你是兄弟，他长你少，在继位问题上你却不能让给他，这能叫仁吗？"鲍叔牙才说到这里，齐桓公就坐不住了，心想："原来是你千方百计让我夺得了君权，现在却说我不仁义，推得倒干净。可他是辅我是主，还不能否认他说得有道理。"鲍叔牙又接着说："我们先君太公与鲁国先君周公是周朝的开国功臣，同时受封，又是好朋友，所以太公留下遗语，不让后世子孙侵伐鲁国，以共同辅助王室。可你却违背了太公的遗言，几次侵伐鲁国，这怎么能说是义呢？那年你与鲁庄公在柯地会盟时，竟被曹沫的利剑所吓倒，不像个视死如归的勇士，这不能算勇武；自己的妹妹、侄女不嫁出去，留在后宫里像妻妾一样，这根本不是文德。如果一个人做了许多不善的事情而又不自觉，没有天灾也会有人祸。"

鲍叔牙说完了，齐桓公反倒冷静下来，因为鲍叔牙说的都是事实。他想，自己存有这么多的不足却狂妄地要与尧舜相比，几乎失去臣民的支持，差点要栽大跟头。想到这里便十分诚恳地对鲍叔牙说："我有不对的地方，幸亏你都记着，这是我们齐国的福气。如果不是你及时提醒我，极有可能犯大罪，从而影响到国家的荣誉。"经过管仲和鲍叔牙二人的规劝，齐桓公暂时收敛了骄横之气。

二、亲近奸佞

　　齐桓公在位期间，对他的先祖、开国之君姜太公制定的"尊贤尚功"的用人方针还是贯彻执行的。所以他不但任用了射了他一箭、几乎致他于死命的管仲，还听信忠言，起用了许多有才能的人。不仅任用本国的贤人，还不分国界，任用其他诸侯国来齐之人。但在用人的过程中也不免鱼龙混杂、泥沙俱下，特别是对那些不应该被任用做官的人，没做认真考察，便使他们混到了齐桓公身边。当时机成熟时，他们便沆瀣一气，使齐桓公辛苦经营的霸业毁于一旦。

　　有个人名叫易牙，是齐桓公的宫廷厨师，烹调技术高明，由于所做的饭菜特别合齐桓公的口味，所以经常受到齐桓公的赞扬和赏赐。这易牙是个不安分的人，他想自己不能一辈子干厨师，既然齐桓公喜欢吃自己做的饭菜，就要充分利用这一点爬上去。他分析宫中形势，齐桓公原有三个夫人：王姬、徐姬和蔡姬，可她们都不能生育，所以又一连娶了六位如夫人。这六位如夫人每人都给齐桓公生了一个儿子。儿子多了，麻烦也多了。齐桓公本已立了从郑国娶来的郑姬所生的儿子昭为太子，可他却特别喜欢年轻漂亮、能歌善舞、从卫国娶来的长卫姬。易牙认为齐桓公有改立长卫姬所生的儿子无亏为太子的可能，便决定在她身上做文章，通过她获得齐桓公的欢心。易牙使出浑身解数，变着花样做菜肴，以至于齐桓公没有易牙做的饭菜就吃不下饭。可是山珍海味有吃腻的时候，花样也有出尽的时候。据说，有一次，齐桓公说："我什么都吃过了，却没吃过人肉。"易牙为了讨好齐桓公，把儿子杀了做成菜肴。当他把人肉做的菜肴献给齐桓公和长卫姬时，齐桓公只觉得别有一番滋味，却吃不出是什么东西。齐桓公便问是什么东西做的。易牙趁机跪下对桓公说："国君什么好东西都吃遍了，近来食欲不佳，小人我十分焦心。听说人肉特别是童子肉对身体大有好处，国君可能还没吃过，我便把儿子杀了做成了这道菜，请国君品尝，以表达我的忠心。"齐桓公听后直觉恶心，一点儿食欲也没有了。长卫姬却立即插嘴，把易牙如何忠心、诚心等添枝加叶地说了一番。

齐桓公也觉得易牙有些过分，可又觉得他忠心可嘉，便与管仲商议给他一个官位，但管仲无论如何也不同意，齐桓公也只得作罢。可是，后宫里都知道国君、长卫姬宠他，便也无人敢惹，无形中地位就提高了。易牙也就作威作福，同时又窥测时机，图谋不轨。

有一个人叫竖刁，惯于看风使舵，奉承拍马的功夫堪称一流。听说易牙受到齐桓公、长卫姬的赏识，便给易牙送上礼物，求易牙想办法推荐他做官。当易牙说因为受到管仲阻拦，自己也做不成官时，竖刁就说在宫里找个差事也可以。竖刁想的是混进宫去再作打算，而易牙却想把他拉上，成为自己的一份力量。竖刁敏锐地捕捉到了机会，他本来就是齐桓公的仆人，但仆人太多了，根本显不出自己。为了能够飞黄腾达，在众多的仆人中脱颖而出，竖刁就毫不犹豫地挥刀自宫。竖刁自宫，加上聪明伶俐，能说会道，能见机行事。使齐桓公觉得此人能干，于是齐桓公让竖刁管理自己的后宫。

还有一个人是卫公子开方。这卫公子开方本可以在卫国继承父亲的地位和财产，但卫国是小国、弱国，所以他觉得在卫国有那么一小片食邑，不足以显示高贵，还不如齐国的一般官吏更加骄人。所以当齐桓公从卫国娶长卫姬和少卫姬姊妹二人时，便像陪嫁一样地跟进了宫。他进来的目的就是要发展自己，所以经常利用机会讨长卫姬和齐桓公的欢心。随着时间的推移，他看到齐桓公对自己并无戒心且比较信任，就要求齐桓公给个官位。齐桓公当然不成问题，可管仲就是不同意，齐桓公也不好勉强。

虽然齐桓公的众妻妾和几个儿子都已知道立了公子昭做太子，但都压抑不住争做一代国君的欲望，所以，几个儿子与他们各自的母亲便各树亲信、培植党羽、拉帮结派，为继承君位而勾心斗角、明争暗夺。在这场争权斗争中，长卫姬和他的儿子无亏处于有利地位。一是长卫姬受到齐桓公的特别宠爱，爱屋及乌，他们的儿子无亏也就比其他儿子受重视。二是长卫姬周围有易牙、竖刁、卫公子开方三人出谋划策，而这三人又都得到齐桓公的偏爱。常言说"三人成虎"，几个人经常在齐桓公跟前讲无亏如何聪明、贤能、忠孝、仁慈，那齐桓公就逐渐为之所动，便答应立无亏为太子，而废了太子昭。

根据《左传》《史记》《吕氏春秋》等典籍的记载，就在齐国后宫为争太子之位而激烈斗争的时候，管仲病了，而且一卧不起。齐桓公缺了管仲，许多事情都不能顺利进行，而齐桓公最担心的还是齐国今后的前途。一天，齐桓公不安地问宁戚说："仲父已经老了，如果他丢下我死去，我担心政令不能推行，人们流离失所，百姓们怨声载道，盗贼蜂起。我怎样做才能使国家奸邪不生、老百姓丰衣足食地过上太平日子呢？"宁戚本是管仲把他当作贤人推荐给齐桓公做大司田的，对选贤任能在国家政治中的地位和作用认识得非常深刻，就很简明地回答说：关键是在得到贤人并且任用他们。这与管仲的口气完全一致。齐桓公便又兴致勃勃地问："那么怎样才能得到贤才呢？"宁戚见齐桓公有兴趣，便十分真诚地回答说："为他们铺平仕进的道路，经过考察任用他们，尊重他们的权力，给他们优厚的俸禄，让他们扬名世上。那么，天下的贤士就会欣然地涌到齐国来。"

齐桓公听后觉得很有道理，可自己已经这样做了多年了，还有贤士未被发现吗？想到这里，齐桓公就说："我过去已经听仲父的话这样做了，像您这样的外籍人都被我所用，现在好像没有什么非常之人了。"宁戚不知齐桓公心里究竟是怎么想的，但感到他态度还是认真的，便也就非常直率地说："这是因为国君你考察不明，没把人放到显著位置，虽然任用了却又有怀疑，因而官位太低、俸禄太少。国家得不到贤士，一般说有五种阻碍：一是国君根本不喜贤士，阿谀之人在国君身边；二是平日在那里做小事的人，未被任用，发现不了他们的才能；三是有些人淹没在人群当中，不在身旁，故而被发现得较晚；四是与他们谈话时不是直来直去，而是拐弯抹角，一旦发现他们语言中的漏洞就依法惩治；五是有些掌握权力的人变换手法改变国家规定。除去了这五种阻碍，豪杰俊逸之士、贤能有智之人就会不断到来。否则，国君不了解下情，下面就会堵塞贤人之路。过去那些明王治理国家的时候，就如同吸收了一切水流的江海成为百川之主一样，对贤人智士无不接纳，所以能安乐，且统治长久。由此看来，使国君得到安宁、使国人得到好处，决不是单人匹马能办到的。"齐桓公听后连连点头，并且诚恳地说："我要把举贤任能的五种阻碍刻在板上，放在显眼处，以作警戒。"

尽管齐桓公把国中最好的医生召集来为管仲治病，管仲的病还是一天一天地恶化下去。齐桓公看管仲已是不能好了，就走到管仲床前说："仲父，说句不好听的话，如果您的病确实治不好了，由谁接替您当相国合适呢？"管仲说："知子莫若父，知臣莫若君。"齐桓公说："鲍叔牙怎么样？"管仲沉默了一阵才说："鲍叔牙固然是一个君子，是一个善人，但他嫉恶如仇太甚，看到丑恶的事一辈子都记在心里，稍微有缺点的人他都不能容忍，这就不能团结人。因此，我看他不能任相国。"齐相公觉得很奇怪，管鲍二人的交情非同一般，鲍叔牙自己不做国相而荐管仲，管仲也说："生我者父母，知我者鲍子也。"可现在管仲却认为鲍叔牙不能任国相。这种不讲私情、一心为国家所想的人，除仲父外怕是很少的。想到这里，尊敬之情油然而生，不禁恭敬地问："那么谁行呢？"管仲说："隰朋可以。"然后一五一十地给桓公分析了隰朋的一些优点。最后说："只有隰朋这种大仁的人才能担当国相的重任。"齐桓公原知道隰朋是个人才，非常能干，对隰朋了解却不如管仲这么细，对管仲的能知人更加佩服了。接着，齐桓公又问："不幸而失去仲父，各位大夫还能保持国家的安定吗？"管仲说："您衡量一下就清楚了。鲍叔牙的为人是好直，宾须无的特点是好善，宁戚的特点是能干，曹孙宿的特点是善说。"齐桓公说："这四个人，如果谁能合而为一，就是人上人了。我有了他四个却还不能达到国家安宁，是什么原因呢？"管仲想了一下说："鲍叔牙好直，这是对的，却不能掌握'度'，有时不能为国放弃自己的直。宾须无也存在这个问题，好善当然很对，当国家需要变通一下而不能变通，也就不对了。宁戚能干，不能适可而止。曹孙宿善于说话，却不能在不该说话时沉默下来。这样看来，能够认识形势、与老百姓共屈伸、能使国家长治久安的人，大概就只有隰朋了。隰朋的为人，做事情一定估计力量、考虑能力能否达到目的，还是很讲实际的。"

最后，管仲说："我觉得易牙、竖刁、卫公子开方都不是什么好人，因为他们做出了人情范围以外的事情。易牙连自己的儿子都能杀了讨好您，还有什么事情做不出来呢？竖刁不珍惜自己的身体，宁可不娶妻生子、强忍生理痛苦进宫来，他怎么能真心地为您呢？卫公子开方放着在自己国家的地位不要而跑到齐国来，这怎么解释呢？他们表面上甜言蜜语，其实心怀叵测，对他们一定要加小心。为了齐国社稷和齐国百姓，国君您一定要下决心除掉他们，不要姑息养奸，否则贻害无穷。"管仲一口气说了这些话，已很难支撑，齐桓公便叫人服侍，并答应记住了仲父的话。可他心里却在想，不会如此严重吧。就在齐桓公心里犯嘀咕，还没拿定对易牙等三人的最终处理意见时，管仲去世了，时间为齐桓公四十一年（公元前645年）。

管仲死后，隰朋为相。隰朋为相后不久也去世了。齐桓公又以鲍叔牙为相。三年之中，齐桓公"食不甘味，心不怡，苛病起，朝不肃"[①]。齐桓公认为管仲未必知人如此之深，易牙、竖刁、开方三人忠于齐桓公，如今却不受信用，是不是管仲疑不当疑？于是召回易牙等人，委以重任。易牙、竖刁复官后，忌恨管仲和齐桓公，乘齐桓公年事已高，精力不及，愈益肆无忌惮，专擅公室大权。

三、齐桓之死与五子争位

齐桓公一生好田猎，迷恋酒色，好内博宠，有夫人三人，如夫人六人。长卫姬，生武孟。少卫姬，生惠公元。郑姬生孝公昭。葛嬴生昭公潘。密姬生懿公商人。宋华人生公子雍。齐桓公把公子昭托付给宋襄公作为储君。其后，卫共姬通过易牙向齐桓公进献食品，齐桓公又答应立无亏（无诡）为太子，却又迟迟不肯罢黜太子昭。五公子各树私党，为自己争

---

① 《吕氏春秋·知接》。

太子位。五公子剑拔弩张，宫廷政变如狂澜已到，无可避免。齐桓公之后的五子争位，五子相继做了国君，依次是：公子无亏、齐孝公、齐昭公、齐懿公、齐惠公。

齐桓公四十三年（公元前643年），齐桓公病重，御医从内宫出来，诡称"公将于某日薨"，并与易牙、竖刁相互勾结，"塞宫门，筑高墙，不通人，矫以公命"①。公元前643年10月，齐桓公病亡。易牙受卫姬宠幸，曾经向齐桓公请求让卫姬之子姜无亏继位，而齐桓公也答应了。易牙在齐桓公死后，杀死了宫中群臣，打算立卫姬之子姜无亏为齐君。其他几位公子得知齐桓公已死，各自率领部众入宫争权夺位。五位公子在宫中相互残杀，宫人们纷纷逃窜，没有人敢去料理齐桓公的丧事。齐桓公的尸体无人管理，逐渐腐烂生蛆，大量尸虫爬出门外。

根据《史记·齐太公世家》的记载，五子争位的最初阶段是公子姜无亏胜出，继位为齐君。齐桓公的太子姜昭战败后逃到了宋国。宋襄公想扬威天下，称霸诸侯，又曾受齐桓公托付照看齐太子，于是宋襄公率领着宋国、卫国、曹国、邾国四国联军扛着正义之师的旗号讨伐齐国，想帮助齐太子姜昭夺位。公元前642年春，宋襄公率四国联军压境，齐国人恐慌，于是杀死只做了3个月国君的姜无诡，准备迎立姜昭为国君。而姜昭被其他四位公子的党羽攻击，无奈又逃回了宋国。宋襄公大怒，发兵击败四位公子的军队，姜昭被立为齐君，是为齐孝公。齐孝公元年八月，齐桓公死后三个多月，齐孝公才将齐桓公入土安葬。

公元前633年，齐孝公逝世。卫公子开方杀死继位的齐孝公之子，立齐孝公的弟弟姜潘为国君，是为齐昭公。公元前613年，齐昭公逝世。昭公的弟弟姜商人因为没有抢到国君之位，于是结交贤人，恩惠民众。等到齐昭公一死，姜商人就聚众在昭公葬礼上杀死了继位的昭公之子，自立为齐君，是为齐懿公。齐懿公即位后，露出了荒淫残暴的本性，他砍断了丙戎父亲的脚，却让丙戎做自己的侍从；齐懿公又抢了庸职的妻子，却让庸职做自己

①《吕氏春秋·观世》。

的马夫。公元前609年春天，侍从丙戎与马夫庸职合谋在竹林中杀死了齐懿公。齐国人怨恨齐懿公，因此废除懿公的太子，迎立懿公的弟弟姜元，是为齐惠公。齐惠公是齐桓公五子之乱中，最后一个做国君的。公元前599年，齐惠公逝世，传位于太子。

齐桓公从公元前685年继位至公元前643年卒，统治齐国43年。43年中，"九合诸侯，一匡天下"，登霸主之位，率诸侯之兵，是何等的威风。齐国民富国强，扩地增人，泱泱大国，何等自豪。齐桓公奉行"尊王攘夷"政策。齐桓公二十年，奉周王命讨伐卫国。齐桓公二十二年，伐山戎，救燕国。齐桓公二十五年，败狄救邢、卫二国。齐桓公三十年，伐楚，与楚在召陵（今河南郾城东）结盟而还。齐桓公三十四年，周因王子带争王位而起内乱，率诸侯会于洮（今山东鄄城西南），尊周襄王为王。次年，与诸侯盟于葵丘（今河南兰考东），规定与盟诸侯永保和好，维护等级制度。后又两次命诸侯戍周以御戎。因"九合诸侯""尊王攘夷"，故为春秋五霸之首。及死，竟无人过问，腐尸出虫，何等悲凉；其后齐国政权频繁更换，霸业日削月减，又是何等无奈。对齐桓公之悲惨结局，有人怨管仲在位除恶不尽，有人批桓公不听忠言，存妇人之仁。

关于齐桓公的历史评价，宰孔曰："齐桓公益骄，不务德而务远略，诸侯弗平。"[1]晏子说："能长保国者，能终善者也。诸侯并立，能终善者为长；列士并立，能终善者为师。昔先君桓公，方任贤而赞德之时，亡国恃以存，危国仰以安，是以民乐其政而世高其德，行远征暴，劳者不疾，驱海内使朝天子，诸侯不怨。当是时，盛君之行不能进焉。及其卒而衰，怠于德而并于乐，身溺于妇侍而谋因于竖刁。是以民苦其政，而世非其行，故身死胡宫而不举，虫出而不收。当是时也，桀纣之卒不能恶焉。《诗》曰：'靡不有初，鲜克有终。'不能终善者，不遂其国。"[2]孔子曰："齐桓公正而不谲，晋文公谲而不正。"[3]

---

[1]《史记·晋世家》。

[2]《群书治要·晏子》。

[3]《论语·宪问》。

《国语·齐语》说：

> 四邻大亲。既反侵地，正封疆，地南至于蔕阴，西至于济，北至于河，东至于纪酅，有革车八百乘。择天下之甚淫乱者而先征之。即位数年，东南多有淫乱者，莱、莒、徐夷、吴、越，一战帅服三十一国。遂南征伐楚，济汝，踰方城，望汶山，使贡丝于周而反。荆州诸侯莫敢不来服。遂北伐山戎，制令支、斩孤竹而南归。海滨诸侯莫敢不来服。与诸侯饰牲为载，以约誓于上下庶神，与诸侯勠力同心。西征攘白狄之地，至于西河，方舟设泭，乘桴济河，至于石枕。县车束马，踰太行与辟耳之谿拘夏，西服流沙、西吴。南城于周，反胙于绛。岳滨诸侯莫敢不来服，而大朝诸侯于阳谷。兵车之属六，乘车之会三，诸侯甲不解累，兵不解翳。……隐武事，行文道，帅诸侯而朝天子。

《春秋公羊传》曰："南夷与北狄交，中国不绝若线，桓公攘夷狄而救中国。"《春秋谷梁传》曰："其授之诸侯何也？齐侯得众也。桓会不致，安之也。桓盟不日，信之也。信其信，仁其仁。衣裳之会十有一，未尝有歃血之盟也，信厚也。兵车之会四，未尝有大战也，爱民也。"《史记》说：齐桓公"南伐至召陵，望熊山；北伐山戎、离枝、孤竹；西伐大夏，涉流沙；束马悬车登太行，至卑耳山而还。诸侯莫违。兵车之会三，乘车之会六，九合诸侯，一匡天下。昔三代受命，有何以异于此乎？"曹操《短歌行》说："齐桓之功，为霸之首。九合诸侯，一匡天下。一匡天下，不以兵车。正而不谲，其德传称。"

顾颉刚说："为了周平王的微弱，郑庄公的强暴，使得中原诸国化作一盘散沙，而楚人的势力这般强盛，戎狄的驰骋又这等自由，夏、商、周以来积累了千余年的文化真动摇了。齐桓公处于如此艰危的时局，靠着自己的国力和一班好辅佐，创造出'霸'的新政治来，维持诸夏的组织和文化，使得各国人民在这均势小康的机构之下慢慢作内部的发育，扩充智慧，融合情感，整齐国纪，画一民志，所以霸政行了百余年，文化的进步真是快极了，战国时代灿烂的建设便是孕育在那时的。这真是中国历史上一个该注意的人物！……可怜桓公一死，中原诸国依然是一盘散沙。……齐桓公的霸业已全部倒坏了。在这间不容发的时候，黄河上游的唯一姬姓大国而且有大才干的君主晋文公就接齐桓公而起，担负了第二度尊王攘夷的责任。"①

① 顾颉刚：《顾颉刚全集》第3集，中华书局2010年版，第529—530页。

晋文即位

第六章

晋文公（约前697—前628），姬姓，名重耳，晋献公之子，母亲为狐姬。是中国春秋时期晋国的第二十二任君主，公元前636年至前628年在位。晋文公文治武功卓著，60多岁才登上君位，可谓"大器晚成"。晋文公是继齐桓公之后，春秋五霸中的第二位霸主，与齐桓公并称"齐桓晋文"。

一、早年坎坷

（一）骊姬之乱

晋文公重耳早年恰逢"骊姬之乱"。"骊姬之乱"是指由晋献公的宠妃骊姬发动了的一场旨在争夺晋国国君之位的内乱。它发生于晋献公统治的中期和晚期。晋献公由于非常宠幸骊姬，有意废太子申生而改立骊姬之子奚齐为太子。然而由于晋献公诸子如申生、重耳、夷吾等势力强大，使晋献公废立太子困难重重。骊姬为了达到这一目的，通过一系列的阴谋手段，首先将太子申生、重耳、夷吾调离都城，然后离间晋献公父子之间的关系，最终逼太子申生自杀，公子重耳、夷吾出逃，长期流亡他国。

据《史记·晋世家》记载：

> 晋文公重耳，晋献公之子也。自少好士，年十七，有贤士五人：曰赵衰；狐偃咎犯，文公舅也；贾佗；先轸；魏武子。自献公为太子时，重耳固已成人矣。献公即位，重耳年二十一。献公十三年，以骊姬故，重耳备蒲城守秦。献公二十一年，献公杀太子申生，骊姬谗之，恐，不辞献公而守蒲城。献公二十二年，献公使宦者履鞮趣杀重耳。重耳逾垣，宦者逐斩其衣袪。重耳遂奔狄。狄，其母国也。是时重耳年四十三。从此五士，其余不名者数十人，至狄。

晋文公重耳是晋献公和狐姬之子，自幼喜好结交士人。到十七岁时，已有五个品德高尚、才能出众的朋友：赵衰、狐偃、贾佗、先轸、魏犫。晋献公还是太子的时候，重耳就已长大成年。晋武公三十九年（公元前677年），晋武公去世，晋献公继位，重耳已二十一岁。晋献公十三年（公元前664年），骊姬受到宠爱，想让自己的儿子成为嗣君，于是派人劝说晋献公让申生、重耳等离开国都。晋献公让太子住在曲沃，重耳住在蒲地，夷吾住在屈地，而骊姬和她妹妹的儿子奚齐、卓子仍在国都。晋献公二十一年（公元前656年），骊姬进一步陷害太子申生，申生自尽。骊姬又开始诬陷晋献公另外的两个儿子重耳和夷吾，在此危机的情况下，重耳逃到了蒲城，夷吾逃到了屈城。晋献公二十二年（公元前655年），晋献公因重耳与夷吾两位公子不辞而别而大怒，认定他们有阴谋，于是就派公使勃鞮去讨伐蒲城。重耳说："君父的命令不能违抗。"于是他通告众人说："违抗君命的人就是我的仇敌。"重耳翻墙逃走，勃鞮追上他砍掉了他的袖口，重耳逃到了母亲的故国翟国（又作"狄国"）。

对于这段历史，《左传·僖公四年》是这样记载的：晋献公从贾国娶了妻子，没生儿子。他和齐姜私通，生了秦穆夫人和太子申生。又在戎娶了两个女人，大戎狐姬生了重耳，小戎子生了夷吾。晋国攻打骊戎，骊戎男把骊姬献给晋献公，回国后生了奚齐，她的妹妹生了卓子。骊姬受到宠爱，想立自己的儿子为太子，贿赂男宠梁五和东关嬖五，让他们对晋献公说："曲沃是君王的宗邑，蒲地和二屈是君王的边疆，不可以没有强大的地方官。宗邑缺乏有力的主管，百姓就不会畏惧；边疆没有有力的主管，就会勾引戎狄侵犯的念头。戎狄有侵犯的念头，百姓就会轻视政令，这是国家的祸患。如果让太子主管曲沃，又让重耳、夷吾主管蒲地和二屈，就可以使百姓畏惧、戎狄害怕，而且可以表彰君王的功绩。……狄人广漠的土地，如果归属晋国，可以在那里开疆辟土。"晋侯听了很高兴。夏季，让太子住在曲沃，重耳住在蒲地，夷吾住在屈地。别的公子也都住在边境上，只有骊姬和她妹妹的儿子在绛城。梁五和东关嬖五最终和骊姬诬陷了公子们而立了奚齐为太子，晋国人称他们为"两个名叫五的狼狈朋比"。当初，晋献公想把骊姬立为夫人，便用龟甲来占卜，结果不吉利；然后用蓍草占卜，结果吉利。晋献公说："照占筮的结果办。"卜人说："占筮不灵验，龟卜很灵，不如照灵验的办。再说卜筮的兆辞说：'专宠过分会生变乱，会夺去您的所爱。香草和臭草放在一起，过了十年还会有臭味。'一定不能这么做。"晋献公不听卜人的话，把骊姬立为夫人。骊姬生了奚齐，她随嫁的妹妹生了卓子。到了快要把奚齐立为太子时，骊姬早已和中大夫有了预谋。

骊姬对太子申生说:"国君梦见了你母亲齐姜,你一定要赶快去祭祀她。"太子到了曲沃去祭祝,把祭祝的酒肉带回来献给晋献公。晋献公在外打猎,骊姬把祭祀的酒肉在宫中放了六天。晋献公打猎回来,骊姬在酒肉中下了毒药献给晋献公。晋献公洒酒祭地,地上的土凸起成堆;拿肉给狗吃,狗被毒死;给宫中小臣吃,小臣也死了。骊姬哭着说:"是太子想谋害您。"太子逃到了新城,晋献公杀了太子的师傅杜原款。有人对太子说:"您要申辩。国君一定会辨明是非。"太子说:"君王如果没有了骊姬,会睡不安,吃不饱。我一申辩,骊姬必定会有罪。君王老了,我又不能使他快乐。"那人说:"您想出走吗?"太子说:"君上还没有明察骊姬的罪过,我带着杀父的罪名出走,谁会接纳我呢?"后来,太子申生在新城上吊自尽。骊姬接着又诬陷重耳和夷吾两个公子说:"他们都知道申生的阴谋。"于是,重耳逃到了蒲城,夷吾逃到了屈城。

(二)流亡生涯

1. "居狄"

据《史记·晋世家》记载:

> 狄伐咎如,得二女:以长女妻重耳,生伯儵、叔刘;以少女妻赵衰,生盾。居狄五岁而晋献公卒,里克已杀奚齐、悼子,乃使人迎,欲立重耳。重耳畏杀,因固谢,不敢入。已而晋更迎其弟夷吾立之,是为惠公。惠公七年,畏重耳,乃使宦者履鞮与壮士欲杀重耳。重耳闻之,乃谋赵衰等曰:"始吾奔狄,非以为可用兴,以近易通,故且休足。休足久矣,固愿徙之大国。夫齐桓公好善,志在霸王,收恤诸侯。今闻管仲、隰朋死,此亦欲得贤佐,盍往乎?"于是遂行。重耳谓其妻曰:"待我二十五年不来,乃嫁。"其妻笑曰:"犁二十五年,吾冢上柏大矣。虽然,妾待子。"重耳居狄凡十二年而去。

由于"骊姬之乱",重耳与狐偃、赵衰、颠颉、魏犫、胥臣等人一起流亡到了翟(狄),其中狐偃是重耳的舅舅,翟国也是狐偃的祖国,此时翟人正在和廧咎如打仗并俘获的两个姑娘,翟人把这两个姑娘送给了重耳。重耳娶了其中一个叫季隗的姑娘，另一个赐给了赵衰。公元前651年（晋献公二十六年）九月，晋献公去世，公子奚齐继位，骊姬为国母，荀息为托孤之臣，一直支持太子申生的晋国卿大夫里克、邳郑父等人趁机聚众作乱，把幼主奚齐刺死在晋献公的灵堂上，之后荀息立卓子为晋君，里克等人又把卓子刺杀在朝堂之上，又将骊姬活活鞭死，并派狐偃之兄狐毛至翟国迎接公子重耳，打算拥立他。重耳辞谢道："违背父亲的命令逃出晋国，父亲逝世后又不能按儿子的礼仪侍候丧事，我怎么敢回国即位，请大夫还是改立别人吧。"于是里克让人到梁国去迎接夷吾，夷吾的谋臣吕省、邵芮认为里克不让晋国国内的公子为国君，反而寻找流亡在外的夷吾，难令人信服，就商量以河西之地换取秦国支持夷吾归晋，并允诺夷吾为君之后以汾阳之邑封予里克。

公元前650年，夷吾即位，史称晋惠公。晋惠公即位后，违背了与秦及里克的约定，又杀了邳郑父与七舆大夫，晋人认为惠公言而无信，所以对他都不顺服。公元前643年，晋惠公恐晋国人依附重耳，就派勃鞮追杀重耳，在翟国住了十二年的重耳闻讯后，就与赵衰等人商量说："我当初逃到翟，不是因为它可以给我帮助，而是因为这里距离晋国近，所以暂且在此歇脚。时间久了，就希望到大国去。齐桓公喜好善行，有志称霸，体恤诸侯。现在听说管仲、隰朋去世，齐也想寻找贤能的人辅佐，我们为何不前往呢？"于是，重耳一行踏上了去齐国的路途。重耳离开翟时，重耳对妻子说："等我二十五年不回来，你就改嫁。"妻子回答说："等到二十五年，我坟上的柏都长大了。虽然如此，我还是会等着你的。"

2. "过卫"

据《史记·晋世家》记载："过卫，卫文公不礼。去，过五鹿，饥而从野人乞食，野人盛土器中进之。重耳怒。赵衰曰：'土者，有土也，君其拜受之。'"

重耳先在狄国住了十二年，因为发现有人要行刺他，所以不得不离狄避难，首先到了卫国。卫文公看他们落魄，没有好好地招待他们，他们也就离开了卫国。他们一路走去，走到五鹿（今濮阳东南）这个地方，实在饿得厉害，正瞧见几个庄稼人在田边吃饭。重耳就叫人向他们讨点吃的。庄稼人懒得理他们，其中有一个人跟他们开玩笑，拿起一块泥巴给他们。重耳大怒，赵衰却安慰他说："土，象征土地，他们是表示对您臣服，你应该行礼接受它。"重耳拜谢并把土块装在车上去往齐国了。

据《韩诗外传》记载，重耳逃到卫国时，一个叫头须（一作里凫须）的随从偷光了重耳的资粮，逃入深山。重耳无粮，饥饿难忍。当向田夫乞讨，可不但没要来饭，反被农夫们用土块当成饭戏谑了一番。后来重耳都快饿晕过去了，为了让重耳活命，介子推到山沟里，把腿上的肉割了一块，与采摘来的野菜同煮成汤给重耳。当重耳知道后大受感动，声称有朝一日做了君王，一定要好好地报答介子推。

3."至齐"

据《史记·晋世家》记载：

> 至齐，齐桓公厚礼，而以宗女妻之，有马二十乘，重耳安之。重耳至齐二岁而桓公卒，会竖刀等为内乱，齐孝公之立，诸侯兵数至。留齐凡五岁。重耳爱齐女，毋去心。赵衰、咎犯乃于桑下谋行。齐女侍者在桑上闻之，以告其主。其主乃杀侍者，劝重耳趣行。重耳曰：'人生安乐，孰知其他！必死于此，不能去。'齐女曰：'子一国公子，穷而来此，数士者以子为命。子不疾反国，报劳臣，而怀女德，窃为子羞之。且不求，何时得功？'乃与赵衰等谋，醉重耳，载以行。行远而觉，重耳大怒，引戈欲杀咎犯。咎犯曰：'杀臣成子，偃之愿也。'重耳曰：'事不成，我食舅氏之肉。'咎犯曰：'事不成，犯肉腥臊，何足食！'乃止，遂行。

重耳到了齐国，得到了齐桓公的厚礼招待，齐桓公并把同家族的齐姜嫁给了重耳，陪送二十辆驷马车。在齐桓公的如此礼遇下，重耳感到很满足，于是在齐国过上了安逸的生活。晋惠公八年（公元前643年），齐桓公去世，竖刁等人发起内乱，而后齐孝公即位，诸侯的军队又多次来侵犯，齐国可谓内忧外患。重耳在齐住了五年，爱恋在齐国娶的妻子，也就慢慢地忘记了自己的鸿鹄之志，根本没有离开齐国的意思。有一天，赵衰、狐偃就商量如何离齐之事，齐姜的侍女听到他们的密谈后，回屋就告诉了齐姜。齐姜竟把此侍女杀死，并劝告重耳赶快离开齐国。重耳说："人生来就是为了寻求安逸享乐的，管其他的事干吗，我不走，死也要死在齐国。"齐姜说："你是一国的公子，走投无路才来到这里，你的这些随从把您当作他们的生命。你不赶快回国，报答劳苦的臣子，却贪图享受，我为你感到羞耻。况且，现在你再不去追求，何时才能成功呢?"齐姜和赵衰等人用计灌醉了重耳，用车载着他离开了齐国。走了很长的一段路后重耳才醒来，清楚事情的真相后，重耳大怒，拿起戈来要杀舅舅狐偃。狐偃说："如果杀了我就能成就你，我情愿去死。"重耳说："如果将来事业不成功，我就是吃了你当舅舅的肉也不能满足啊！"狐偃回答说："假如事业不成功，我不知道会死在什么地方，谁又能与豺狼争抢食物呢? 倘若能成功，公子也就有了晋国最美味的食物，够好吃的了。我狐偃的肉又腥又臊，哪里用得着呢?"于是重耳一行就离开了齐国。

4. "过曹"

据《史记·晋世家》记载："过曹，曹共公不礼，欲观重耳骈胁。曹大夫釐负羁曰：'晋公子贤，又同姓，穷来过我，奈何不礼！'共公不从其谋。负羁乃私遗重耳食，置璧其下。重耳受其食，还其璧。"

重耳到了曹国，曹共公无礼，想偷看重耳的骈胁（曹共公听说重耳的骨节连成一片，就想看看他裸体的样子，他趁重耳沐浴时，走到重耳身边偷看）。曹国大夫釐负羁说："晋公子贤明能干，与我们又同是姬姓，穷困中路过我国，您不能对他这般无礼。我看重耳的随从，一个个都能做国家的大臣。如果重耳能让他们辅助自己，他就一定能回到晋国当上国君。你何不早点对重耳示好？"但曹共公不听大夫釐负羁的劝告。釐负羁就私下给重耳送去食物，并把一块璧玉放在食物下面。重耳接受了食物，却把璧玉还给釐负羁。

5. "过宋"

据《史记·晋世家》记载："去，过宋。宋襄公新困兵于楚，伤于泓，闻重耳贤，乃以国礼礼于重耳。"

重耳离开曹国后，来到了宋国。正值宋襄公刚刚被楚军打败，在泓水负伤。宋襄公素以仁义著称，他听说重耳贤明，就按国礼的规格接待了重耳。宋国司马公孙固与狐偃的关系很好，就对他说："宋国是小国，又刚吃败仗，不足以帮你们回国，你们还是到大国去吧。"重耳一行于是离开了宋国。

6. "过郑"

据《史记·晋世家》记载："过郑，郑文公弗礼。郑叔瞻谏其君曰：'晋公子贤，而其从者皆国相，且又同姓。郑之出自厉王，而晋之出自武王。'郑君曰：'诸侯亡公子过此者众，安可尽礼！'叔瞻曰：'君不礼，不如杀之，且后为国患。'郑君不听。"

重耳一行离开宋国后，路过郑国，郑文公没有按礼来接待他们。对郑文公的做法，郑国大夫叔瞻劝告他说："晋公子贤明，他的随从都是栋梁之材，又与我们同为姬姓，郑国出自周厉王，晋国出自周武王。既然是这种亲密的关系，就应该以礼相待。"郑文公却反驳说："从诸侯国中逃出的公子太多了，怎么可能都按礼仪去接待呢！"叔瞻看到郑文公不听劝，于是又建议道："您若不以礼相待，就不如杀掉他，免得成为咱们的后患。"郑文公对叔瞻的这一建议也不予理睬。

7. "去楚"

据《史记·晋世家》记载：

重耳去之楚，楚成王以适诸侯礼待之，重耳谢不敢当。赵衰曰："子亡在外十余年，小国轻子，况大国乎？今楚大国而固遇子，子其毋让，此天开子也。"遂以客礼见之。成王厚遇重耳，重耳甚卑。成王曰："子即反国，何以报寡人？"重耳曰："羽毛齿角玉帛，君王所余，未知所以报。"王曰："虽然，何以报不穀？"重耳曰："即不得已，与君王以兵车会平原广泽，请辟王三舍。"楚将子玉怒曰："王遇晋公子至厚，今重耳言不孙，请杀之。"成王曰："晋公子贤而困于外久，从者皆国器，此天所置，庸可杀乎？且言何以易之！"居楚数月，而晋太子圉亡秦，秦怨之；闻重耳在楚，乃召之。成王曰："楚远，更数国乃至晋。秦晋接境，秦君贤，子其勉行！"厚送重耳。

重耳离开郑国后到了楚国，楚成王用对待诸侯的礼节招待他，重耳辞谢不敢接受。赵衰说："你在外逃亡已达十余年之多，一般小国都轻视你，何况大国呢？现在，楚是大国，坚持厚待你，你不要辞让，这是上天在让你兴起。"重耳于是按诸侯的礼节会见了楚成王。楚成王很好地招待了重耳，重耳十分谦恭。楚成王说："如若你将来能回到晋国，用什么来报答我？"重耳说："珍禽异兽、珠玉绸绢，君王都富富有余，我真不知道应该用什么礼物来报答。"楚成王说："虽然如此，你到底应该用些什么来报答我呢？"重耳说："假使不得已，万一在平原、湖沼地带与您兵戎相遇，我会为您退避三舍。"听到重耳如此回答，楚国大将子玉生气地对楚成王说："重耳现在就这么狂妄，准是个忘恩负义的家伙。不如现在就杀了他，以免后患无穷。"楚成王说："晋公子品行高尚，在外遇难很久了，随从者都是国家的贤才，这是上天安排的，我怎么可以杀了他呢？况且他的话又有什么可以反驳的呢？"重耳在楚国住了几个月后，在秦国为质的晋国太子圉得知晋惠公病重，从秦国不辞而别。秦国特别生气，听说重耳住在楚国，就要把重耳邀请到秦国。楚成王说："楚国距离晋国太远了，要经过好几个国家才能到达。秦国与晋国交界，秦国国君很贤明，你就去秦国吧！"听罢此言，重耳一行于是离楚去秦，楚成王赠送了很多礼物给重耳。

8."至秦"

据《史记·晋世家》记载：

重耳至秦，缪公以宗女五人妻重耳，故子圉妻与往。重耳不欲受，司空季子曰："其国且伐，况其故妻乎！且受以结秦亲而求入，子乃拘小礼，忘大丑乎！"遂受。缪公大欢，与重耳饮。赵衰歌黍苗诗。缪公曰："知子欲急反国矣。"赵衰与重耳下，再拜曰："孤臣之仰君，如百谷之望时雨。"是时晋惠公十四年秋。惠公以九月卒，子圉立。十一月，葬惠公。十二月，晋国大夫栾、郤等闻重耳在秦，皆阴来劝重耳、赵衰等反国，为内应甚众。于是秦缪公乃发兵与重耳归晋。晋闻秦兵来，亦发兵拒之。然皆阴知公子重耳入也。唯惠公之故贵臣吕、郤之属不欲立重耳。重耳出亡凡十九岁而得入，时年六十二矣，晋人多附焉。

晋惠公十四年（公元前637年）秋，重耳到了秦国，秦穆公把同宗的五个女子嫁给重耳，太子圉的妻子文嬴也在其中。重耳不打算接受太子圉之妻，胥臣说："圉的国家我们都要去攻打了，何况他的妻子呢！而且您接受此女为的是与秦国结成姻亲，以便返回晋国，您这样拒绝，岂不是拘泥于小礼节而忘了大的羞耻！"重耳于是接受了太子圉之妻。秦穆公十分高兴，亲自与重耳宴饮。赵衰吟了《黍苗》诗。秦穆公说："我知道你想尽快返回晋国。"赵衰与重耳离开了座位，再次对秦穆公拜谢说："我们这些孤立无援的臣子仰仗您，就如同百谷盼望知时节的好雨。"晋惠公十四年（公元前637年）九月，晋惠公薨逝，太子圉继位，是为晋怀公。晋怀公即位后，害怕秦国的讨伐，于是就命令跟随重耳逃亡的人都必须按期归晋，逾期者诛灭整个家族。因为舅舅狐偃与狐毛都跟随着重耳没有回国，于是晋怀公杀死了重耳的外公狐突。十一月，晋安葬了晋惠公。十二月，晋国大夫栾枝、郤谷等人听说重耳在秦国，都暗中来劝重耳、赵衰等人回晋国，并告诉他们说在晋国国内，愿意做内应的人很多。于是重耳一行决定回国，秦穆公就派了军队护送重耳一行回到晋国。晋怀公听说秦军来了，就派出军队抵抗，可是民众听说重耳要回来，都不愿意抵抗；只有晋惠公的亲近大臣吕省、郤芮不愿让重耳回来即位。

二、重耳即位

在重耳流亡国外期间，晋惠公因治国无方，使晋国陷入了内外交困的境地，国人怨声载道。晋惠公去世后，其子圉继位，是为晋怀公。其时，重耳自楚国抵达秦国。晋大夫栾氏等人闻讯，暗中遣使赴秦，劝说重耳归国称君。公元前636年春，秦穆公派兵助重耳返晋争位。秦军东渡黄河入晋。晋西南部的令狐、桑泉（均在今山西临猗境）、臼衰（今山西永济东北）三邑相继归降重耳。晋怀公发兵西进迎击秦军，驻于庐柳（今山西临猗西北）。秦穆公遣使赴庐柳游说晋军，使其倒戈，退至郇邑（今山西临猗西南）。跟随重耳流亡在外的晋大夫狐偃与秦、晋两国大夫在郇邑会盟，支持重耳即位。随后，重耳率秦军经曲沃（今山西闻喜东北）进入晋都翼（又称绛，今山西翼城西南）继君位，是为晋文公。

据《史记·晋世家》记载：

文公元年春，秦送重耳至河。咎犯曰："臣从君周旋天下，过亦多矣。臣犹知之，况于君乎？请从此去矣。"重耳曰："若反国，所不与子犯共者，河伯视之！"乃投璧河中，以与子犯盟。是时介子推从，在船中，乃笑曰："天实开公子，而子犯以为己功而要市于君，固足羞也。吾不忍与同位。"乃自隐。渡河，秦兵围令狐，晋军于庐柳。二月辛丑，咎犯与秦晋大夫盟于郇。壬寅，重耳入于晋师。丙午，入于曲沃。丁未，朝于武宫，即位为晋君，是为文公。群臣皆往。怀公圉奔高梁。戊申，使人杀怀公。怀公故大臣吕省、郤芮本不附文公，文公立，恐诛，乃欲与其徒谋烧公宫，杀文公。文公不知。始尝欲杀文公宦者履鞮知其谋，欲以告文公，解前罪，求见文公。文公不见，使人让曰："蒲城之事，女斩予袪。其后我从狄君猎，女为惠公来求杀我。惠公与女期三日至，而女一日至，何速也？女其念之。"宦者曰："臣刀锯之余，不敢以二心事君倍主，故得罪于君。君已反国，其毋蒲、翟乎？且管仲射钩，桓公以霸。今刑余之人以事告而君不见，祸又且及矣。"于是见之，遂以吕、郤等告文公。文公欲召吕、郤，吕、郤等党多，文公恐初入国，国人卖己，乃为微行，会秦穆公于王城，国人莫知。三月己丑，吕、郤等果反，焚公宫，不得文公。文公之卫徒与战，吕、郤等引兵欲奔，秦穆公诱吕、郤等，杀之河上，晋国复而文公得归。夏，迎夫人于秦，秦所与文公妻者卒为夫人。秦送三千人为卫，以备晋乱。……晋初定，欲发兵，恐他乱起，是以赏从亡未至隐者介子推。推亦不言禄，禄亦不及。推曰："献公子九人，唯君在矣。惠、怀无亲，外内弃之；天未绝晋，必将有主，主晋祀者，非君而谁？天实开之，二三子以为己力，不亦诬乎？窃人之财，犹曰是盗，况贪天之功以为己力乎？下冒其罪，上赏其奸，上下相蒙，难与处矣！"其母曰："盍亦求之，以死谁怼？"推曰："尤而效之，罪有甚焉。且出怨言，不食其禄。"母曰："亦使知之，若何？"对曰："言，身之文也；身欲隐，安用文之？文之，是求显也。"其母曰："能如此乎？与女偕隐。"至死不复见。介子推从者怜之，乃悬书宫门曰："龙欲上天，五蛇为辅。龙已升云，四蛇各入其宇，一蛇独怨，终不见处所。"文公出，见其书，曰："此介子推也。吾方忧王室，未图其功。"使人召之，则亡。遂求所在，闻其入绵上山中，于是文公环绵上山中而封之，以为介推田，号曰介山，"以记吾过，且旌善人"。从亡贱臣壶叔曰："君行赏，赏不及臣，敢请罪。"文公报曰："夫导我以仁义，防我以德惠，此受上赏。辅我以行，卒以成立，此受次赏。矢石之难，汗马之劳，此复受次赏。若以力事我而无补吾缺者，此复受次赏。三赏之后，故且及子。"晋人闻之，皆说。

这段记载的大体意思是，公元前636年春，秦穆公派兵护送晋公子重耳回国。当走到黄河边上时，子犯拿了一块宝玉献给公子重耳，并说："我牵马执缰服侍您走遍了天下各国，一路上得罪您的地方太多了。连我自己尚且知道有罪，何况您呢？让我从此走开，到别国去吧。"公子重耳说："我要是不同舅舅一条心，就请白水作证。"说着把那块宝玉扔到了河里，以示求河神作证。重耳在秦军的护送下过了黄河进入晋国国境，接着围困令狐，攻入桑泉，又拿下臼衰。同年二月初四，晋怀公的部队驻扎在庐柳，秦穆公派遣公子絷到晋国部队劝说他们退兵。晋军后退，驻扎在郇城。十一日，狐偃同秦、晋两国的大夫在郇城签订盟约。十二日，重耳接管了晋国军队。十六日，重耳进入曲沃城。十七日，重耳到祖父武公的宗庙朝拜。十八日，重耳派人到高梁杀死了晋怀公。

晋惠公的旧臣吕甥、郤芮害怕受到重耳的迫害，准备焚烧公宫杀死晋文公。阉人披得到消息，请求见晋文公，晋文公使人斥责他说："蒲城那次战役，君命令你一宿，你立刻就到。以后你接受惠公命令的来杀我，让你三天到，你第二天就到了。虽有君命，何必那么快呢？那只袖管还在呢，你还是走吧！"披回答说："我以为你这次回来，尽知为君之道，如果你不懂得这个道理，那么你将还得落难。执行君命不能有二心，这是古人制定的。除君之害，尽力而为。蒲人、狄人与我何干？如今君即位，就没有像在狄、蒲那样反对你的人了吗？齐桓公放弃射钩之仇而任用管仲，你如果和他不一样，无须你下命令，我当然走开。假如你不宽大为怀，惧罪出走的人一定很多，何止我一受刑之人呢！"听了这些话，晋文公接见了披。披于是就将吕甥、郤芮准备焚宫的事告诉了他。三月，晋文公暗中在王城会见了秦伯。三月最后的一天，公宫着火。吕甥、郤芮没有抓住晋文公，于是就逃到黄河上，秦伯诱骗杀死了他们。晋侯迎娶嬴氏回国，秦穆公送给晋国三千卫士，全部是具有整顿组织能力的得力干将。至此，晋文公在历经19年的流亡生涯后，开始了在晋国的统治。

据《韩诗外传》等史料的记载，晋文公即位后，赏赐随从他逃亡的人，却忘了"割股奉君"的介子推。介子推不愿邀功请赏，而是带着母亲隐居到了绵山（今山西介休境内，一说在晋南）。人们赞赏介子推的行为，同时也对重耳表示不满，于是有人在重耳门上挂了封信，信中写道："有龙矫矫，顷失其所。五蛇从之，走遍天下。龙饥无食，一蛇割股。龙反其渊，安其壤土。四蛇入穴，皆有处所。一蛇无穴，号于野中。"晋文公重耳见此信恍然大悟，感到很对不起介子推，遂派人去请介子推出山，子推不从，重耳便命人放火焚山想撵他出来。不承想大火烧了两天后仍不见介子推踪影，火灭后，才发现介子推在大火中抱树而死。晋文公很痛心，于是将绵山改为介山，今介休市的名称亦来源于此。重耳同时下令以后每年介子推被烧死的这天，全国禁火，吃干粮冷饭，以纪念介子推。这就是民间广为流传的"寒食节"的来历。

晋文称霸的基础 第七章

一、勤王周室

晋文公元年（公元前636年），周室内乱，王后隗氏与叔带私通，被周襄王废黜。隗氏系狄人之女。狄人因此怨恨周襄王。周大夫颓叔、桃子乘机与奉叔带联合狄军攻打周襄王。周襄王逃至坎欿（周邑，今河南巩义东）。秋，狄军大败周军，俘周大夫周公忌父、原伯、毛伯、富辰。周襄王避难于郑国泛邑（今河南襄城），并遣使告难于晋、秦等诸侯国。

周襄王避难于郑，派使者简师父、左鄢父求救于晋和秦。晋文公二年

（公元前635年），秦军至河上，准备接纳周襄王。但由于晋大乱之余，百废待兴，国力尚薄，晋文公对勤王事迟疑不决。狐偃却以其敏锐的政治嗅觉和远见卓识，意识到这是晋成为诸侯盟主的天赐良机。当时，整个局势对晋极为不利。远在南方的楚国，自楚成王继位后，不断向北方扩张领土，公元前656年召陵之会后，楚加紧了北上的步伐，大有继齐桓公之后而称霸中原之势。西秦也不偏安于边陲，一直在觊觎晋国的领土。狐偃意识到，只有南阻强楚，西扼边秦，才能入主中原。而此时的晋国，积贫积弱，举步维艰，在经济军事方面尚无力与秦、楚抗衡。但为了立足进而称霸，必须首先在政治上取得诸侯的信任，提高晋在众诸侯国中的威望。周王室同晋宗室有名义上的宗法关系，不纳则失之于义。所以，狐偃力劝晋文公："继文之业，定武之功，启土安疆，于此乎在矣。"①虽说周天子的威严已失，但毕竟是天下共主，还是具有一定的影响力，所以若要称霸，最好有周天子的护持。狐偃认为要成为霸主，得到诸侯拥护，一定要做到"尊王"，这是合于"大义"的。所以狐偃力劝晋文公护送周襄王，这样不仅可以得到美名，还会得到诸侯的拥护。但是晋文公还是迟疑不决，待占卜"吉利"后方才出兵。

秦穆公领兵东进勤王。晋大夫狐偃建议晋文公独自勤王，以谋取政治上的优势，为建立霸业打下基础。于是晋文公辞退秦军，亲率晋军南下，自周邑阳樊（又作樊邑，今河南济源西南）分兵两路，一路赴泛迎接周襄王，一路趋温（今河南温县西）攻叔带，将其俘获。不久，周襄王复位，杀叔带，将阳樊、温、攒茅（今河南辉县西南）、原（今河南济源西北）四邑赐予晋文公。晋南部疆域遂扩展至今太行山以南、黄河以北一带，为其日后图霸中原提供了有利条件。晋文公独具战略眼光，表面上是维护东周天下的秩序及周天子的权威，积极充当着周王朝的"宪兵"；但实际上是"挟天子以令诸侯"的始祖，代天子攻伐，只不过为"出师有名"寻找依据。

①《国语·晋语四》。

二、修明政治

（一）重建公族

晋国自唐叔虞创业以来，一直是周王室的股肱之国，伴随着周王室，稳稳当当地走完了西周275年的旅程。公元前806年，晋穆侯随周王讨伐条戎、奔戎（大约活动在今山西绛县、夏县、平陆、永济一带），战败回来后生了公子仇。公元前802年，晋穆侯率军攻打千亩（今安泽县北）的戎族获胜，又生了公子成师。当时就有国人议论说："公子仇名字不吉祥；成师名字好听，够富贵。"按照周代的嫡长子继承制度，公子仇年长于公子成师，且都为正妻晋姜所生，那么晋国未来的国君就是公子仇，公子成师最多也是作为小宗分封出去，另立门户。公元前785年，晋穆侯死后，其弟殇叔发动短期政变而自立。公元前781年，公子仇推翻殇叔，是为晋文侯。晋文侯姬仇在位期间正值周幽王之乱，西周灭亡，申侯外甥、周幽王之子周平王继位。晋文侯出兵平乱，与姬姓诸侯国拥立了周幽王之弟为周天子，是为周携惠王，此时，二王并立。后来，各方协商决定共同拥立周平王为周天子，并护送周平王东迁，建立东周。但是晋文侯姬仇当众干了一件让所有人大吃一惊的事情：亲自杀了周携惠王。这就为后来晋国的"曲沃代翼"埋下了祸根。公元前745年，晋文侯逝世，公子伯继位，是为晋昭侯。

公元前745年，晋昭侯封其叔父成师于曲沃，史称"曲沃桓叔"，并由靖侯之庶孙、桓叔的叔祖栾宾辅佐。曲沃的面积比晋国的都城翼还大，这就犯了一个大忌讳。即周代规定以周王的国都为标准，大诸侯国的都城不能超过周王国都的三分之一，中等诸侯国的都城不超过五分之一，小诸侯国的都城不超过九分之一。对此，晋国大夫师服当时就指出：建立国家应该本大而末小，即君主的力量、地盘应大于臣下，这样才能够巩固其统治地位。但晋昭侯分封桓叔的曲沃比晋国的都城翼还大，这就破坏了等级制度，后来的事情果如师服所料。

分封之时，曲沃桓叔已经58岁了，有相当丰富的政治经验，而且"好德"，很得民心，"晋国之众皆附焉"①。在桓叔经营下，曲沃成为晋国的第二个政治中心，与都城为翼的晋公室展开了长期的夺权斗争。对此，当时一些有眼光的人物就预料到"晋之乱其在曲沃矣！末大于本而得民心，不乱何待！"②果然，曲沃势力不断地向在翼的晋君大宗发起挑战，包括军事打击、政治瓦解、外交孤立、培植晋国内部反对晋君的势力，以"捍卫天子威信"为旗号，蚕食晋侯的领导权，企图夺取晋国政权，取而代之。公元前739年（昭侯七年），晋国大臣潘父弑昭侯而迎纳曲沃桓叔，桓叔想趁机入翼夺权，但晋国国人起兵抗击桓叔，桓叔失败，只好退回曲沃。晋国人立昭侯之子平为晋君，是为晋孝侯，并且诛杀了叛党潘父。史称"曲沃代翼第一战"，曲沃败，晋君胜。

公元前731年，73岁的曲沃桓叔在壮志未酬的遗憾中死去，其子鲜（亦名鳝）继立，是为曲沃庄伯。双方斗争还在继续，而且随着血缘关系的日渐疏远，双方的斗争更加惨烈。曲沃庄伯秉承父志，继续同晋国公室展开了连续6年的激烈斗争。公元前724年，曲沃庄伯又派人到晋都翼城弑了孝侯，晋国人在荀国等诸侯的援助下，进行反击，庄伯只好再退回曲沃。晋人复立孝侯之弟郤为君，是为晋鄂侯。此后，双方又进行了连续多年的争斗，双方力量对比也发生很大的变化。史称"曲沃代翼第二战"，曲沃败，晋君胜。

公元前718年春，曲沃庄伯贿赂周王室，联合郑国、邢国一起讨伐翼都，周桓王也派周大夫尹氏和剧氏出兵相助，为曲沃军壮胆。晋鄂侯战败，逃奔随邑（今山西介休市东南）。但后来曲沃庄伯又背叛了周桓王，于是周桓王反过来支持翼都晋鄂侯。这年秋天，桓王派虢公带兵讨伐曲沃庄伯，庄伯再次失败，返回曲沃。桓王立鄂侯之子光为君，是为晋哀侯。但是这次的

①《史记·晋世家》。
②《史记·晋世家》。

胜利并没有带来实际的效果。史称"曲沃代翼第三战"，曲沃败，晋君胜，但曲沃在此役中大大摧残了晋君的势力。

公元前716年，曲沃庄伯心怀忧愤而死，其子称继立，是为曲沃武公。公元前710年，晋哀侯侵其南面的陉廷（今山西翼城东南）之田。公元前709年，陉廷与曲沃武公联合伐晋，这次是翼都与曲沃的一次决战，最终，曲沃武公大获全胜，逐晋哀侯于汾隰（今山西襄汾曲沃之间）。夜间，晋哀侯所乘车的骖马被树木挂住。曲沃武公俘虏了晋哀侯。栾共叔为保晋宗，力战而亡。曲沃武公杀了晋哀侯，但晋国人并不拥戴他，而是立了晋哀侯之子小子为君，是为小子侯。史称"曲沃代翼第四战"，曲沃虽然失败，但已经掌握了主动权，在晋国的影响力已经大大加强，晋君的号令已经没有什么效力了。

公元前705年，曲沃武公诱召晋小子侯并杀之。晋小子侯召之就来，可见此时的曲沃已经成为晋国的中心。对随随便便就弑君，周桓王看不过眼，于是使虢仲率兵讨伐曲沃武公，武公抵挡不住，又退回曲沃。周立晋哀侯之弟缗为晋侯。"曲沃代翼第五战"中曲沃已经要走向胜利了，不料周天子从中干预，使局势反转。可见当时周天子还具有一定的号召力，还没有到礼崩乐坏的地步。

公元前678年，曲沃武公又伐晋侯缗，并灭之。为了防止周王室再次出兵干涉，功败垂成，曲沃武公用抢掠来的珍宝器物贿赂新立的周釐王，周釐王一兵不出就得到了丰厚的贿赂。拿人钱财为人消灾，既然生米已经煮成熟饭，周釐王干脆就任命曲沃武公为晋君，列为诸侯，故曲沃武公又称晋武公。晋武公尽并晋地，正式成为晋国的国君。最终，曲沃桓叔姬成师一系彻底打败姬仇一系，夺得晋国的正统地位。曲沃武公仍以晋国国都翼为都，以晋为国号，只是把曲沃武公改称为晋武公。

从曲沃桓叔初封曲沃，至武公灭晋，并代晋为诸侯，前后经过祖孙三代，长达67年，时间不可谓不长，斗争不可谓不曲折残酷。在这段时间里，曲沃方共杀了五个晋君（昭侯、孝侯、哀侯、小子侯、晋侯缗）、驱逐一个晋君（鄂侯），斗争涉及周边八个诸侯国以及周王朝，曲沃最后终于代翼。曲沃武公以小宗篡了大宗，因此晋对同姓公族猜忌极深。至晋献公时，当时晋国公子势力强大逼迫公室，让晋献公感到担忧。士蒍提供计谋，认为首先要除掉富子，如此一来，其他公子对付起来就比较简单了。从此晋国无公族，同姓威胁解除，但异姓大夫势力膨胀至公室寝食难安的地步。荀息对晋献公说："臣竭其股肱之力，加之以忠贞，其济，君之灵也，不济，则以死继之。"①结果却是里克杀掉了二君与一大夫。晋献公和骊姬将国内公族除尽，造成异姓卿大夫势力膨胀，威胁到王室。

晋惠公返国后大肆诛杀异姓卿相，如里克、丕郑、庆郑等。晋文公得秦穆公之力得返晋国，吕省、郤芮作乱，晋文公赖披之通风报信，幸免于难。为了防止异姓卿大夫对国君的肆意弑杀，晋文公开始再建公族。晋文公回国后封赏功臣，胥、籍、狐、箕、栾、郤、柏、先、羊舌、董、韩这十一族，都设为近官，担任要职。姬姓子弟设为内官。异姓有能力者，设为偏远之官，即离宫廷远、官位较小之官。设为近官的十一族都是晋国的旧姓，晋文公一方面让姬姓子弟地位低于他们，再一次打击公族，一方面又礼遇旧姓十一族，重建新的公族。

在晋楚"城濮之战"时，晋国的三军军将及其军佐分别是：上军将狐毛，上军佐狐偃，中军将郤縠，中军佐郤溱，下军将栾枝，下军佐先轸。从三军主要的人物来看，可以发现他们都是旧姓十一族，也是晋文公新建立的公族，这显示出晋文公对于新公族的重视。赵氏并未在其列，然而赵氏之赵盾后来位高权重，几乎掌握了晋国的国政大事。

（二）推举贤良

晋国内部的政治体系在不同时期表现不尽相同。西周时期，其政治体系受地缘政治与西周宗法制的相互作用，表现出与中央王朝政治结构相似性的同时又表现出一些差异性。晋国作为一个地方封国政权，始终是以西周王朝的一个政区形态而存在。它受到中央政府官职结构的影响，但又没有中央政府那样健全和完备，在这样的一种政治体系下，国君在地方封国政治生活中

---

①《左传·僖公九年》。

占有更多、更重要的政治资源，从而影响其在地方封国中的政治权力。春秋之后，随着"曲沃代翼"的完成以及晋献公对公室势力的诛灭，晋国政治体系当中，传统宗法制因素瓦解殆尽。取而代之的是晋文公时期产生的君卿政治。晋文公鉴于当时的政治状况，进行了一系列的政治改革，这种改革最终扩大了晋国政治统治集团的基础，完善和丰富了晋国的职官体系，同时确立以"德""贤""能"的奖赏封赐原则，为一大批贤能之人开通了在政治上晋升的通道，从而培植了一批卿大夫势力。

《韩诗外传》卷十记载："及重耳反（返）国，国中多不附重耳者。"晋文公针对国内反对派众多，以晋惠公党同伐异为戒，实行了一套以亲亲尊尊为基础的尚贤尚功政策。推举贤良，任用有才能的人：封狐偃为相、先轸为帅；让赵衰、胥臣、栾枝、冀缺等人辅佐他治理国家；让郤溱、霍伯带领军队；让贾佗、阳子制作礼仪；让魏犨、荀伯抵御北方的戎族。制定官员规章，按法办事，确立名分，培育美德。赏赐随从自己逃亡的人员和各位有功之臣，功大的封给城邑，功小的授与爵位。

狐偃（约公元前715—公元前629），姬姓，狐氏，字子犯，又称舅犯、咎犯、臼犯。狐偃是晋文公的舅舅，出身于戎狄部落。其父狐突，在晋武公时出仕晋国，其兄狐毛。武公之子晋献公娶狐突的女儿生重耳和夷吾，狐偃和兄长狐毛辅助重耳。公子重耳少年时期便受教于狐偃、赵衰等。这几个人"实左右之，公子居则下之，动则谘焉"[1]，成年以后仍是如此。后来楚成王赞他"广而俭，文而有礼"，显然是狐、赵等人耳濡目染的结果。晋献公八年（公元前669年），迁都绛（今山西新绛，一说翼城），狐偃随重耳至绛。晋献公十二年，太子申生居曲沃，公子重耳居蒲（今山西乡宁），夷吾居屈（今山西吉县一带），狐偃又随重耳至蒲。晋献公二十一年，骊姬诬陷申生有弑君杀父之意，申生自缢身亡。到了这个危急的时刻，狐偃看到局势对重耳不利，就算晋献公不杀重耳和夷吾，但只要在国都待着，就难逃骊姬的毒手，还是走为上策，于是就给两个外甥出主意：请命由重耳守蒲城、夷吾守

①《国语·晋语四》。

屈城。狐偃、赵衰、先轸、贾佗、魏犫等人护送公子重耳到了蒲城暂避，一年后出逃。有关狐偃这数十年的事迹，史载不详。据考，晋献公为太子时，重耳即已成人，狐偃寄人篱下，尽为父为师之劳，不会有大的作为，但却对晋后期的政局产生了极为深远的影响，"文公染于舅犯，故霸诸侯，功名传于后世"①。狐偃随重耳出亡时，已逾花甲之年，仍不辞劳苦，夹辅重耳，为他献了很多计策，使重耳最终得以返回晋国。从公元前636年晋文公即位，到公元前632年城濮之战，前后不到五年的时间，晋文公何以能宣信诸侯，称雄天下呢？《左传》云，文公历游诸国，备尝"险阻艰难"，故返国后，知"励精图治"以求霸。事实上，这是狐偃、赵衰等股肱之臣帮助文公"蓄爱百姓，厉养戎士"的结果，其中，狐偃更是功不可没。

赵衰作为晋文公大臣中的五贤之一，是赵国的始祖，是一位谋士、战略家、政治家。赵衰跟随重耳避难在齐国的时候，积极参与把沉湎于安乐窝的重耳灌醉拉走之行动，最后又设计让秦穆公支持重耳回晋国，又建议晋文公尊王并护送周王回京等。这一系列的谋略奠定了晋国的霸主雏形。赵衰为人低调、不争权夺利、不计较个人得失。流亡回国后先任原大夫，后晋国扩军为三军，任上军主帅；晋文公晚年任命他为晋国最高执政大夫。赵衰的一生除了帮助晋文公制定战略、举贤能外，还奠定了赵氏在晋国的地位，为将来三家分晋打下了基础。

公元前633年，晋文公建立三军。晋文公想委赵衰以重任。赵衰推荐了先轸，认为先轸有谋略。晋文公征询元帅的人选，赵衰举荐了郤谷，说他爱好礼乐，熟读诗书。"文公问元帅于赵衰，对曰：'郤谷可，行年五十矣，守学弥惇。夫先王之法志，德义之府也。夫德义，生民之本也。能惇笃者，不忘百姓也。请使郤谷。'公从之。"②赵衰又举荐栾枝，认为栾枝忠贞谨慎，"公使赵衰为卿，辞曰：'栾枝贞慎，先轸有谋，胥臣多闻，皆可以为辅佐，臣弗若也。'乃使栾枝将下军，先轸佐之。取五鹿，先轸之谋也。郤谷卒，使

---

① 参见《墨子·所染》。

② 《国语·晋语四》。

先轸代之。"①之后先轸等人在城濮之战中立下不世战功，也充分证明了赵衰的慧眼。

《国语·晋语四》记载：

> 公使原季为卿，辞曰："夫三德者，偃之出也。以德纪民，其章大矣，不可废也。"使狐偃为卿，辞曰："毛之智，贤于臣，其齿又长。毛也不在位，不敢闻命。"乃使狐毛将上军，狐偃佐之。狐毛卒，使赵衰代之，辞曰："城濮之役，先且居之佐军也善，军伐有赏，善君有赏，能其官有赏。且居有三赏，不可废也。且臣之伦，箕郑、胥婴、先都在。"乃使先且居将上军。公曰："赵衰三让。其所让，皆社稷之卫也。废让，是废德也。"以赵衰之故，蒐于清原，作五军。使赵衰将新上军，箕郑佐之；胥婴将新下军，先都佐之。子犯卒，蒲城伯请佐，公曰："夫赵衰三让不失义。让，推贤也。义，广德也。德广贤至，又何患焉。请令衰也从子。"乃使赵衰佐新上军。

晋文公让赵衰任下卿，赵衰推辞说："三桩有功德的事情，都是狐偃出的计谋。用德行来治理人民，成效十分显著，不可不任用他。"晋文公便任命狐偃为下卿，狐偃推辞说："狐毛的智慧超过小臣，他的年龄又比我大。狐毛如果不在其位，小臣不敢接受此项任命。"晋文公于是派狐毛统帅上军，由狐偃为副将辅助他。狐毛死后，晋文公派赵衰代替他任上军统帅，赵衰又推辞说："在城濮之战中，先且居辅佐治军干得很好，有军功的应当得到奖赏，以正道帮助君王的应当得到奖赏，能完成自己职责的应当得到奖赏。先且居有这样三种应当得到的奖赏，不可不加重用。而且像我这样的人，箕郑、胥婴、先都等都还在。"文公于是派先且居统帅上军。晋文公说："赵衰三次辞让，他所推让的，都是些国家得力的捍卫者。废除辞让，便是废除德行。"因为赵衰的缘故，晋文公在清原地方举行阅兵，把原来的三军扩充为五军。任命赵衰担任新上军的统帅，由箕郑为副将辅助他；胥婴担任新下军的统帅，由先都为副将辅助他。狐偃死后，蒲城伯先且居请求委派副将，晋文公说："赵

---

①《国语·晋语四》。

衰三次推让，都不失礼义。谦让是为了推荐贤人，礼义是为了推广道德。推广道德，贤才就来了，那还有什么可忧虑的呢！请让赵衰随从你做副将。"于是，晋文公便派赵衰担任上军的副将。

晋文公为获得贵族统治集团的一致拥护，首先做到了弃怨任贤、赏罚分明。他宽恕了奉命追杀自己的寺人披，赦免了在流亡途中偷盗自己财物的头须，大胆启用了有贤德的但反对自己继位的主要代表人物之一——郤芮之子郤缺（郤成子）为"下军大夫"[①]。晋文公弃怨任贤的政策，使国内的反对势力很快平息。晋文公继位之后大赏从亡者及功臣，流亡功臣狐偃、赵衰等贤臣都得到重用，而对于违背命令的大臣，即使是流亡时的功臣如魏犨、颠颉、舟之侨等也坚决予以处罚。晋文公赏罚分明的用人政策很快取得了百姓的信任。

最为重要的一点是，晋文公执政后归根结底是实行以"亲亲尊尊"为基础的用人政策。据《国语·晋语四》记载：晋文公时"胥、籍、狐、箕、栾、郤、柏（伯）、先、羊舌、董、韩，实掌近官。诸姬之良，掌其中官。异姓之能，掌其远官"。这里的"近官"指的是中央的朝官；"中官"指的是宫廷之官；"远官"指的是地方官吏。晋文公重用的中央朝官大多为旧族。而"异姓之能"当然是指十一姓以外的诸姓贵族了。晋文公采取的亲亲尊尊基础上的尚贤尚功的用人政策，既团结了统治的核心力量——旧族和姬姓公族中的中坚力量，又选择了一部分优秀的异姓贵族，扩大了统治基础。

《国语·晋语四》记载了晋文公元年（公元前636年）晋国的人事安排，体现了"被庐之法"的用人原则：第一，以尊尊为主。所谓"正名育类、昭旧族、爱亲戚、尊贵宠、事耆老、友故旧"，都是根据贵族们与国君的关系亲疏来确定尊卑秩序。具体到官职的任命，则是：首先，"胥、籍、狐、箕、栾、郤、柏、先、羊舌、董、韩，实掌近官"。上述家族应该都是出自晋国公族，姬姓，都是晋国显赫的家族，因为晋国驱逐了群公子，这些人地位就是最尊的了。所以，由他们担任性质最要害、位置最核心、距离最贴

———————

① 《国语·晋语四》。

近的职位。其次，"诸姬之良，掌其中官"，其姬姓家族出身的贵族，地位不如上述11家尊贵，但只要有德（良），也担任次等重要和贴近的官职。再次，"异姓之能，掌其远官"，异姓中能干的，担任那些性质、位置、距离再次的官职。当时的"异姓"主要是赵氏、魏氏、范氏，虽然有功，但地位依然不能与诸姬相比。如在被庐之蒐的将帅选拔中，六正席位全部由姬姓大臣包揽（郤谷、郤溱、狐毛、狐偃、栾枝、先轸），赵衰诚惶诚恐地推让，也是因为深知晋文公的用人原则。之前赵衰被任命为原大夫，原属于晋国刚刚开辟的边缘国土，这是距离上的"远"；魏犨仅担任车右，排在年轻的荀林父之后，士会则是在最后替补出任车右，这都是职位上的"远"。第二，以尚贤为辅。所谓举善援能、赋职任功、明贤良、赏功劳，都是选贤任能的表现，但在晋文公时期，异姓群臣的地位是远远比不了姬姓的。

晋文公所实行的这一套以"亲亲尊尊"为基础的尚贤尚功的用人政策，使晋文公时期出现了人才济济的局面。这就为晋文公安定晋国的混乱局势并进而称霸中原打下了坚实的政治基础。

（三）宣扬德教

《史记·晋世家》说："文公修政，施惠百姓。赏从亡者及功臣，大者封邑，小者尊爵。"晋文公旨在培养百姓的纯朴德性，拨乱反正，大量起用受晋惠公、晋怀公时代受到迫害的旧族，姬姓中贤良的人担任内务官，异姓中有才能的人担任边远地方的官。王公享用贡赋，大夫收取采邑的租税，分给士族田地，一般平民自食其力，工商之官领受俸禄，差役按其职务领取口粮，家臣的食用取自大夫的加田。

晋文公在逃亡的时候，陶叔狐曾跟随他。晋文公返回国家之后，进行了三次封赏，但是都没有封到陶叔狐。陶叔狐就去见狐偃，说："我跟从着君王逃亡已经十三年了，面色都变黑了，手足都长了老茧，可是现在君主返回国，三次行赏都没有轮到我，是君主把我忘了呢？还是我有什么大的过失呢？"狐偃就把他的这些话转告给了晋文公。晋文公说："我怎么会忘了这个人呢？但是以我的认识，那些能够用"道"使我的精神专注，用"义"来说服我，使我的名声得以显扬，使我成为德才兼备的君主的人，应该受到最高的奖赏；那些能够以"礼"来规范我，以"义"来劝谏我，使我不能够为非作歹的人，应该受到次一级的奖赏；而那些勇猛的壮士，有难在前，就冲锋在前，有难在后，就留下断后，从而使我免于危难，应该受到第三等的赏赐。难道陶叔狐没有听过这样的道理吗？与其能够为人效死，不如能保存这个人的生命；与其和人一起逃亡，不如能保存这个人的国家。三次行赏之后，就应该轮到有劳苦功绩的人了。而在有劳苦功绩的人中，陶叔狐应该是排在第一位，我怎么敢把他忘了呢？"

后来周朝的内史听了这些话，评论说："晋文公要称霸了吧。"为什么会称霸？因为他深谙治国之道，懂得防患于未然的道理，任用大臣是任德不任力。在中国历史上，古圣先王任人都是"先德后力"，优先重视的是道德而不是劳力。晋文公可以称得上做到这一点了。能够以道德引导国君、教化百姓、言传身教的人，应该受到国家最高的重视。为什么？因为他们可以使民风向善，国家安定。

据《国语·晋语四》记载：

文公问于胥臣曰："吾欲使阳处父傅欢也而教诲之，其能善之乎？"对曰："是在欢也。蘧蒢不可使俯，戚施不可使仰，僬侥不可使举，侏儒不可使援，矇瞍不可使视，嚚瘖不可使言，聋聩不可使听，童昏不可使谋。质将善而贤良赞之，则济可俟。若有违质，教将不入，其何善之为！臣闻昔者大任娠文王不变，少溲于豕牢，而得文王不加疾焉。文王在母不忧，在傅弗勤，处师弗烦，事王不怒，孝友二虢，而惠慈二蔡，刑于大姒，比于诸弟。《诗》云：'刑于寡妻，至于兄弟，以御于家邦。'于是乎用四方之贤良。及其即位也，询于'八虞'，而谘于'二虢'，度于闳夭而谋于南宫，诹于蔡、原而访于辛、尹，重之以周、邵、毕、荣，亿宁百神，而柔和万民。故《诗》云：'惠于宗公，神罔时恫。'若是，则文王非专教诲之力也。"公曰："然则教无益乎？"对曰："胡为文，益其质。故人生而学，非学不入。"公曰："奈夫八疾何！"对曰："官师之所材也，戚施直镈？蘧蒢蒙璆，侏儒扶卢，矇瞍修声，聋聩司火。童

昏、嚚瘖、僬侥，官师之所不材也，以实裔土，夫教者，因体能质而利
之者也。"

晋文公问胥臣说："我想叫阳处父做欢的老师来教育他，能教育好吗？"胥臣
回答说："这主要取决于欢。身体僵直的残疾人不能让他俯身，驼背的人不能
让他仰头，身体瘦小的人不能让他举重物，有生长障碍的人不能让他攀高，
有视力障碍的人不能让他看东西，有语言障碍的人不能让他说话，有听力障
碍的人不能让他听音，有智力障碍的人不能让他出主意。本质好而又有贤良
的人教导，就可以期待他有所成就。如果本质邪恶，教育他他也听不进去，
怎么能使他为善呢！我听说，以前周文王的母亲怀孕时身体没有变化，小解
的时候在厕所里生下周文王，没有任何痛苦。周文王不让母亲增添忧虑，无
需保傅多操心思，未让师长感到烦扰，事奉父王不让他生气，对两个弟弟虢
仲和虢叔很友爱，对两个儿子大蔡和小蔡很慈爱，给自己的妻子大姒做出榜
样，与同宗的兄弟也很亲近。《诗经》上说：'为自己的妻子做出表率，进而
及于兄弟，以此来治理家庭和国家。'这样就能任用天下的贤良之士。到他即
位之后，有事咨询掌管山泽的八虞，与虢仲、虢叔两兄弟商量，听取闳夭、
南宫括的意见，咨访蔡公、原公、辛甲、尹佚四位太史，再加上有周文公、
邵康公、毕公和荣公的帮助，从而让百神安宁，使万民安乐。因此《诗经》
上说：'孝敬祖庙里的先公，神灵都没有怨恨。'像这样的话，那么周文王就
不单单是教诲的作用了。"晋文公说："这样说来，那教育就没有用了吗？"胥
臣回答说："要文采干什么呢，就是为了使本质更加美好。所以人生下来就
要学习，不学习就不能进入正道。"晋文公说："那对先前所说的八种残疾人
怎么办呢？"胥臣回答说："这就要看官长因材而用了，驼背的人让他俯身敲
钟，身体僵直的残疾人让他戴上玉磬，有生长障碍的人让他表演杂技，有视
力障碍的人让他演奏音乐，有听力障碍的人让他掌管烧火。有智力障碍的、
有语言障碍的和身体瘦小的，官长认为难以因材而用的，就让他们去充实边
远的地区。教育，就是根据他内在的性能、本质加以因势利导。"

《国语·晋语四》又载：

文公即位二年，欲用其民，子犯曰："民未知义，盍纳天子以示之

义？"乃纳襄王于周。公曰："可矣乎？"对曰："民未知信，盍伐原以示之信？"乃伐原。曰："可矣乎？"对曰："民未知礼，盍大搜，备师尚礼以示之。"乃大蒐于被庐，作三军。使郤谷将中军，以为大政，郤溱佐之。子犯曰："可矣。"遂伐曹、卫，出谷戍，释宋围，败楚师于城濮，于是乎遂伯。

晋文公即位的第二年，就想使用他的人民进行征战，子犯说："人民还不懂得大义，何不把周天子护送回去，以此显示大义呢？"于是晋文公就派军护送周襄王返回周都。晋文公又问："现在可以了吧？"子犯回答说："人民还不懂得信用，何不攻打原国，以此显示信用呢？"于是晋文公就出兵征伐原国，示信于民。晋文公又问："现在可以了吧？"子犯回答说："人民还不懂得礼仪，何不举行一次大规模的阅兵，整顿军队，崇礼尚武，来显示礼仪呢？"于是晋文公便在被庐举行大规模的阅兵，建立了上、中、下三军，并任命郤谷统帅中军，执掌国家大政，由郤溱辅佐他。子犯这时才说："现在可以兴兵征伐了。"于是晋文公便发兵攻打曹、卫两国，赶走戍守谷地的楚军，解救宋国之围，又在城濮之战中打败了楚国军队，因此而称霸诸侯。

三、振兴经济

据《国语·晋语四》记载：

> 元年春，公及夫人嬴氏至自王城。秦伯纳卫三千人，实纪纲之仆。公属百官，赋职任功。弃责薄敛，施舍分寡。救乏振滞，匡困资无。轻关易道，通商宽农。懋穑劝分，省用足财。利器明德，以厚民性。……公食贡，大夫食邑，士食田，庶人食力，工商食官，皂隶食职，官宰食加。政平民阜，财用不匮。

晋文公元年春天，晋文公和夫人嬴氏从王城回晋，秦穆公派三千得力的仆从护卫晋文公一行。晋文公即位后会见百官，授与官职，任用功臣。晋文公颁布法令，包括废除旧的债务、减免赋税、救济贫困、分财给寡少的人等，起用有才德而长期没升迁的人，资助没有财产的人，并且减轻关税，修治道路，便利通商，宽免农民的劳役。又鼓励发展农业，提倡互相帮助，以节省费用来使资财充足。敦促宣扬德教，以培养百姓的纯朴德性。并且规定：王公享用贡赋，大夫收取采邑的租税，士受禄田，一般平民自食其力，工商之官领受官廪，皂隶按其职务领取口粮，家臣的食用取自大夫的加田。于是形成了政治清明、民生丰安、财用充足的局面。所谓"公食贡，大夫食邑，士食田，庶人食力，工、商食官，皂、隶食职，官、宰食加"，完全是仿效西周传统的社会组合模式和统治秩序，如此就保障了贵族们的经济实力、支配权力能够与地位的尊卑顺序相一致。

晋文公振兴经济的核心有二：第一，减轻民众负担，即免除公债（弃责）、降低贡赋（薄敛）、资助困难（施舍分寡、救乏振滞，匡困资无）、节约开销（省用足财）。第二，促进生产经营，即降低关卡税收、保障商路通畅（轻关、易道、通商）；奖励努力耕种（宽农、懋穑）。

晋文公即位以后实行的一套比较宽松的政策，有利于晋国经济的发展。晋文公在土地制度改革方面，是在"作爰田""作州兵"的基础上，实行了"裂地分众"①的政策，把部分公田分给百姓。《汉书·食货志》记载周代实行"受田制"，一夫百亩，"民年二十受田，六十归田"。《管子·乘马》强调"均地分力"，就是要把井田平均地分授给民户。直到战国末期魏国还保留着受田制。《睡虎地秦墓竹简·为吏之道》抄录魏安釐王二十五年（公元前252年）的魏户律规定："自今以来，叚（假）门逆吕（旅），赘婿后父，勿令为户，勿鼠（予）田宇。"这段律文可译为：从现在起，商贾（叚门）和开客店的（逆吕），以及"赘婿"这些身份低贱的人，都不准立户，不分给田地房屋。这说明对平民是准许立户和授给田宅的。秦国也实行受田制，《秦律十八种·田律》载："入顷刍稾，以其受田之数……顷入刍三石、稾二石。"这一律文说明每顷地应缴刍稾按所受田地数量缴纳，每顷缴纳刍三石、稾二石。这条律文是秦曾实行过受田制的明证，银雀山汉墓竹简《田法》说五百家为

---

①《说苑·政理》。

一州，十州为一乡，"州、乡以地次受（授）田于野"。这些材料都说明战国时受田制是确实存在的。在受田制下，土地所有权属于国家，农民对土地有占有权与使用权。

《孙子兵法》所载晋国六卿制田下的农民就是受田制下的个体农民。个体农民产生后，就不免发生贫富两极分化，随着某种程度的土地转让或买卖就可能发生。而贫困、破产的农民从土地上游离出去后，遇到适当时机又会从国家控制的土地得到一份受田。在受田制下，一户农民一般耕田百亩，《管子·轻重甲》说："一农之事，终岁耕百亩。"《管子·臣乘马》也说："一农之量，壤百亩也。"《管子·山权数》又说："地量百亩，一夫之力也。"《汉书·食货志》记载战国时魏国"一夫挟五口，治田百亩。"《孟子·梁惠王上》说战国时的个体农民是"五亩之宅……百亩之田"。《荀子·王制》则说"百亩一守"。这种农民一般为数口之家。银雀山汉墓竹简《田法》说："食口七人，上家之数也。食口六人，中家之数也。食口五人，下家之数也。"《孟子·万章》中云："耕者所获，一夫百亩，百亩之粪，上农夫食九人，上次食八人。"《孟子·尽心》说："百亩之田，匹夫耕之，八口之家，可以无饥矣。"这样的农户，应有一个劳动力和一个乃至两个半劳力。据《田法》记载可知，一个男劳力的年龄在十六岁到六十岁之间。年六十以上和十六至十四岁被算作半劳力。在一般情况下，只要国家赋役不太繁重，年景不太坏，这样的农民可以得到温饱。《孟子·梁惠王上》说："百亩之田，勿夺其时，数口之家，可以无饥矣。"《荀子·大略》说："故家五亩宅，百亩田，务其业，而勿夺其时，所以富之也"。这种耕田百亩的个体小农，每年向国家缴纳的田赋，约为收获的十分之一。《汉书·食货志》引李悝说魏国的农民每年缴"什一之税"。《管子·大匡》也记载齐国平均每年收十分之一的田赋。《管子·幼官图》说："三会诸侯，令曰：田租百取五，市赋百取二，关赋百取一。"联系上下文看是讲齐桓公九合诸侯时，每次都实行一些惠政，三会诸侯时令"田租百取五"云云，显然是临时措施，并非经常如此。《管子·治国》说："府库之征，粟什一。"说明一般征收十分之一为田赋。农民所负担的力役十分繁重，《管子·臣乘马》说："不夺民时，故五谷兴丰。"《管子·山国轨》又说"春十日，不害耕事。夏十日，不害芸事。秋十日，不害敛实。冬二十日，不害除田。"《荀子·富国》说："罕兴力役，无夺民财。"这都说明当时的力役征发十分繁重，常常侵夺农时。为征取力役，据《管子·度地》说，国家常在每年秋天登记户口，未成年人和老人可以免役，成年服役，废疾者可免役，轻度的残疾人半役。除田赋、力役的负担之外，还有"布缕之征"。《孟子·尽心下》说："有布缕之征，粟米之征，力役之征。君子用其一，缓其二。用其二，而民有殍；用其三，而父子离。"这说明"布缕之征"与"粟米""力役"的负担并列，是农民的三大负担之一。这些负担，再加上战国时战争频繁，临时性的征发繁多，所以农民的生活是很困苦的。

《左传·僖公二十五年》记载晋国"作爰田"。"作爰田"发生的背景是：公元前645年，秦晋韩之战，晋惠公战败被俘，在知道秦穆公将要放他回国时，晋惠公让臣下却乞回国告诉了吕甥。吕甥让"朝国人而以君命赏"，并假托君命说："我虽然要回国，但有辱社稷，让立公子圉为君。"众人都感动得哭，"晋于是乎作爰田"。吕甥又说，国君给了大家的恩惠到家了，应怎么报答国君呢？大家回答说："征用车马，整治甲兵，以辅助孺子（公子圉），这样晋国又有了新君，群臣和睦团结，甲兵增加了很多，这不是很好的事情吗？"大家都很高兴。"晋于是乎作州兵。"《国语·晋语》的记载与此基本相同。

"作爰田"是在井田制瓦解过程中出现的一种新的田制。《国语·晋语三》注引贾逵云："辕，易也，为易田之法，赏众以田。易，易疆界也。"《左传·僖公十五年》服虔、孔晁注云："爰，易也，赏众以田，易其疆畔。"有人认为是"以田出车赋"，杜预认为是"分公田之税应入公者，爰之于所赏之众"。上述对"作爰田"的解释大体有三层含义：第一层是"爰，易也"，"为易田之法"。《汉书·食货志》说："民受田，上田夫百亩，中田夫二百亩，下田夫三百亩。岁耕种者为不易上田，休一岁者为一易中田，休二岁者为再易下田。三岁更耕之，自爰其处。"因此，所谓"爰，易也"，"为易田之法"，就是在分给自己使用的田地上输换耕种的"自爰其处"的田制。这种田制就叫作"爰田"。第二层是为什么实行这种田制是"赏众以田"呢？因

为"作爰田"之前实行的是井田制下"三年一换土易居"各家定期轮换耕地
的田制。"作爰田"则是把田地变为各家长期固定占有的耕地，所以叫做"赏
众以田"。第三层是为什么实行这种田制时要"易其疆畔"呢？因为实行"爰
田"制是一定要改变原来各家使用耕地的田界的。原来在井田制下各家分的
份地无论上、中、下田，都是一家百亩，而后各家轮流耕种。实行"爰田"
制后，分上、中、下田时，每家分别分一百、二百、三百亩。各家分的耕地
面积不同，所以原来每家百亩的田界就要被打破，另行划分。这就是所谓
"易其疆畔"。《吕氏春秋·乐成》载，"魏氏之行田也以百亩，邺独二百亩，
是田恶也"。战国初，魏国还存在实行爰田制的痕迹。

　　"作爰田"的对象包括些什么人？《左传》说"朝国人而以君命赏"。所
以"作爰田"首先应在国人中实行，这是毫无问题的。然而，"作爰田"又不
局限于国人，因为"作爰田"与"作州兵"二者是联系在一起的。《周礼·地
官·大司徒》说"五党为州"，每州两千五百家。蒙文通先生在《孔子和今文
学》一文中指出：据《周礼》遂（管理庶人的组织）不出兵。"诸侯三郊三
遂，《管子》谓统州者谓之遂，作州兵就是取消三郊服兵役的限制，扩大出于
三遂"。这就是说庶人也要服兵役，与此相联系，"作爰田"的对象是包括庶
人在内的。总之，"作爰田"就是实行"自爰其处"的固定长期使用耕地的田
制。实行这种田制有利于提高直接生产者的积极性。"作爰田"的对象包括国
人、庶人。

　　春秋时期，农民人身受国家的控制，不许逃亡。《管子·治国》说："逃
徒者刑"，说明对逃亡农民的惩处是很严的。对不耕田的游惰者，也要严加
处罚。《管子·揆度》说："力足荡游不作，老者谯（诛）之，当壮者遣之戍
边。"这就是说，对于能耕作而又不耕作的人，老的要受责难，青壮年要遣
送戍边。商鞅变法的法令中规定："事末利及怠而贫者，举以为收孥"，即没
入官府作刑徒，为官府服役。《吕氏春秋·上农》说："民不力田，墨（没）
及家畜（蓄）"，即不力耕者及家中积蓄均没于官。《汉书·食货志》所载李
悝所说的耕田百亩的农民，每年生产粟百五十石，每年缴纳田赋十五石即
一百五十斗。《田法》中说："中田小亩，亩二十斗"，则百亩共收二千斗，

每年缴纳什一之税为二百斗。每年如少纳税百斗，就罚为"公人一岁"；少纳二百斗，罚为"公人二岁"。每年少纳三百斗，受鲸刑后"为公人"。所谓"公人"就是在公家服役之人，服役年限分别为一年、二年和终身等。上述这些农民耕种着国家的土地，赋役负担繁重，人身受着国家的超经济强制。所以，他们是封建国家的封建依附农。

除上述封建依附农之外，国家还有一种叫作"新甿"（新民）或"宾萌"（客民）的封建依附农。这种人是外来人，所使用的土地等生产资料也是国家授予的。《周礼·地官·旅师》说："凡新；甿之治（所求）皆听之，使无征役，以地之美恶为之等"。郑玄注："新甿，新徙来者也。治，谓有所乞求也。使无征役，复之也。……以地美恶为之等，七人以上授以上地，六口授以中地，五口以下授以下地，与旧民同"。这就是说对新民要像对旧民一样授予土地。此外，新民在一定时期内还可以复免徭役。《管子·问》记载："外人之来从而未有田宅者几何家？"说明在一般情况下这些外来人都是会得到田宅的。《孟子·滕文公上》载："有为神农之言者许行，自楚之滕，踵门而告文公曰：'远方之人闻君行仁政，愿受一廛（住所）而为氓（田民）'。"这里虽只说授予住宅，但宅与田地是连在一起的。《周礼·地官·遂人》说周代授田时"地，夫一廛，田百亩，莱五十亩，余夫亦如之。中地，夫一廛，田百亩，莱百亩，余夫亦如之。下地，夫一廛，田百亩，莱二百亩，余夫亦如之"云云，表明授予住宅、田地是同时进行的。如果只授给住宅，不给田地，这些外来人是无法生存的。因此，在"受一廛（住宅）"的同时，也就得到了相应的田地。

战国时，有的国家招诱了大量的新民或客民，秦国就是这样一个很典型的国家。《商君书·徕民》说：秦国地广人稀，"田数不满百万。"这里的一田应是一户农民耕种的百亩之田。"田数不满百万"表明农户也不满一百万。而邻近的三晋地区地少、人多，有"寡萌（宾萌）贾息民，上无通名（在官府无户籍），下无田宅，而恃奸务末作以处"，这就是说三晋地区有大量"宾萌"（客民）无户籍又无田宅而靠"好务末作"维持生活。针对此情况，《商君书·徕民》提出从三晋招诱百万民夫来秦的计划（"足以造作百万夫"），其办法是"利其田宅","复之三世，无知军事"，即给予田宅，免除兵役，令其专门从事农业生产。这些人被秦招徕之后，就成了一种基于"对土地的依附"而产生的秦国家的封建依附农。《文献通考·兵考一》说秦"诱三晋之人，优利其田宅，而使秦人应敌于外，大率百人则五十人为农，五十人习战"。这说明战国时一些国家招诱的客民曾在政治、经济生活中起过重大作用，因此是值得引起重视的。

"作爰田""作州兵"以及"裂地分众"等政策大大调动了国人和野人的生产积极性，有利于土地的开垦和经济的发展。经济基础是一切社会活动的根本，晋文公所采取的一系列旨在发展经济的措施，使晋国的经济趋于繁荣，这就为晋文公称霸中原打下了牢固的物质基础。

四、强化军事

晋文公继位后，在军事方面进行了一系列的改革。公元前633年，晋文公将原来的"二军"扩充为中、上、下三军。以郤谷统帅中军，狐偃统帅上军，栾枝统帅下军。因游牧民族对晋国时常侵扰，晋国因而设立"三行"。公元前629年，晋文公将原先用于对付北方戎狄的军事力量——"三行"的步军建制改为上、下新军。这样，三军制就扩大为五军编制。

三军之间的关系是中军统上军，上军统下军。每军设一名将、一名佐。按地位高低分别是中军将、中军佐、上军将、上军佐、下军将、下军佐。中军将权利最大，为正卿，中军佐为次卿，上军将，上军佐、下军将、下军佐四个则是下卿。这样，三军都设将、佐各一名，将为其军的主帅，佐为将的副手。三军六名将佐，统称为"卿"。中军主将为众卿之首，又称为"正卿"。正卿出为全军元帅，入为一国执政。中军佐，为正卿的副手，称之为"亚卿"。在六卿尤其是正卿的任命上，晋文公改变了原来国君自为全军统帅的旧体制，择贤能者而任之。

根据《左传·僖公二十七年》的记载：

> 于是乎蒐于被庐，作三军，谋元帅。赵衰曰："郤縠可。臣亟闻其言矣，说礼乐而敦诗书。诗书，义之府也；礼乐，德之则也；德义，利之本也。《夏书》曰：'赋纳以言，明试以功、车服以庸。'君其试之。"乃使郤縠将中军，郤溱佐之。使狐偃将上军，让于狐毛，而佐之。命赵衰为卿，让于栾枝、先轸。使栾枝将下军，先轸佐之。荀林父御戎，魏犨为右。

晋文公时期，中军将是郤縠，大约50岁，爱好礼乐，熟读诗书。郤縠为中军将，是赵衰推荐的，可能是为了塑造"正义之师"的形象。中军佐是郤溱乃郤縠之弟。上军将为狐毛，乃狐偃之兄。上军佐是狐偃（文公时期军政尚未合一，执政不一定为元帅）。下军将是栾枝，乃赵衰让位与他，称其"贞慎"。下军佐为先轸，也说赵衰让给他的，称其"有谋"。《左传》对"被庐之蒐"的叙述尤其凸显了道德教化的意义。比如决定元师的人选，侧重道德标准，二军将佐的确定过程，则突出了晋文公时期的政治家们的互相谦让。

这次组军决定了晋国以后100多年的军政模式，"六正"制可以说是晋国独特的政体。六卿职位中并非固定，一旦有去世或空缺，根据才能和次序递补。六卿对外出战掌握军队，对内也管理内政。

西周时期，实行国人兵役制，国人"三时务农，而一时讲武"[①]。春秋初期仍沿此制，如管仲在齐国的"作内政而寄军令"。这项制度，使居民军事化，出为伍，入为农，战时为兵，闲时军训。春秋时期的其他诸侯国在军事制度方面都大同小异。为保持一支常备军与提高军队的战斗力，许多诸侯国还实行世兵制，如齐划分士、农、工、商四民，分居而处，各司其职，职业世袭，规定"士之子恒为士"，培养一个专务兵事的军士阶层。齐国的常备军兵员，主要来源于此阶层。世兵制的实行，不但可保证兵源固定，而且兵卒间、官兵间彼此熟识，"夜战其声相闻，足以无乱；昼战其目

[①]《国语·周语上》。

相见，足以相识"①，有利于战事。可见，春秋时期，许多诸侯国所实行的是民兵制与世兵制相结合的兵役制。不过，春秋中后期，稍有变化。随着战争频率的升高，战争规模的扩大，需要更多的兵源；于是各诸侯国纷纷取消"国人"当兵的特权，将兵役对象扩大到"野人"（农业居民）。晋于公元前645年的"作爰田""作州兵"（将田地分给人民，让其当兵纳赋），首先打破了"国""野"之间的界限。其后，各诸侯国纷纷效法，如鲁国的"初税亩""作丘甲"，楚国的"量入修赋"以及郑国的"作丘赋"等，均规定可以向"野人"征兵、征赋。

晋国由晋献公时的"二军"扩大为晋文公时期"三军""五军"，说明晋国的军事力量大增。军队数量的扩充以及军队战斗力的提升，为晋文公称霸奠定了军事基础。

---

① 《管子·小匡》。

晋文公的称霸历程

第八章

晋文公为了实现称霸天下的愿望，任用有才干的赵衰、狐偃、先轸等人，确立了对内修明政治、富国强兵，对外尊崇王室、联络齐秦、抑制荆楚的争霸方针。为此，晋文公改变世卿制，设立由国君任命卿士的制度，广招贤能之上，削弱公族权力，开农田，兴水利，轻赋敛，奖农商，使晋出现了"政平民阜，财用不匮"的局面。通过联合秦国和齐国伐曹攻卫、救宋服郑，平定周室子带之乱，受到周天子赏赐。公元前632年，又在城濮之战以少胜多，大败楚军，并召集齐、宋等国于践土会盟，成为春秋五霸中的第二位霸主，开创了晋国长达百年的霸业。

一、救宋、伐曹、攻卫

据《史记·晋世家》记载：

四年，楚成王及诸侯围宋，宋公孙固如晋告急。先轸曰："报施定霸，于今在矣。"狐偃曰："楚新得曹而初婚于卫，若伐曹、卫，楚必救之，则宋免矣。"于是晋作三军。赵衰举郤谷将中军，郤臻佐之；使狐偃将上军，狐毛佐之，命赵衰为卿；栾枝将下军，先轸佐之；荀林父御戎，魏犨为右：往伐。冬十二月，晋兵先下山东，而以原封赵衰。五年春，晋文公欲伐曹，假道于卫，卫人弗许。还自河南度，侵曹，伐卫。正月，取五鹿。二月，晋侯、齐侯盟于敛盂。卫侯请盟晋，晋人不许。卫侯欲与楚，国人不欲，故出其君以说晋。卫侯居襄牛，公子买守卫。楚救卫，不卒。晋侯围曹。三月丙午，晋师入曹，数之以其不用釐负羁言，而用美女乘轩者三百人也。令军毋入僖负羁宗家以报德。楚围宋，宋复告急晋。文公欲救则攻楚，为楚尝有德，不欲伐也；欲释宋，宋又尝有德于晋：患之。先轸曰："执曹伯，分曹、卫地以与宋，楚急曹、卫，其势宜释宋。"于是文公从之，而楚成王乃引兵归。楚将子玉曰："王遇晋至厚，今知楚急曹、卫而故伐之，是轻王。"王曰："晋侯亡在外十九年，困日久矣，果得反国，险阨尽知之，能用其民，天之所开，不可当。"子玉请曰："非敢必有功，愿以间执谗慝之口也。"楚王怒，少与之兵。于是子玉使宛春告晋："请复卫侯而封曹，臣亦释宋。"咎犯曰："子玉无礼矣，君取一，臣取二，勿许。"先轸曰："定人之谓礼。楚一言定三国，子一言而亡之，我则毋礼。不许楚，是弃宋也。不如私许曹、卫以诱之，执宛春以怒楚，既战而后图之。"晋侯乃囚宛春于卫，且私许复曹、卫。曹、卫告绝于楚。

公元前633年，楚国组织诸侯联军攻打宋国，宋派人向晋求救。晋是否救宋是建立霸权的关键问题。如果不救宋，不仅失去宋国，也将失去其他小诸侯国对晋的信任。如果救宋，将与楚国为敌，而当时楚国的实力比晋国强；而且晋国距离宋国较远，并且有曹国、卫国——两个楚国的盟国隔在中间，劳师远征，困难很多。晋文公因此犹豫不定。先轸向晋文公进言，认为必须出兵援救宋国，这关系着晋国的前途，而困难是可以克服的。他向晋文公分析救宋的重要意义：报答宋国对曾流亡的晋文公所施的恩惠，解救宋国因为背楚附晋而遭到的危难，树立晋国在诸侯心目中的威信，奠定晋国建立中原霸权的基础，全部在此一举。狐偃也赞成这一看法，并且提出攻曹、卫以解宋国之围的建议。于是，晋文公下定决心，出兵援宋。

公元前632年，晋军借道不成之后绕路渡河，侵曹、伐卫。晋军用先轸的计谋，在几天内攻陷了卫国的五鹿（今河南濮阳县南）。二月，晋国中军主将郤谷去世，晋文公任命先轸为新的中军将。晋文公向卫国借路，卫国人不答应。于是晋军攻打卫国。正月，攻下五鹿。二月，晋侯、齐侯在敛盂结盟。卫侯请求与晋结盟，晋人不答应。卫侯又打算与楚国联合，国中百姓却不想和楚国结盟，所以就将他们的国君流放出去以此来取悦晋国。卫侯住到襄牛，公子买驻守卫国。楚国想援救卫国，却没有成功。

三月，晋军包围了曹国。晋军进入曹都，列举曹君的罪状，因他不听釐负羁的话，却御用乘坐华丽车子的300名美女。晋文公命令军人不许进入釐负羁同宗族的家庭内，以报答当年的恩德。楚国包围了宋国，宋国再次向晋告急。晋文公要救宋国就得攻打楚国，但因为楚国曾对他有恩，不想攻打它；想放弃宋国，宋国又曾经对晋国有恩德。所以晋文公左右为难，此时先轸提出建议：可以指使宋国贿赂齐国、秦国，让齐、秦替宋求情，劝楚撤兵；同时晋国再扣住曹国国君，将曹、卫的部分土地划分给宋国，以此激怒楚国，迫使其拒绝齐、秦的调停。这样齐、秦二国既接受宋国的贿赂，又被楚国驳了面子，必定会与晋国合作，共同讨伐楚国。晋文公很高兴，采纳了先轸的建议。一切都按先轸的计划进行着。楚成王决定知难而退，他撤回大军，把统帅子玉留在宋国驻扎，嘱咐他不要与晋军开战。但是，以善战闻名的子玉却执意请战。楚王十分不满，又拿他没办法，于是只给他派了少数兵力。子玉为求胜利，想出一个计谋。他派出使者来到晋国，提出只要晋国放过曹、卫，退还土地，楚军就解除对宋国的包围。狐偃听后很愤怒，认为子玉作为楚臣，却要用一个宋国来与晋国君主换取曹、卫两国，是对国君无礼，应该马上攻打楚军。而先轸却看出了子玉的如意算盘：子玉想凭这一句话就可以使宋、曹、卫三国一下子都安定下来。而如果晋国拒绝，就是得罪了这三个国家，也等于抛弃了之前要救援的宋国。这样，楚国会得到三项实惠，而晋国却会得到三项怨仇。怨仇太多，晋国还怎么称霸？于是劝晋文公将计就计：一面针对曹、卫急于复国的心理，允许其秘密复国，并乘机离间其与楚的关系；一面囚禁楚国的使者，激怒楚国，先将仗打起来再说。晋文公听了很高兴，立即照办。于是曹、卫二国各自派使者与楚国断绝了关系。

二、城濮之战

　　城濮之战是周襄王二十年（公元前632年），晋、楚两国在卫国的城濮（山东鄄城西南）地区进行的争夺中原霸权的首次大战。晋文公兑现了当年流亡楚国许下"退避三舍"的诺言，令晋军后退，避楚军锋芒。子玉不顾楚成王告诫，率军冒进，被晋军歼灭两翼。楚军大败。

　　《左传》之中记载了大大小小的492场战争，其中记述最为详细的就是晋楚之间发生的城濮之战。城濮之战不仅关系到春秋时代"霸主"之称的归属，更是中原与长江两大地区大国之间的势力划分的重要依凭。据《左传·僖公二十八年》记载：

　　　　夏四月戊辰，晋侯、宋公、齐国归父、崔夭、秦小子憖次于城濮。楚师背酅而舍，晋侯患之，听舆人之诵，曰："原田每每，舍其旧而新是谋。"公疑焉。子犯曰："战也。战而捷，必得诸侯。若其不捷，表里山河，必无害也。"公曰："若楚惠何？"栾贞子曰："汉阳诸姬，楚实尽之，思小惠而忘大耻，不如战也。"晋侯梦与楚子搏，楚子伏己而监其脑，是以惧。子犯曰："吉。我得天，楚伏其罪，吾且柔之矣。"子玉使斗勃请战，曰："请与君之士戏，君冯轼而观之，得臣与寓目焉。"晋侯使栾枝对曰："寡君闻命矣。楚君之惠未之敢忘，是以在此。为大夫退，其敢当君乎？既不获命矣，敢烦大夫谓二三子，戒尔车乘，敬尔君事，诘朝将见。"晋车七百乘，韅、靷、鞅、靽。晋侯登有莘之虚以观师，曰："少长有礼，其可用也。"遂伐其木以益其兵。己巳，晋师陈于莘北，胥臣以下军之佐当陈、蔡。子玉以若敖之六卒将中军，曰："今日必无晋矣。"子西将左，子上将右。胥臣蒙马以虎皮，先犯陈、蔡。陈、蔡奔，楚右师溃。狐毛设二旆而退之。栾枝使舆曳柴而伪遁，楚师驰之。原轸、郤溱以中军公族横击之。狐毛、狐偃以上军夹攻子西，楚左师溃。楚师败绩。子玉收其卒而止，故不败。晋师三日馆谷，及癸酉而还。

四月（公元前632年），晋文公、宋成公、齐国大夫国归父、崔夭、秦国公子小子慭带领军队进驻城濮，楚军则依托着险要的、名叫郤的丘陵扎营。晋文公对此很忧虑，他听到士兵们唱的歌词说："原野上青草多茂盛，除掉旧根播新种。"晋文公心中疑虑。狐偃说："打吧！打了胜仗，一定会得到诸侯的拥戴。如果打不胜，晋国外有黄河，内有太行，也必定不会受什么损害。"晋文公说："楚国从前对我们的恩惠怎么办呢？"栾枝说："汉水北面那些姬姓的诸侯国，全被楚国吞并了。不能只想着过去的小恩小惠，而忘记现在这奇耻大辱，不如同楚国打一仗。"

楚将子玉派斗勃来挑战，对晋文公说："我请求同您的士兵们较量一番，您可以扶着车前的横木观看，我子玉也要奉陪。"晋文公让栾枝回答说："我们的国君领教了。楚王的恩惠我们不敢忘记，所以才退到这里，对大夫子玉我们都要退让，又怎么敢抵挡楚君呢？既然得不到贵国退兵的命令，那就劳您费心转告贵国将领：准备好你们的战车，认真对待贵君交付的任务，咱们明天早晨战场上见。"晋军有700辆战车，车马装备齐全。晋文公登上古莘旧城的遗址检阅了军队，说："年轻的和年长的都很有礼貌，我们可以用来作战了。"于是晋军砍伐当地的树木，作为补充作战的器械。次日，晋军在莘北摆好阵势，下军副将胥臣领兵抵挡陈、蔡两国的军队。楚国主将子玉用若敖氏的六百兵卒为主力，说："今天必定将晋国消灭了！"子西统率楚国左军，斗勃统率楚国右军。晋将胥臣用虎皮把战马蒙上，首先攻击陈、蔡联军。陈、蔡联军逃奔，楚国的右军溃败了。晋国上军主将狐毛竖起两面大旗假装撤退，晋国下军主将栾枝让战车拖着树枝假装逃跑，楚军受骗追击，原轸和郤溱率领晋军中军精锐兵力向楚军拦腰冲杀。狐毛和狐偃指挥上军从两边夹击子西，楚国的左军也溃败了。结果楚军大败。子玉及早收兵不动，所以他的中军没有溃败。晋军在楚军营地住了三天，吃缴获的军粮，到四月八日才班师回国。

在整个《左传》的战争叙事中，"城濮之战"被描绘为一场道德与权谋完美结合的战争模型。《左传》通过"城濮之战"探讨了众多具有普遍意义的问题，包括道德与权谋的复杂关系和政治家与民众道德感的差异。《左传》重视功利，推崇权谋，视足智多谋为政治家的必要素质。同时，《左传》又有其独特的权谋思想。它教导为政者要尊重人性对道德的需求，承认并维护百姓的道德感，通过道德的言辞来治理国家和教化百姓，基于道德的关怀而选择策略，从而使政治的秩序、社会的内在秩序最大限度地免遭战争破坏。

（一）战争背景

春秋时周天子虽然还有天下共主的名分，但已经没有哪个强大的诸侯国是真正遵守他的命令了，所谓"政令不出洛邑"就是真实的描写。特别是地处南方的楚国，多次直接威胁周天子的地位，甚至出现了"试问鼎之轻重"的情况。春秋的第一任霸主齐桓公打出了"尊王攘夷"的口号，北击山戎，南伐楚国，确保了周天子在内的中原地区诸国得以安全，被奉为"诸侯之长"。但是随着齐桓公的去世与齐国的内乱，中原诸国出现了没有大国领导的局面，楚国趁机再次大举进攻中原，许多小诸侯国被迫成为楚国的附庸。伴随着宋国被楚国彻底打败，楚成王饮马黄河的愿望似乎指日可待。

在城濮之战前晋文公对于战争的前景是十分担忧的。晋文公甚至梦到自己与楚成王二人直接对决，自己被楚成王打倒在地，楚成王用嘴直接吸食他的脑汁。晋国的大臣狐偃、先轸、栾枝等人先后以利害、吉凶等角度规劝，坚定了晋文公的信心。楚成王在派出大军时，曾经告诫过主帅子玉，如果晋国的军队后撤，绝对不要追击。子玉在后来的战争过程中，没有遵从楚成王的告诫，被视为失败的原因。其实这是两国在战争前都没有必胜的把握而产生的焦虑和担忧。因为两国通过合纵、联盟等方式，在军事上处于几乎持平的状态。

从表面上看城濮之战的最终爆发是因为楚国进攻并包围了宋国的国都，宋国向晋国求援，才引发了之后的一系列大战。但若进一步探究，晋国的先轸已经向晋文公说出了这次大战的真实性质："报施救患，取危定霸，于是乎在矣。"[①]也就是说报答过去宋国对于晋文公的恩情，只不过是这次出兵的借口，而真实的目的就是通过这一场战争来确立晋国的霸主地位。实际上，晋文公在列国流亡19年，受到许多诸侯国国君般的礼遇，当然也被一些诸侯国歧视过。对于一位国君来说，这些事情很可能并不放在心上，但是当这些情况可以被用来达到某种目的时，自然就可以大做文章。晋文公接受了先轸的建议，最后决定与楚国进行一场大战。

（二）战争经过

楚国以宋国不遵号令为由进攻宋国，正式拉开了战争的帷幕。宋国本身实力就不足以抵挡楚国，经过宋襄公兵败后更是难以为继，只好向晋国求援。晋文公接受了先轸的建议，一面积极同其他诸侯国联络求取外援，一面派军队先进攻楚国在中原的属国卫、曹两国。宋国因为对于楚国的痛恨，拼死守卫国都。而晋国则与秦、齐组成联军，相继攻占了卫、曹。楚军主帅子玉在得知卫、曹被灭后，一面占据了有利地形，一面与晋国进行交涉，希望以解除宋国之围为条件让晋国退出卫、曹两国。晋文公私下联络卫、曹两国国君，称只要他们同意与晋国联合，就让他们复国。卫、曹接受了晋国的要求，相继与楚国告绝。子玉被激怒，带兵直接向晋军而来。

楚军一进军，晋文公立刻命令往后撤。晋军中有些将士不理解，说："我

---

① 《左传·僖公二十七年》。

们的统帅是国君，对方带兵的是臣子，哪有国君让臣子的理儿？"狐偃解释说："打仗先要凭个理，理直气就壮。当初楚王曾经帮助过主公，主公在楚王面前答应过：若是两国交战，晋国情愿退避三舍。今天后撤，就是为了实现这个诺言，若是我们对楚国失了信，那么我们就理亏了。我们退了兵，如果他们还不罢休，步步进逼，那就是他们输了理，我们再跟他们交手也不迟。"晋军后撤了九十里，到了城濮（今山东鄄城西南），才停下来，布置好了阵势。楚国有些将军见晋军后撤，想停止进攻。可是成得臣却不答应，一步步紧追到城濮，跟晋军遥遥相对。成得臣还派人向晋文公下战书，措辞十分傲慢。晋文公也派人回答说："贵国的恩惠，我们从来都不敢忘记，所以退让到这儿。现在既然你们不肯谅解，那么只好在战场上比个高低了。"

子玉率楚军急进，依托天然险扎营，两军对峙于城濮。晋文公退避三舍，既是报答以前楚成王给予的礼遇，也是运用"卑而骄之""怒而挠之"的诱敌之计，楚军上钩了。

城濮交战时，晋、楚双方的阵容是：晋三军，即先轸为元帅，统率中军，郤溱辅佐；狐毛统率上军，狐偃辅佐；栾枝统率下军，胥臣辅佐；楚国也是三军，即令尹子玉以若敖之六卒统率中军；子西（斗宜申）统率左军；子上（斗勃）统率右军。楚的仆从国郑、许军附属楚左军，陈、蔡军附属楚右军。

四月初六，晋军在城濮严阵以待楚军。子玉狂傲地声称："今日必无晋矣。"[①]当两军接触之时，楚军居于优势，晋军处于劣势。晋国下军副将胥臣奉命迎战楚国联军的右军，即陈、蔡两国的军队。陈、蔡军队的战马多，来势凶猛。胥臣为了战胜敌人，造成自己强大的假象，用虎皮蒙马吓唬敌人。进攻时，晋军下军一匹匹蒙着虎皮的战马冲向敌阵，陈、蔡军队的战马和士卒以为是真老虎冲过来了，吓得纷纷后退。胥臣乘胜追击，打败了陈、蔡之军。楚子玉、子上见右军溃败，怒火中烧，加强对晋中军和上军的攻势。晋右翼上军狐毛设将、佐二面旗帜，令二旗后退，引诱楚军。同时晋上军将狐

---

① 《左传·僖公二十八年》。

毛竖起将、佐两面大旗向后退去，下军将栾枝用车拖曳树枝，扬起尘土，伪造出撤退的假象。楚子玉以为晋右翼败退，令楚左军追击，所以对陈、蔡及右翼军的溃败并未理会。楚左军追击晋上军时，侧翼暴露，晋先轸、郤溱率中军拦腰截击，狐毛、狐偃率上军夹攻楚左军，楚左军溃败。子玉见左、右军皆败，遂下令中军停止进攻，得以保全。子玉率残兵退出战场，晋军进占楚军营地，休整三日后，胜利班师。

（三）胜败原因

1. 晋胜之因。城濮之战一开始，晋文公就利用当年与列国的恩怨来进行外交、谋略等一系列的筹划与准备。就像先轸所说的"报施救患、取危定霸"，"报施"是回报当年所接受的恩情，"救患"则是道德的最高行为。晋文公这两种具极高道德评价标准的行为，其目的是实现"取危定霸"的目标。而城濮之战以晋国的最终胜利结束，正是晋文公将"德教"化为"权谋"的体现。首先，晋文公以扶危济困为借口帮助盟友。战争在最初时并没有涉及晋国，这使得晋国即使想直接参与到战争中，也没有合适的理由与借口。但是当宋国向晋国求援时，这个机会就出现了。因为当年晋文公在外流亡之时，曾经受到过宋襄公的热情款待，此时恰好可以利用报恩这个理由直接参与甚至主导战争。更何况对于危亡之中的国家施以援手，更能获得诸侯国广泛的认同感和归属感，从而为晋国营造一个显著的名声。如果成功了就可以使晋国一跃而起，直接成为霸主。即使失败了，则如先轸的分析一样，晋国完全可以凭借黄河与太行山的险要扼守，本土不会受到损失。

其次，晋文公用过去流亡时与许多诸侯国的交情来联络盟友。客观上来讲，当时的晋国虽然在晋文公的治理下国力有所恢复，但仍然难以与楚国直接对抗。所以晋文公利用过去流亡时同其他友好诸侯国建立的感情基础，打出了联盟的旗号，与当时其他的强国一同抵御楚国。如齐国、秦国等也是看到楚国独大的后患以及可以利用时机结好晋国之故而出兵。

再次，晋文公用兴亡继绝的手段来拉拢敌对势力。战争一开始时，晋国没有直接出兵宋国，而是在稳定了宋国坚守的决心后，先将楚国的两个附属国卫、曹相继攻占。晋文公希望通过这种"围魏救赵"的计策来吸引楚国的主力。但楚国没有中计，晋国就迅速改变策略，利用与楚国谈判的机会拉拢了这两个国家的君主，使他们归入自己的阵营。晋文公的这一权谋非常高明，不仅打破了原本归属于楚国的联盟，使得楚国的盟国不再信任楚国；而且又使得己方联盟更加牢固，还趁机笼络了可以争取的对象，扩大了己方的实力。如鲁国就直接弃绝了楚国而投靠在晋国一方。

最后，晋文公以"退避三舍"来麻痹楚军，使之产生轻慢之心。晋军的主动撤退，不仅缩短了自己的补给线，拉长了对方的供应道路，也使得双方的地理优势互换。在"退避三舍"的过程中，晋国可以寻找到对自己有利的地形。更妙的是使楚国产生了轻敌的心理，从而在作战的过程中使晋国的诱敌之计得以实施。而这一切的出发点又是晋文公当年答应报答楚成王的方式，即若逢两军交战，晋国一定撤退后再决战。这就使得晋文公的权谋推行起来一切都顺理成章、毫不造作。晋文公的权谋是利用"德教"来进行的，而"德教"又隐含了权谋，两者相辅相成；不仅使对方难以辨别真伪，也使得晋文公在取得权谋胜利的同时，也迎来了"德教"的胜利。

2. 楚败之因。首先，从内部关系方面看，楚国君臣对战争形势的估计和意见不一；子文传楚军统帅之职于子玉，蒍贾却不认为子玉能胜任；面对晋、宋、齐、秦的联盟，楚王"知难而退""楚众欲止"，而子玉则非战不可。楚军的内部矛盾，君臣不和、军民不协，抵消了应战的力量，这是楚军最终战败的主要原因。

其次，从外交方面看，楚国处于被周王室和中原诸侯排斥的地位，尽管曹、卫等小诸侯国在其强权下暂时屈服，但一遇晋国与之相争，曹、卫等小诸侯国便迅速向晋国靠拢，楚国也因此陷入"众叛亲离"的被动局面。

最后，从军事方面看，楚军的战术不如晋军灵活机动，缺乏清醒、明确的认识，楚军没有察觉出晋军的退却是权谋，反而轻敌中计。另外，由陈、蔡等国临时拼凑的军队实为乌合之众，斗志涣散，根本不能与训练有素、骁勇善战的晋军相提并论。而当楚之左、右两军受攻击时，强大的中军竟按兵不动，坐等晋军将其各个击破。这就使楚军的优势逐渐丧失，最终导致了全面失败。

（四）战争影响

城濮之战前，楚国几乎控制了黄河以南的所有地区。当时，楚国的势力差不多已经蹂躏了整个中原，黄河下游的大诸侯国，如齐、宋都被楚所侵略，鲁、卫、郑、陈、蔡等诸侯国都已投降了楚人。狄兵也曾攻入王畿，使周天子蒙尘。城濮一战，楚军败绩，南蛮的势力随即退出了中原，北狄的势力也渐渐衰微下去，这才使中原地区的诸侯国及其文化的生命得以持续。

晋国自晋文公即位以来，国力大大增强。晋、楚之间关于盟国问题的矛盾日积月累，终于在公元前632年爆发了城濮之战。晋军获胜后，献所俘楚的战利品给周天子。周襄王命尹氏及王子虎、内史叔兴父册封晋文公为"侯伯"。周襄王又赐给晋文公"大辂之服，戎辂之服，彤弓一，彤矢百，玈弓矢千，秬鬯一卣，虎贲三百人"①，得以王命讨伐诸侯。城濮之战再一次成功地遏制了楚军的北进，压迫其退回原有之桐柏山、大别山以南地区，使中原复呈安定之象。于是中原诸侯之被逼于附楚者，如鲁、曹、卫、陈、郑等诸侯国，皆脱离楚而复归于中原集团，听从晋国之领导。

春秋时代，所谓霸权大部分的时间是赖晋国来维持，正如梁惠王向孟子所云："晋国天下莫强焉。"②因为这一超级强国的存在，遂能北面阻止狄人南侵，南面阻止楚人北上，西面阻止秦人东进。随着当时中原华夏族与周边少数民族的融合，以地理位置、文化程度、血缘关系三要素为区分标准的"华夷观"逐渐被以文化为区分标准的"夷夏观"取代。每当强大的诸侯崛起，他们都力求摆脱自己的夷狄身份获得诸夏认同（如秦、楚、吴、越等）；或者向夷狄开战以服人心（如齐、晋等）。这体现出那个时期的共同的"文化认同"。可见晋文公能赢得周王室和其他中原诸国的支持，就是利用了文化的凝聚力、吸引力和感染力。所以，晋国的胜利本质上还是文化的胜利。

---

① 《左传·僖公二十八年》。
② 《孟子·梁惠王上》。

三、践土之盟

据《左传·僖公二十八年》记载：

　　甲午，至于衡雍，作王宫于践土。乡役之三月，郑伯如楚致其师，为楚师既败而惧，使子人九行成于晋。晋栾枝入盟郑伯。五月丙午，晋侯及郑伯盟于衡雍。丁未，献楚俘于王，驷介百乘，徒兵千。郑伯傅王，用平礼也。己酉，王享醴，命晋侯宥。王命尹氏及王子虎、内史叔兴父策命晋侯为侯伯，赐之大辂之服，戎辂之服，彤弓一，彤矢百，玈弓矢千，秬鬯一卣，虎贲三百人。曰："王谓叔父，敬服王命，以绥四国。纠逖王慝。"晋侯三辞，从命。曰："重耳敢再拜稽首，奉扬天子之丕显休命。"受策以出，出入三觐。卫侯闻楚师败，惧，出奔楚，遂适陈，使元咺奉叔武以受盟。癸亥，王子虎盟诸侯于王庭，要言曰："皆奖王室，无相害也。有渝此盟，明神殛之，俾队其师，无克祚国，及而玄孙，无有老幼。"君子谓是盟也信，谓晋于是役也能以德攻。初，楚子玉自为琼弁玉缨，未之服也。先战，梦河神谓己曰："畀余，余赐女孟诸之麋。"弗致也。大心与子西使荣黄谏，弗听。荣季曰："死而利国。犹或为之，况琼玉乎？是粪土也，而可以济师，将何爱焉？"弗听。出，告二子曰："非神败令尹，令尹其不勤民，实自败也。"既败，王使谓之曰："大夫若入，其若申、息之老何？"子西、孙伯曰："得臣将死，二臣止之曰：'君其将以为戮。'"及连谷而死。晋侯闻之而后喜可知也，曰："莫余毒也已！蒍吕臣实为令尹，奉己而已，不在民矣。"

　　公元前632年夏，晋军到达衡雍，在践土为周襄王造了一座行宫。在城濮之战前的三个月，郑文公曾到楚国去把郑国军队交给楚国指挥，郑文公因为楚军打了败仗而感到害怕，便派子人九去向晋国求和。晋国的栾枝去郑国与郑文公议盟。五月十一日，晋文公和郑文公在衡雍订立了盟约。卫成公听到楚军被晋军打败了，很害怕，出逃到楚国，后又逃到陈国。卫国派元咺辅佐叔武去接受晋国与诸侯的盟约。

周襄王应晋文公之邀，移驾践土。晋文公遵照周礼，将战俘和战利品献给周王，包括一千名步兵、一百乘披甲的驷马战车、兵器盔甲数十车。周王大喜，设享礼用甜酒招待晋文公，命王室卿士尹氏、王子虎和内史叔兴父劝酒助兴。命晋文公为"诸侯之长"，并用策简记载了这一命令。同时，赏赐文公祭祀用的大辂车、礼服及物品，作战用的戎辂车，红色弓一副，箭一百支，黑色弓十副，黑色箭一千支，黑黍酿造的香酒一坛，玉器及三百名勇士。周王作了《晋文侯令》说："希望晋侯恭敬地服从天子的命令，安定四方诸侯，惩治邪恶。使周王世代继承祖业，永保王位。"晋文公再三辞谢，才接受了策简及馈赠。五月癸亥日，王子虎代表周王，在王宫的庭院与诸侯盟誓，宣布盟约："共同辅佐周王，不得互相伤害！胆敢违背盟约，神灵自会诛杀！摧毁他的军队，不能享受国家，直到他的玄孙。无论老少，违背此盟，都会受到丧师亡国的惩罚。"卫成公胆怯，派摄政大夫元咺护送弟弟叔武前来接受盟约。"践土之盟"与齐桓公的"葵丘之盟"正好相距二十年，春秋时期第二位新霸主诞生了。

四、温之盟

践土之盟虽然初步确立了晋文公的霸主地位，但是，晋文公霸业和权威的真正确立和巩固，是在公元前632年冬十月在温地的盟会上得到实现的。践土之盟上，秦人不赴约，许人不会朝；郑国虽被迫参盟，也是离心离德。践土之盟后发生的一件事，让晋文公十分担心。当初卫成公逃往他处，让弟弟叔武和大臣元咺摄政，叔武以代理卫公的身份参加了践土之盟，晋文公欲立叔武为正式的卫国国君，叔武坚辞不做，一味替哥哥卫成公求情，晋文公感于叔武的手足之情，答应让卫成公复位。不料卫成公猜忌叔武，将叔武和元咺的儿子杀掉，元咺到晋文公跟前哭诉。晋文公感到，如果再不重申誓约，他的霸主就名存实亡了，于是打算征讨卫国。大臣狐偃认为，践土之盟是周王主动劳师，晋文公还没回拜周王，礼数欠缺，如果晋文公率领诸侯朝拜周王，就可挟天子之威来号令诸侯。他建议以朝拜周天子之名召集诸侯，看谁不来，就借王命征讨，以固霸业。赵衰认为晋文公率领诸侯到洛阳朝拜天子，这么多人浩浩荡荡，周天子会恐惧不安，如果天子拒绝会见，晋文公的威信就会降低。他建议不如把周王召到温，然后率领诸侯去朝拜。选择温的理由有三：一是君臣无猜，天子不恐惧；二是诸侯不用辛苦奔波；三是温县有叔带与隗后叛乱时建设的宫殿，不用重新大兴土木。晋文公采纳了赵衰的建议，派赵衰去东周洛阳见周襄王。周襄王果然害怕，只得同意以狩猎为名，驾临河阳。

据《左传·僖公二十八年》记载：

> 冬，会于温，讨不服也。卫侯与元咺讼，宁武子为辅，鍼庄子为坐，士荣为大士。卫侯不胜。杀士荣，刖鍼庄子，谓宁俞忠而免之。执卫侯，归之于京师，置诸深室。宁子职纳橐饘焉。元咺归于卫，立公子瑕。是会也，晋侯召王，以诸侯见，且使王狩。仲尼曰："以臣召君，不可以训。"故书曰："天王狩于河阳。"言非其地也，且明德也。

公元前632年冬，周襄王驾临河阳，晋文公率秦、齐、鲁、郑、宋、蔡、陈、邾、莒共十国诸侯迎接周襄王到温，只见各诸侯冠冕佩玉，各自献上当地贡品，比践土之盟要更加严肃气派。众诸侯向天子控诉卫成公罪行，天子命晋文公审理此案。晋文公当众判决将卫国大臣一斩首一刖脚，将卫成公囚禁押送京师洛阳由周襄王处置。随后，晋文公因为许国践土之盟和温之盟都没有参见，表现出其死心塌地依靠楚国的姿态，决意兴兵讨伐。诸侯皆曰："敬从君命！"并各率本国人马，跟随晋文公去讨伐许国。

伐许途中，晋文公生了一场重病。曹共公的侍臣侯儒花钱买通了晋国的大臣筮史，筮史对晋文公说："请放曹国一马。当年齐桓公召集诸侯会盟，帮助邢、卫这样的异姓诸侯复国；今天您召集诸侯会盟，却要消灭同姓的诸侯。曹国的先祖叔振铎是周文王之子，我晋国的先祖唐叔是周武王的后代，本是同根同种，我们应该互相照顾。您号令诸侯而灭兄弟之国，非礼也；您曾私下答应曹伯与卫侯复国，现在恢复了卫国而忘记了曹国，是言而无信；卫、曹两国同罪，而处罚不一，是赏罚不公。非礼、无信、不公，这三项大帽子盖在您头上，您好受吗？"晋文公是个明事理的人，生病的时候尤其容易使人省过，于是晋文公命人把曹共公给释放了，并且让曹共公将功赎罪，跟随诸侯们一起讨伐许国。

　　温地会盟与践土之盟是不同的，践土之盟是周王主动劳师，初步确立了晋文公的霸主地位。温之盟则是晋文公召周襄王来的，以周天子之名与诸侯会盟，并当众审理处置了卫成公及其大臣，囚禁了卫成公，将卫国大臣一杀头一砍足，树立了绝对威信，从而进一步确立和巩固了晋文公的霸主地位。孔子对周襄王被召赴会一事耿耿于怀，认为以臣召君，不可以训，为周襄王隐讳，因此在《春秋》里写成"周王狩于河阳"。但是，历史真相是掩盖不了的，这件事在司马迁的《史记》里记载得很明确：晋文公召周襄王到温参加诸侯会盟，借以树立晋文公的权威。温之盟，标志着晋文公霸主地位的进一步确立和巩固，同时也标志着周天子已沦为大诸侯国的附庸，周王室已失去了往昔的尊严。

五、翟泉之盟

　　据《左传·僖公二十九年》记载："夏，公会王子虎、晋狐偃、宋公孙固、齐国归父、陈辕涛涂、秦小子慭，盟于翟泉，寻践土之盟，且谋伐郑也。卿不书，罪之也。在礼，卿不会公、侯，会伯、子、男可也。"公元前631年夏，鲁僖公和王人（王子虎）、晋人（狐偃）、宋人（公孙固）、齐人（国归父）、陈人（辕涛涂）、秦人（小子慭）在翟泉会盟，《春秋》记载还有蔡人，《左传》没提，杜预注曰："经书'蔡人'，而传无名氏，即微者。'秦小子慭'在蔡下者，若宋向戌之后会。"杜注认为蔡派遣与会者地位低下。但这次会盟是重申践土的盟约，同时谋划伐郑事宜。《春秋》未书各国参加结盟的卿大夫名字，是在谴责他们。杜预注曰："晋侯始霸，翼戴天子，诸侯辑睦，王室无虞。而王子虎下盟列国，以渎大典，诸侯大夫上敌公侯，亏礼伤教，故贬诸大夫，讳公与盟。"这也是《春秋》会盟不书卿的开始，此前卿书或不书无所谓褒贬。卿书人，则天子的官员称王人，这不是贬义。按照礼制，诸侯的卿不能参加公、侯的会见（此处王子虎作为周卿士，鲁僖公亲往算作公侯参与了），但参加伯、子、男的会见是可以的。杜预注曰："大国之卿，当小国之君，故可以会伯、子、男。诸卿之见贬，亦兼有此阙，故传重发之。"当然这是《左传》的看法，五等爵位并非事实，所以褒贬之说也许是揣测。《春秋左传正义》（卷十七）曰："晋侯受命，郑伯傅王，践土与温二会咸在，郑无叛晋之状。而此会谋伐郑者，文公昔尝过郑，郑不礼焉。城濮战前，郑复如楚。虽以楚败之后畏威来会，晋侯以大义受之，内实怀恨。此会郑人不至，必有背晋之心，故谋伐之也。《晋语》城濮战下称'文公诛观状以伐郑，及其陴。郑人以名宝行成，公弗许。得叔詹，将亨而舍之'。《左传》无伐郑之事，盖温会以后已尝伐郑。郑国至今未服……传曰'且贰于楚也'，楚郑自知负晋，故有贰心也。"所以这次盟会的议题之一就是谋划伐郑。

公元前630年，晋与秦围攻郑国。晋国对郑国发动了试探性的进攻。据《左传》记载，这次进攻的目的是"观其可攻与否"。以晋国当时的军事实力，进攻郑国当然是小菜一碟。所谓"观其可攻与否"，估计还是旁敲侧击，想看看楚国的反应。在确信楚成王不会横加干涉后，同年九月，晋文公和秦穆公联合起兵讨伐郑国，对外宣称的理由有二：一是郑伯曾经无礼于晋侯；二是郑国至今仍与楚国藕断丝连。晋国的军队驻扎在函陵，秦国的军队驻扎在汜南，对郑国形成了夹击之势。

晋文公这次伐郑，不仅有军事上的准备，还有政治上的准备。据《史记》记载，郑文公有三位夫人，为他生了五个儿子，这五个儿子都"以罪早死"。郑文公一怒之下，将其他侍妾生的儿子也全部赶出国去。其中有一位公子兰逃到了晋国，受到晋文公的优待。晋、秦两国大军进入郑国之后，晋文公命令公子兰在晋国东部边界待命，打算等军事行动一结束，就派公子兰进入郑国接管政权。

郑文公派烛之武趁着夜色跑到秦军大营，对秦穆公说："秦、晋两国大军包围郑国，郑国是难免要灭亡啦。如果郑国的灭亡能够给您带来什么好处，那您就尽管放手干吧！但我想劝您一句，就算您消灭了郑国，对秦国也没任何好处，因为秦国和郑国之间还隔着一个晋国，好处都让晋国给得了。晋国因此增加了土地，对秦而言，意味着相对减少了土地，不划算。如果您放郑国一马，郑国愿意成为秦国来往中原的东道主，为秦国提供方便，这样对秦国也没有任何坏处。再说，当年您有大恩于晋惠公，他许诺给您河外五城，结果这家伙早上渡河回国，晚上就令人加固城墙防御您，晋国人的贪得无厌，您也是有亲身体会的。他们今天往东向郑国索取土地，明天就会往西扩张，到那时，他们不打秦国的主意，还能打谁的主意呢？请您三思而后行。"烛之武的一番话使秦穆公有所触动。秦穆公认真地回想了一下这些年秦国与晋国之间发生的事情，觉得烛之武所言不虚。秦国一直在努力帮助晋国，晋国对秦国的帮助也总是欣然笑纳，却从来不想如何报答秦国，甚至恩将仇报。眼下这位晋文公，从上台到称霸，都受到了秦国的大力支持，至今也未曾有任何回报的表示，仿佛这一切都是理所当然的。于是，秦、郑两国签订了一个秘密盟约。三天之后，晋国人发现秦已经撤军了。不仅如此，秦穆公还留下杞子、逢孙、杨孙三员将领，带着一支部队驻扎在新郑的北门，宣称为郑国戍守城门。这就意味着，晋国如果继续攻打郑国，就要与秦国人为敌了。

晋军众将对秦国人的公然背叛感到愤怒。狐偃等人建议晋文公不要理会秦国人的态度，按原定计划进入新郑，如果秦国人要阻挠，就连秦国人一起打。晋文公暗自衡量了一下利弊，对大伙说："没有秦国的帮助，我们就没有今天的成就。得到人家的鼎力相助却拔刀相向，是为不仁；因为小事而失去一个强大的盟国，是为不智；两国本来和平相处，却又发生战乱，不是用武之道。罢了罢了，既然老天不想灭亡郑国，我们也不必强求，回去吧。"话虽这么说，晋文公却不甘心空手而归，他派人与郑文公谈判，要求将公子兰送回郑国当太子。郑国大夫石甲父对郑文公说:"现在诸位夫人之子都已经死了,其余的公子中,数公子兰最为贤能,您不如答应晋国的要求,好让他们快点退兵。"郑文公听从了石甲父的建议,派石甲父、侯宣多到晋国迎接公子兰回国。晋国与郑国遂签订了和平协议。这次行动,因着秦国态度的变化,使晋文公灭郑的计划没有成功。晋国虽未灭郑,但郑文公却也不敢再对晋国无礼。

公元前628年,晋文公去世。《墨子·亲士》说:"昔者文公出走而正天下;桓公去国而霸诸侯;越王勾践遇吴王之丑而尚摄中国之贤君。三子之能达名成功于天下也,皆于其国抑而大丑也。太上无败,其次败而有以成,此之谓用民。"《左传·昭公四年》云:"椒举言于楚子曰:'臣闻诸侯无归,礼以为归。今君始得诸侯,共慎礼矣。霸之济否,在此会也。夏启有钧台之享,商汤有景亳之命,周武有孟津之誓,成有岐阳之搜,康有酆宫之朝,穆有涂山之会,齐桓有召陵之师,晋文有践土之盟。'"

齐桓公于公元前685至公元前643年在位。他在位期间任用管仲为相，推行改革，实行军政合一、兵民合一的制度，使齐国国力逐渐强盛，他"九合诸侯，一匡天下"，成为春秋时期的第一个霸主。齐桓公称霸之时，中原华夏各诸侯苦于戎狄等部落的攻击，于是齐桓公打出"尊王攘夷"的旗号，北击山戎，南伐楚国，受到周天子的赏赐。但其晚年昏庸，管仲去世后，任用易牙、竖刁等小人，最终在内乱中凄凉辞世。

晋文公乃春秋中前期晋国国君，晋献公之子，晋惠公之兄。公元前636年至公元前628年在位，在位时间仅8年。晋文公初为公子，谦而好学，善交贤能智士；后受迫害离开晋国，游历诸侯。漂泊19年后终复国，杀晋怀公而立。晋文公对内拔擢贤能，使晋民各执其业、吏各司其职，晋国由此大治。晋文公对外联秦合齐、保宋制郑、尊王攘楚，作三军六卿，勤王事于洛邑、败楚师于城濮，盟诸侯于践土，文治武功，昭明后世。晋文公与齐桓公并称"齐桓晋文"。

一、齐桓、晋文的交集

根据《史记》等史料的记载，约在公元前643年，流亡在外的晋国公子重耳在翟国住了十二年后，与跟随他的赵衰等人商量说："我当初逃到翟，不是因为它可以给我帮助，而是因为这里距离晋国比较近，我们是暂且在此歇脚。时间久了，我希望到一大国去。素闻齐桓公喜好善行、有志称霸、体恤诸侯。现在又听说管仲、隰朋去世，齐君也急需贤能之人辅佐，我们何不前往呢？"于是，重耳一行就踏上了去齐国的路途。

重耳到了齐国，得到了齐桓公小白的厚礼款待。齐桓公甚至把同家族的一个少女齐姜嫁给重耳，并陪送了二十辆马车。重耳在长时间的流浪之后，遇到这样的对待，在齐国过上安逸的生活，倍感到满足。但不巧的是，就在这一年，齐桓公去世。齐桓公的五个儿子，在其各自党羽的支持下，为争夺君位而展开了争斗，史称"五子争位"，最后是齐孝公即位。在齐国内乱不止的情况下，其他诸侯的军队趁机多次来犯，齐国可谓是内忧外患，霸权不再。

重耳在齐住了五年，爱恋在齐国娶的妻子，慢慢忘记了自己的鸿鹄大志，也没有要离开齐国的意思。后来经过齐姜、赵衰和狐偃的规劝，重耳看事态已无可挽回，也就慢慢地平息了怒气，只好随队伍继续前行。

齐桓、晋文有许多共同点：一是齐桓、晋文都是公子出身，也都不是嫡长子，本来君位离他们都很遥远，如果不是国内局势动荡，加上外部势力的干涉，他们是不可能登上君位的，如果连君主之位都无法获得，诸侯之伯的名号就更谈不上了。二是齐桓、晋文都曾流亡异国他乡，饱尝了人间疾苦，看透了世间炎凉。尤其是重耳，四十多岁出逃，流亡19年之久，但他老骥伏枥，志在千里。三是齐桓、晋文都礼贤下士，交游甚广，他们在自己的国内有支持者，身边有追随者，这也是他们的人格魅力所在。

二、齐桓、晋文先后登上霸主之位

齐桓、晋文在纷乱的春秋时代先后称霸，如果扼要地描述这两位君主的霸业，齐桓公可谓是"九合诸侯，扶立邢卫，北逐山戎，南御强楚，尊王攘夷，一匡天下"。晋文公可谓是"文治武功，勤王敬周，败楚退齐，安定诸侯"。两位的功绩都没得说，更关键的是，他们的霸主之位均得到了周天子的认可，而其他霸主就没有这份荣誉了。

齐桓晋文他们文韬武略，武功赫赫，先后纵横于中原，称霸于诸侯。那么，齐桓公和晋文公，究竟是怎样称霸的呢？我们都知道，无论君主如何贤明，但仅凭一己之力，是无法完成称霸大业的，其身边必须要有贤臣的辅佐。所以，正是这两个诸侯国内的君臣之间相得益彰，使得政令开明、经济发展、社会和谐，才得以实现霸业。

齐桓公在齐国崛起的过程中，审时度势，采用了一系列超常规的方略，诸如以下几方面：第一是把"射钩之恨"的仇人变成了自己最为倚重的大臣。也正是在这位大臣——管仲的全力辅佐下，齐桓公才得以成就霸业。齐桓公不计前嫌，完全信任管仲，这段君臣之间的传奇，"奇"得足以令人瞠目结舌。第二是"奉天子以令诸侯"。从"郑庄公射天子之肩""楚国熊通僭越称王"等事件中，我们就可以看出周王室日渐衰弱的势头，然而，周天子仍然是"天下共主"，如果想名正言顺地称霸中原，必然要重视"周礼"。齐桓公没有像其他诸侯一样对天子不屑一顾，而是听从管仲的建议，实施"尊王攘夷"的策略，并且以天子之旨，大会诸侯于北杏。这一系列行动，使齐桓公在群雄逐鹿中原的"乱局"中脱颖而出，而管仲这一不动一兵一卒的尊王政策，成了齐桓公称霸的助力和保障。第三是，"存四国"。他没有按照常理去"趁人之危"，对其他诸侯国运用"巧取豪夺"的手段，而是反其道而行之——"不纳燕入版图""立僖公以定鲁""驱狄助邢筑城""助卫定都楚丘"。在这些事件之后，齐桓公声誉斐然，被推崇成为"霸主"，到达了称霸事业的巅峰。

晋文公重耳登基后，仅仅用了八年时间，就将晋国的称霸事业推向了巅峰。重耳在外流亡的日子十分艰苦，他辗转了数个国家，这些国家有以礼厚待他的，如宋国和楚国；也有无礼薄待他的，如曹国和郑国。这些国家都被他记在了"恩仇录"上。晋文公的称霸之路其实也是"恩仇录"兑现的过程：他为了报宋襄公的知遇之恩，在宋国被围之时，执意出兵救宋；为报楚君的厚待之情，他在城濮之战中"退避三舍"。不仅如此，他也发动战争攻打了曹国和郑国，以此来报复这两国国君在他流亡时的无礼行为。可见，晋文公多年流亡在外的经历，练就了非凡的胆识和卓越的能力。不仅如此，他还接过了齐桓公"尊王攘夷"的大旗，对外拥护周天子，树立了霸主的威信；对内采取一系列的改革制度，安定了国民。可见，他的称霸之路也是十分辉煌的。

从称霸的过程看，齐桓公的战例多于晋文公，这是因为齐桓公在位四十三年，晋文公只有九年。所以论战功的数量，晋文公肯定是比不过齐桓公的，但从质量来看，晋文公不输于齐桓公。齐、晋都有对楚的战例，齐国事实上并没有和楚国真打，双方在召陵附近对峙，场面上不相上下，后来楚军率先熬不住了，向齐桓公率领的联军低头，承诺向周室进贡。楚国除丢了些面子，没有什么实际的损失。晋文公时，楚国对中原诸侯的影响力已今非昔比，半数诸侯都加入了楚国的阵营。所以城濮大战的对阵双方不仅仅是晋、楚两方，还有晋国阵营的秦、齐、宋三国以及楚国阵营的陈、蔡、郑、许四国。此战晋军以少胜多，并夺得了中原诸侯的领导权。显然，晋文公的对楚作战影响更加深远，阻断了楚国的扩张势头，避免了中原地区的蛮化。楚国若是获胜，势力范围势必然扩张到黄河两岸，最终发生楚代周事件并不是不可能。

齐桓、晋文对周王室和周文化的延续均做出了巨大贡献。孔子就曾说，若没有齐桓公和管仲，"吾其被发左衽"①，意思是中原人可能都要被戎狄征服了。齐桓公时，北部的边患虽然没有像晋文公时期南方楚国对中原的威胁那么大，但也不容小觑，邢国和卫国这样的老牌诸侯国都被灭亡，燕国也不能应战。可见孔子的话也绝不是危言耸听，齐桓公的"攘夷"厘清正统，巩固了华夏文化对周边部族的绝对优势。齐桓公和晋文公从一北一南两大方位，保护了华夏文明的基本面貌。总体来看，齐桓、晋文的霸业各具千秋。

若是论齐桓、晋文两人在诸侯中的地位，齐桓公明显胜出。无论是谁给齐桓公写功绩簿，都会有一条"九合诸侯"，意思是先后九次召集诸侯开会，商议天下大事。事实上，这里的"九"是多的意思，记载在史书上的由齐桓公召集诸侯的会盟至少有十一次。召集诸侯会盟本是天子的权力，齐桓公却使用得如此频繁，还不被非议，可见齐桓公在诸侯中的号召力之强。晋文公组织会盟的次数就要少了很多，当然这里面有晋文公在位时间短的原因，但也有影响力差的因素。周襄王封晋文公当霸伯后，晋文公还需要假托天子的名义，才能召集诸侯会盟。晋文公之所以对晋国的影响力如此不自信，当然是因为晋文公清楚晋国在各国心目中的地位。城濮大战时，支持晋国的只有齐、秦、宋，这些大国都是出于对楚国的忌惮和晋国使的离间计才选择支持晋国的。而楚国阵营里不只有像郑、卫、鲁这样的正统姬姓国，像蔡、陈、许、申、随等小诸侯国亦站在楚国一边。齐桓公在世时，齐国的阵营永远是多数派，所以齐国在诸侯中的名望高于晋文公时期的晋国。诸侯更愿意支持齐桓公，自然是有原因的。齐桓公会盟的目的多是维护各诸侯国国君的正常统治和正常秩序，比如宋国发生了叛乱，齐桓公召集大家盟会，帮助宋国恢复秩序；卫国遭到狄戎入侵，齐桓公又盟会组织救援。这样的盟主大家自然喜欢。而晋文公组织会盟，有一次是特意强调自己的霸主地位，也有一次是谋划征讨不服晋国的郑国。所以晋国的戾气显得很重，自然不受其他诸侯国待见。

① 《论语·宪问》。

名望的大小不只看诸侯的拥戴，还要看周王室的态度。这一方面晋国则具有天然优势，因为齐国是外姓，而晋国是姬姓，和周天子同出一脉。也正是出于这个原因，齐桓公为霸业奋斗了三十多年，才获得了周天子的认可；而晋文公只用了五年，确切地说是通过一场对楚战争的胜利就完成了。齐桓公始终不被周惠王待见，这很正常，齐人表面上说"尊王"，实际上是把周天子的活儿都给干了，周王室当然会对齐桓公持有戒心。齐桓公后来通过策动失宠的旧太子姬郑争位，才赢得了这位未来的周襄王的支持。周襄王即位第一年，就正式承认了齐国的霸主地位。晋国和周室的特殊关系，使晋国不需要费那么多周折。周襄王的弟弟王子带叛乱，周襄王首先想到的是找晋国帮忙。晋国取得城濮大捷后，也会第一时间向周王室邀功。晋周关系之密是齐国不能比的。所以就名望而论，在诸侯层面，齐桓远胜晋文；但在尚存影响力的周王室层面，晋文则具先天优势。

三、齐桓、晋文不同的阅历与风格

齐桓公青少年时期为了避祸，曾经在自己的外婆家住了一段比较长的时期。虽然身在异国他乡，但也相对平安稳定。而晋文公则不同，中年时在外逃难，没有哪个国家情愿收留他，所以时刻有被捉拿的危险，因而东躲西藏，流浪达十九年之久，直至花甲之年才在别国的帮助下结束了这段艰辛的生活，回国登上君位。人情冷暖、酸甜苦辣可想而知，但这也使晋文公积累了丰富的经验，磨练出了坚强的意志。这些磨难使晋文公对事物有着超前的认识和比较准确的判断，这一点是齐桓公所不能比的。

齐桓与晋文在思想根源与执政理念上存在差别。齐桓公的知识主要是来源于老师的辅导和书本的知识，缺乏实践历练这一环节。在任人唯贤、用人不疑等方面，齐桓、晋文似乎没有多大的区别，但齐桓公却存在着分不清好坏的致命缺陷。一般说来，齐桓公有三失：一是只注意重眼前，而忽视了长远。当国家和社会出现了一派欣欣向荣的大好景象时，便以为国家可以太平无事、长治久安了；对于隐藏、潜伏的矛盾和问题忽视了。二是只注重发展经济、军事和外交，而忽视了教化工作。三是不注意提拔年轻的人才。有一段对话可以说明这方面的缺点和失误。那就是相国管仲临终之前，齐桓公前去看望并询问谁可以接替相国这个重大职务时，而当时的人才除了管仲外，首推宁戚，其次是隰朋和鲍叔牙。但他们也都老了，并且宁戚先于管仲而逝。

晋文公则不同，他本人在自己的国家中就是个受迫害、被打击的对象，在流亡期间，各国内部存在的权力斗争及其产生的失败与教训对他影响深刻，这等于是上了一堂活生生的课，所以晋文公决策与行事较少有随意性。晋文公注意虚心听从别人的建议和批评，又有自己正确的分析和判断。可以说，在战略决策和处理重大问题上，晋文公比部下的能力要强；可是齐桓公却不同，虽然自己豁达大度，选贤任能，但其治国从政的能力和才干却不如大臣们，特别是管仲，更使得他心悦诚服，言听计从。其实，一个人难免有失误的时候，有的是为了个人利益而不愿纠正国家和社会弊端。所以不加分析、盲目地听从某一个贤者的话是有危险的。如在对待易牙、竖刁等三个奸臣的问题上，管仲应该在刚接触时就提醒齐桓公并立即将他们驱除。管仲完全有这个权力来办好这件事情，但管仲却从未提及，等到自己将死之际，齐桓公已与他们建立了一定的感情，再处理起来就非常困难了。可以说，这是管仲放任的结果，当然，主要责任还在于齐桓公本人。

在生活作风方面。齐桓公有个致命的弱点，那就是好逸恶劳、贪恋女色，有6位如夫人。他利用人才不仅仅是为了事业，也是为了能够摆脱繁琐的政务，自己可以尽情地玩耍享受。齐桓公曾一度将易牙等三人驱逐，但最终还是由于奢华生活的需要，又将三人召了回来，并且让他们担任了几个儿子的师傅。重用和信任奸佞导致齐桓的晚年悲剧和齐桓死后"五子争位"的祸患。晋文公则不同，他自始至终保持着清醒的头脑，将生活和享受放在第二位，所以才能够避免这些危害和祸患。

在齐桓、晋文的品格方面，孔子曾说："晋文公谲而不正，齐桓公正而不谲。"①"齐桓晋文",同样是文治武功、昭明后世,但孔子为何却对此二人作出了截然相反的评价。不少学者喜欢将原因归结为"越礼":晋文公在鲁僖公二十五年因勤王有功于周王室,便向周天子请求,允许其死后以天子的规格礼葬,虽遭到拒绝,但周天子仍赐给他诸多领地。在三年后的温之盟会上,晋文公以诸侯的身份召周襄王。这无不表现了晋文公的越礼。反观齐桓公,却能在所有的会盟中均只以诸侯之长的身份出现,没有僭越行为;对周天子的赐予亦表现得毕恭毕敬。鲁僖公九年,周襄王派宰孔将祭肉赐予齐桓公,并转告他,考虑到齐桓公年事已高,加上功劳,以后就不用下阶拜谢了。齐桓公却回答道:"天子的威严就在前面,小白我岂敢受天子的命令而不下阶拜谢? 不下拜,我唯恐在诸侯位上摔下来,给天子留下羞辱。"说完,齐桓公下阶拜谢,然后才接受祭肉。

不过,单就"越礼"而言,晋文公较之齐桓公,可能更为坦荡、"正而不谲"些:当时周天子虽已经逐步丧失了天子的权威,无力号令诸侯;然而,名义上仍是天下共主,因此晋文公和齐桓公均将"尊王"作为自己的旗号。所不同的是,晋文公,既为"霸行"之实,亦行"霸王"之名;齐桓公则是虽为"霸行"之实,却行"尊王"之名。假如齐桓公真心"尊王"的话,便不会自己主持盟会,更不会对不参加盟会的遂国进行灭国的惩罚,且齐桓公在称霸后期越发骄横。据《左传·僖公九年》记载,宰孔将祭肉代周天子赐予齐桓公后,不等葵丘之盟结束便先归,途中遇晋献公,劝说晋献公道:"可无会也。齐侯不务德而勤远略,故北伐山戎,南伐楚,西为此会也。东略之不知,西则否矣。其在乱乎。君务靖乱,无勤于行。"《史记·齐太公世家》中更是称"桓公欲许之,管仲曰'不可',乃下拜受赐",说明齐桓公下阶拜谢、接受祭肉,乃是听从管仲的建议;而会盟结束后,齐桓公"欲封泰山,禅梁父";亦是在管仲力谏下,"以远方珍怪物至乃得封,桓公乃止"。

因此,孔子说"晋文公谲而不正,齐桓公正而不谲",主要还是针对他们

---

①《论语·宪问》。

二人的处事风格而言的。齐桓、晋文最终的目标都是霸业，采用的策略也都是德政与权谋并重；但在争霸过程中的短期目标则有所不同。齐桓公在争霸过程中更重视取信于诸侯；而晋文公在争霸过程中则更重视战胜于诸侯。在晋文公的争霸过程中到处充斥着权谋和武力。以齐、晋与楚争霸为例。齐桓公伐楚，以军事为威慑手段，但达成的是政治协议，有"不战而屈人之兵"的功效；不过，楚兵亦未受到任何挫折。而晋文公在城濮之战中，则尽开"兵者诡道也"的先河：先是利用秦、齐"喜贿怒顽"的心理，运用外交谋略成功地利用了秦、齐与楚的矛盾。楚成王见形势不利，令围攻商丘和缗邑以及占领谷邑的楚军撤回；然而主将子玉骄傲自负，坚请一战，且派人与晋交涉：如晋许曹、卫复国，楚即解宋之围。晋文公一面派将大臣暗许曹、卫复国，劝两国与楚绝交；一面扣留楚使臣，以激怒子玉。子玉果怒而求战，率军进逼陶丘。晋文公令军队退避三舍，名义上是报答当年楚国对自己的礼遇之恩，实际上却是诱使子玉轻敌深入，以便在预定的战场与楚决战。待楚军进至城濮，晋军在秦、齐军的声援下，下令首先击溃较弱的楚右军；并让晋上军佯退，于阵后拖柴扬尘，制造后军已退的假象，以诱楚左军进击，使其暴露侧翼，尔后回军与中军实施合击，又将楚左军击溃。子玉及时收住兵力，方免中军溃败。楚军退至连谷时，子玉自杀。在城濮之战中，晋文公的"谲"，可谓体现得淋漓尽致。

齐桓之"正"、晋文之"谲"，是历史发展趋势、争霸战争向前发展的客规环境所催生的。齐桓公首霸之时，传统观念的影响还很深，各诸侯国间的分歧很大，诸侯国的同心协力需要长期磨合，诸侯的向心力需要一点一点地培育，争霸目标的实现要求是在政治上的联合，而不是军事上的攻城略地、灭国绝宗。因此以强大武力为后盾的政治攻势和外交攻势，常常可以达到"不战而屈人之兵"的效果。这种形势就迫使齐桓公苦心经营四十余年，处处小心谨慎地举着"尊王攘夷"的旗帜，以"正"的兵略去战胜敌人。晋文公则是踏着齐桓公的足迹前进，但他所面对的局势已经发生了重大变化，外部是强楚虎视中原，众诸侯望风而降；内部是内乱刚刚平息，政治危机后遗症远未消除。然而，晋国君臣根据自身情况，又借鉴齐桓公争霸的经验，遵诡道、施奇谋、用巧计，争取盟国、孤立荆楚，而后抓住战机，与楚国在城濮进行战略决战。一战胜楚，遂霸中原，处处表现出了"谲"的特色。

四、齐桓、晋文不同的"为君之道"与历史影响

齐桓公和晋文公之所以能够崛起，均得益于他们有贤臣辅佐。但是仔细分析后就会发现，他们二人的"为君之道"也还是有差别的：齐国是秉持国家至上的"一体论"；而晋国则是君王至上的"相濡以沫论"。

齐桓公的"为君之道"，最被人称颂的就是"用人不疑"；他弃仇任贤，任与自己有"一箭之仇"的管仲为相，遂成霸业。齐桓公不仅能知人，还能善任，除了有过人的胆识之外，还能听旁人之劝，如此为君，实乃难得。齐桓公懂得用人才、理国政，体现在以下两方面：一方面是"用"与"听"。一位高高在上的君王，能听得进去或看得明白，表面上看起来不难，但实则很难，更何况要听仇家之言，更是难上加难。齐桓公不仅听鲍叔牙之劝，接受了管仲，还能亲自询问管仲治国之道，并任他为相。由此可见，他不仅善于用才，而且善于"听"。另一方面是"重"与"信"。齐桓公重用管仲这位杀己仇人，需要多大的胆识！天下没有几位君主能有如此气魄和勇气。不单是管仲这一个例子，他还重用了宁戚，因为在他看来，不需要做背景调查，只要是有才之人，就要充分信任。

晋文公的"为君之道"，其优势并不展现在识人用才方面，因为他身边基本都是长期追随他的人。对他来说，"赏罚分明"才是最重要的原则，有两个方面值得注意：一方面是"重赏德"。晋文公的奖赏规则，不是根据"有功者赏"的规则。他自己有一套对人才价值的判断，即上赏"赏德"，中赏"赏才"，下赏"赏功"。这种奖赏原则，体现出晋文公是真正的明辨是非之君，而且晋国的大臣皆心服口服。另一方面是"罚信民"。晋文公不仅在奖赏方面

重仁德，在惩罚方面也十分严厉。为何晋文公杀有功之臣时，并没有招来类似"兔死狗烹、鸟尽弓藏"的非议呢？是因为他秉持着违令必诛的原则，决不轻饶有重大过错的人。

齐桓公和晋文公的"为君之道"虽有不同，但是他们二位都很睿智，不仅使国内的臣民尽职尽责、团结一致，也使齐国、晋国迅速崛起。在齐国，无论是齐桓公还是臣子，他们的出发点都是以社稷为重，所以才能抛弃成见，以至于"君臣和谐"。在晋国，君臣的关系就有所不同了，他们的出发点都是以君主尊荣为重，而把社稷放在了其次。晋文公以感情维系着君臣之间的关系，只要君主用法严明，臣子把握分寸，大家就都"相安无事"。然而，晋国这种表面上看似一团和气的君臣关系，一旦失去了强势的君主，稍微处理不当国家就会分崩离析。历史上的"三家分晋"事件，就是最好的例子。

齐、晋霸业最重要的意义是使以中原为主的华夏文明不至于为当时周边的"蛮夷"所践踏。孔子说若无管仲"吾其被发左衽矣"，但齐桓公死后，齐之霸业迅速衰落；而此时南方之楚对于中原诸国的威胁则前所未有，城濮之战晋文公的霸业及时遏制了楚的北进中原，此后百年楚一直被晋压制不敢北进。

齐、晋霸业的另一意义是重整秩序。春秋时代，诸侯交侵，礼崩乐坏，周天子弗能止，齐、晋霸业重塑了新的秩序。特别是"尊王攘夷"的旗号，使礼崩乐坏的趋势得到了一定的遏制。虽然到了春秋中后期诸侯皆朝于晋，隐然有挟天子而令天下的态势，但周室衰微，晋代其成为新的中心也是历史的必然。

齐、晋霸业还推进了社会变革和制度革新。管仲在齐国率先改革，后来郭偃在晋变法更加彻底，这对于催生新的社会阶级关系，推动社会进步具有重要作用。齐、晋霸业内在的制度革新也促进了文化的繁荣，到了春秋末期，诸子百家蜂起，三晋之魏成了最早的文化中心，黄老思想也是源出于此；齐之稷下学宫更是在后米成为战国时期的文化中心。

春秋战国时期齐、晋的关系可以分为两个大的阶段：第一阶段是春秋时期，这一阶段齐与晋是盟友与盟主的关系。第二阶段是战国时期，由于晋国演变为韩、赵、魏三国，原先齐与晋的关系变为齐与三晋的关系；这一阶段齐与三晋先是兼并战争的关系，后是争雄天下的关系，最终是合纵抗秦的关系。

一、春秋时期齐晋的盟友关系

齐、晋两国相隔较远，虽然他们早在西周晚期就有通婚的记载，但在春秋时期以前齐、晋除此之外，并没有其他交往。春秋初期，当齐桓公首霸中原时，晋献公虽然有意参加公元前651年齐桓公主持的葵丘之盟，但由于周大夫宰孔的劝说，晋献公取消了这次行动。晋献公死后，公子重耳在流亡期间，曾到齐国避难，并受到齐桓公的优厚礼遇，公子重耳在齐留居5年后又离开了齐国。

（一）齐晋的盟友关系的建立与维持

公子重耳在流亡19年之后，回国即位，是为晋文公。晋文公时期晋国国势逐渐强大，为与楚国争夺中原霸权，两国于公元前632年发生了城濮之战，这时齐国作为晋联军中的一员参与了这场战争，结果晋军获胜。城濮之战后，周襄王册封晋文公为"侯伯"。晋文公与齐昭公、鲁僖公、宋成公、蔡庄公、郑文公、卫成公弟叔武、莒子，共盟于践土。城濮之战与践土之盟标志着晋国长达一个半世纪之久的中原霸业的建立。自此之后，齐国也自然成为中原霸主晋国盟友中的一员。齐国和其他晋国的盟友一样，服从晋国统治，他们"三岁而聘，五岁而朝，有事而会，不协而盟"[①]。这样，齐、晋的盟友关系一直维持到公元前597年晋楚邲之战。在此期间，晋国经历了文公称霸、襄公继霸、赵盾专政等阶段，国力比较强盛，而齐国此时正是"五子争位"时期，齐国国力因内乱而大减。因此这一阶段齐国还是能够服从晋国的领导，也能参加晋国组织的会盟活动。

（二）齐国第一次叛晋与重新归晋

晋国自晋灵公末年开始发生了公室与卿大夫争夺政权的斗争，这场斗争使晋国的国力受到一定的损失。然而正在此时，南方的楚国在楚庄王的治理下，日益强大。强楚既不甘心以前城濮之战的失败，更不甘心被晋国孤立于江汉流域，楚、晋两国于是在公元前597爆发了邲之战。这场战争由于晋国统治集团内部的不团结而以晋国的失败告终。这说明晋国的霸业已岌岌可

---

①《左传·昭公三年》。

危。而齐国正是在此时开始背叛盟主晋国。

齐国虽然自城濮之战后成为晋国的盟国，但它毕竟是春秋四大强国之一，这就决定了齐国在晋国的盟体中必然保持着相对的独立性。这主要表现为齐国不顾盟约任意占领鲁、莒、邾等诸侯国的领土和私自与晋国仇敌楚国有使节往来。随着邲之战晋国的战败，不但齐国，宋国、鲁国、卫国等盟国也纷纷叛晋归楚。根据《左传·宣公十七年》的记载，晋国为了稳定其盟主地位，于公元前592年派郤克使齐，以争取齐国的支持。由于晋国盟主地位的动摇，齐顷公不但不以礼相待，而且还侮辱了晋国使臣；齐、晋由此不和，就在此年举行的断道之会、卷楚之盟上，晋人拒绝齐人参加。公元前589年齐顷公率军攻鲁，鲁、卫两国求救于盟主晋国，晋派大军会合鲁、卫、曹等诸侯国联军于公元前589年6月与齐战于鞍，这就是有名的晋、齐鞍之战。结果齐军大败，齐顷公也几乎被俘。鞍之战后，齐顷公命国佐献给晋人玉磬以谢罪。7月，齐国佐与晋人盟于袁娄，这说明齐国被迫又重新接受晋国的盟主地位。后来，齐国虽然在当年的11月份参加了楚国的盟会；但是自公元前588年之后，齐国大体上还是能够及时参加晋国主持的盟会及并派兵参加晋国主导的对外战争。

尽管齐国又重新承认晋国霸主的地位，但这种承认是建立在武力征服的基础上，齐国统治者内心并没有与晋国合作的诚意。因此这段时间齐国对晋国的态度时有不逊，但还不敢轻易使齐、晋关系破裂。如公元前573年，晋会盟诸侯时齐派崔杼与会；然而公元前572年，晋率诸侯之师围攻宋彭城时，齐却未派一兵一卒参战。公元前571年，晋会诸侯于戚，齐又指使滕、薛、小邾等小诸侯国不去参加盟会。面对这种情况，晋国统治者自公元前570年鸡泽之会后，采取"协"齐入盟的办法，即既不要求齐国每役必从，又不允许齐国妄自称尊。这样，齐国暂时被晋国制服了。

（三）齐国第二次叛晋与再次归晋

齐自鞍之战后重入晋盟是因为晋国武力强大的缘故，一旦晋国国力衰减，齐国必会重新叛晋。公元前558年，晋悼公去世，年幼的晋平公即位，晋国大权旁落于六卿之手，晋国国力再度遭到削弱，齐国于是乘机叛晋。

为祝贺晋平公即位，公元前557年，宋、鲁、卫、郑等十国诸侯朝晋。齐灵公并没有亲自参加此会，只派大夫高厚朝晋。高厚在为晋平公起舞助兴时所歌之诗"不类"①，引起了晋国卿大夫的愤怒，高厚本人也因此逃归齐国。这表明齐国开始叛晋。高厚回国后，齐国便不把盟主晋国放在眼里，多次派大军侵犯亲晋的鲁国边境。公元前555年秋，齐灵公再次侵鲁。鲁国求救于晋国。晋人于当年10月率宋、鲁、卫、郑、曹、莒、邾、滕、薛、小邾共十一国诸侯联军与齐国军队对峙于平阴。齐、晋平阴之战爆发，结果齐军大败，齐灵公逃归都城临淄，晋军紧追不舍，并猛攻临淄城，后因齐人死守，晋军才撤军。平阴之战，是晋、齐之间的第二次较量。此战的结果迫使齐国的叛晋行为大为收敛，不得不暂时屈服晋国。

公元前552年，晋国发生内乱，晋国大臣栾盈被驱逐出境。此时齐国君主齐庄公不但违背与晋国的盟约收留了栾盈，而且于公元前550年借晋嫁女于吴之际，潜送栾盈入晋，发动政变。这场政变虽被平息，齐国还是出兵侵略了晋国领土。晋国在平息了栾盈叛乱之后，于公元前549年会盟诸侯于夷仪，商议讨伐齐国，但由于大雨水患之故而作罢。公元前548年，晋国再次率诸侯联军讨伐齐国，并再次盟于夷仪。在盟军的压力下，齐国权臣崔杼发动政变杀死齐庄公以取悦于晋人，并派大夫庆封参加夷仪之会以贿赂晋平公及其将领。于是晋国准许齐国投降，晋之盟军撤兵回国。夷仪之会，齐国结束了第二次叛晋行为，重新屈从于晋国，成为晋之盟国中的一员。

（四）齐国第三次叛晋与齐晋盟友关系的解体

自夷仪之会后，齐虽然重新屈从于晋，但齐国并没有放弃独立的念头。晋国随着公室的腐败及六卿之间的争权夺利，国势逐渐走向衰弱。而此时的齐国，在经历了崔杼、庆封之乱后，齐国君主任用晏婴为相，改革内政，齐

---

① 《左传·襄公十六年》。

国逐渐强大起来。齐国在此时想摆脱晋国的束缚自然也是情理之中的事情。

公元前529年，晋会诸侯于平丘。在平丘之会上，晋国虽然请周卿士刘挚出席会盟，但齐人仍坚持不盟。后来，晋国凭叔向的外交辞令及强大的武力威慑，齐国才被迫同意会盟。[①]平丘之会说明齐国此时已有叛晋之念，但迫于晋国的压力，又不得不屈从晋国。

然而随着晋国王室的腐败及六卿争斗的进一步加强，齐国最终还是慢慢地摆脱了晋国的控制。公元前503年，齐景公和郑献公盟于咸，又和卫人盟于琐。这样，以齐为中心有郑、卫参加的小盟体已经形成。这标志着齐国开始了第三次叛晋行动。公元前501年，齐因晋使在会盟时侮辱齐国盟友卫灵公而出兵讨伐晋国，齐、晋爆发大战，这场战役齐军虽然先胜后败，但却赢得了盟友卫国的忠心支持，卫国自此决定一心附齐抗晋。公元前500年，齐、鲁两国之君会于祝其，齐、鲁两国和解。齐先后与郑、卫、鲁三国结盟，标志着齐国摆脱了晋国的长期控制，齐、晋盟友关系最终解体。齐、郑、鲁、卫叛晋以后，晋国的霸业进一步衰落。公元前482年，吴、晋会于黄池。晋定公与吴王夫差争盟，结果吴王先盟。这标志着晋国保持了一个半世纪之久的霸业最后结束。

二、战国时期齐与三晋的关系

总的来说，战国时期是一个列国纷争的年代，这就决定了这个时期齐与三晋的关系以战争为主、以和平为辅。具体说来，这一阶段齐与三晋的关系可分为三晋攻齐、齐魏争雄、三晋与齐合纵抗秦、赵伐齐与齐不助五国攻秦等四个阶段。

---

① 参见《左传·昭公十三年》。

（一）三晋攻齐

三晋攻齐的时期大致为自公元前453年三家分晋至公元前353年齐魏桂陵之战前。这一阶段战争的性质为列国间互相兼并土地。其间魏、赵、韩三国先后进行变法，国力明显增强，再加上三家分晋后很长一段时间内三晋联合对外作战，因此三晋势力相当强大。此时的齐国虽然经历了田氏掌权、田氏代齐两个阶段，但田氏还来不及进行变法革新，国力远不如三晋。因而这一阶段的明显特征是三晋以进攻为主，齐国以防御为主。

公元前453年，韩、赵、魏三家联合消灭智氏，三家分晋的局面实际上已经形成。三晋形成后，一直到公元前370年韩、赵攻魏之前，三晋一直联合行动，一致对外，而齐国又与三晋之中的魏、赵为邻国，因此齐国成为三晋进攻的重要目标之一。公元前405年，齐公孙会以廪丘叛入赵国，田布围廪丘，三晋联合前往救助，结果大败齐军。次年，三晋又攻入齐长城，三晋一举成名，周天子也被迫于公元前403年正式册命韩虔、魏斯、赵籍为诸侯，三晋自此取得了合法的诸侯国地位。自此之后，三晋又两次联合起来攻伐齐国。一次是公元前380年，齐攻燕，三晋救燕，齐军大败。另一次是公元前378年，韩、赵、魏三家伐齐至灵丘。除了三晋联合伐齐外，魏、赵或联合、或单独讨伐齐国。如公元前385年，赵败齐于灵丘。公元前373年魏伐齐，至博陵。公元前370年赵伐齐，取甄。公元前368年赵攻齐至长城，等等。

与三晋频频攻齐相比，齐攻三晋的次数要少，影响也较小。据不完全统计，这一阶段齐攻三晋主要表现为齐攻魏的四次战争。这四场战争分别发生在公元前413年、公元前390年、公元前384年、公元前368年。由此我们可以看出，这一阶段以三晋攻齐为主。

然而这一阶段除战争之外，齐与三晋也有会盟发生。如公元前387年，田和与魏武侯会于浊泽，求为诸侯。公元前356年，赵、齐、宋会于平陆等。但与战争相比，齐与三晋的会盟少之又少。

（二）齐魏争雄

齐魏争雄的时间大致为自公元前353的齐魏桂陵之战至公元前334齐魏"徐州相王"。这一阶段三晋之中以魏国最为强盛，三晋之中的另外两国赵、韩与魏国为争夺中原领土产生了巨大矛盾，于是求救于日益强大的齐国。而此时的齐国在经历了齐威王改革之后，国力蒸蒸日上，很想干预魏国争雄天下的举动。于是齐联合赵、韩与魏国展开了争雄天下的战争。其最终结果是魏国承认了齐国建立的王业。

战国初期魏国先后经历了魏文侯改革、魏惠王改革两次重大改革，国力日渐强大，这与三晋之中一直想兼并中原土地的赵、韩两国先后产生了矛盾。公元前354年，赵国进攻卫国，迫使原先朝魏的卫国入朝赵国。魏国于是率宋、卫联军讨伐赵国，并包围赵都邯郸。公元前353年，赵求救于齐国。齐以田忌为将，孙膑为军师，率大军救赵。齐、魏两国于是爆发著名的桂陵之战。这场战争以齐国大胜魏军而告终。这是齐、魏间为争雄天下而进行的第一场大规模的战争。

齐国虽然最得了桂陵之战的胜利，但魏国在这场战争中并没有大伤元气。公元前352年，魏惠王联合韩国军队，在襄陵打败了齐、宋、卫的联军，齐国被迫向魏求和。由于魏国在对赵、齐的战争中最终取得了胜利，对秦的战争也取得了局部的胜利，因而日益骄傲自满。魏惠王于是在公元前344年自称为王。他同时邀请宋、卫、邹、鲁等国诸侯及秦国公子少官在逢泽举行会盟，并率与会诸侯朝见了周天子。

本来，在周朝的宗法制度下，"王"是最高的等级称号。魏惠王称"王"就意味着魏国以天下之主自居，这必然遭到赵、韩、秦等大诸侯国的反对。公元前342年，魏攻韩，韩向齐国求救。公元前341年，齐威王派田忌、田婴为将，孙膑为军师，起兵伐魏救韩。齐、魏两军于是爆发了马陵之战。结果魏军主力被全歼，太子申被俘，主将庞涓自杀。这是齐、魏为争雄天下进行的第二次大规模的战争。除此之外，公元前340年，齐、秦、赵三国又联合攻魏，结果魏国又一次大败。齐、秦、赵、韩等诸侯国对魏国的战争，使强盛一时魏国受到重创。魏国再也无力争雄天下了。魏惠王也不得不于公元前334年率领韩国国君及其他小诸侯国国君在徐州之会上朝见齐威王，并尊齐威王为"王"，同时齐威王也承认魏惠王的王号，史称"徐州相王"。魏国由独自称"王"到齐、魏两国"徐州相王"的转变，说明在齐、魏争雄天下的斗争中，齐国由劣势逐渐转为优势。

（三）齐与三晋合纵

齐与三晋合纵的时间大致为自公元前334年齐、魏"徐州相王"之后至公元前284年乐毅伐齐。这一阶段，各大诸侯国纷纷拉拢与国、开展激烈的斗争，合纵、连横运动应运而生。而此时的齐国在重创魏国之后，国力更加强大，经常作为合纵的主角登台。而三晋由于受到秦国的攻击，国力日益衰弱，不得不依靠大诸侯国的势力而生存。因此这一阶段齐与三晋在这场合纵连横斗争中或联合起来攻秦、楚，或分别与楚、秦联合展开对攻。不论是齐与三晋联合还是互攻，但是最终的结果是一样的，即齐与三晋都是这场运动的受害者，他们都没有避免衰弱的命运。

据统计，在合纵连横运动中与齐、三晋都有关的合纵活动主要有：其一，秦、魏、韩与楚、齐间的大战。自齐魏"徐州相王"之后，日益强大的秦国不断进攻邻国韩、魏，韩、魏被迫与秦结成联盟。而东方的齐国为了对付秦、韩、魏联盟，与楚国联合。公元前312年，楚进攻韩国，两大联盟间的大战爆发。这场大战初期，齐、楚获得了一定的胜利，齐帮助楚国占领了魏国的曲沃。但在大战的后期，由于楚、秦在丹阳、蓝田两次大战以及齐、秦在濮水之战，秦、韩、魏与齐、楚的大战均以齐、楚的大败而告终。不过，韩、魏虽然是获胜的一方，但并没有获得多大的实惠，而齐国作为失败的一方则损失惨重。

其二，齐、魏、韩与楚国的垂沙之役。齐、楚原来为对付强秦结为联盟，后来楚国违背纵约与秦结盟，而此时的韩、魏由于秦国的不断进逼，很想投靠齐国。齐、魏、韩于是联合起来共同对付秦、楚。公元前301年，齐、魏、韩与楚国战于垂沙，结果楚国向齐屈服，楚国的宛、叶以北的土地被韩、魏两国所取得。

其三，齐、魏、韩攻秦与攻燕。垂沙之役后，齐、魏、韩三国又于公元前298年联合起来攻打秦国。秦原来与赵、宋联合，但联盟很不巩固，在与齐、魏、韩三国作战时，赵、宋都没有从军事上援助秦国。经过三年的战争，三国终于攻入函谷关，秦国被迫求和，并归还了以前攻取魏的河外、封陵及攻占韩的河外、武遂等地。接着，齐、魏、韩又乘势攻打燕国，获得了大胜。

其四，五国攻秦。公元前295年赵国发生政变，赵武灵王被饿死，公子成和李兑专权。由于赵国政变国力大损，秦改变了联赵的策略，转而与齐联盟。公元前288前，秦、齐并称西帝、东帝，并联合起来准备消灭赵国。后来齐闵王接受苏秦的游说，取消帝号，并参加了由苏秦发动、赵奉阳君李兑主持的赵、齐、燕、韩、魏五国组成的联军，并于公元前287年发动了五国攻秦的战争。五国攻秦由于缺乏合作的诚意，在军事上并没多大的进展，然而秦国还是迫于声势，取消帝号，并归还了魏国的温、轵、高平，把以前所夺取的王公、符逾归还赵国。五国攻秦的行动，虽然韩、魏、赵三国获得了一定的利益，但东方的强国——齐国却没有得到较大的实惠，相反却在旷日持久的战争中白白地损耗了国力。

其五，五国合纵伐齐。公元前286年，齐灭宋，齐国声势大振，引起秦、楚、三晋的不满。燕、秦、韩、赵、魏等五国于是联合起来，在燕将乐毅的率领下于公元前284年共同讨伐齐国。五国合纵伐齐的结果是齐国大败，国都临淄城被攻破，齐国大部分领土被燕国占领，齐闵王死于战乱。五国伐齐使齐国元气大伤，齐国自此一蹶不振。

（四）赵伐齐与齐不助五国攻秦

这一阶段的时间大致为自公元前284年乐毅伐齐之后至公元前221年秦灭齐。齐与三晋的关系起初主要表现为齐与赵国的关系，后来齐实行"谨事秦"的政策，不助三晋与燕、楚攻秦，结果六国先后被秦所灭。

五国伐齐后，关东六国中只有赵国没有受到秦国的致命打击。而此时的赵国有赵奢、廉颇、蔺相如等文臣武将的辅佐，国力十分强大，因此赵有能力与秦国抗衡。然而秦、赵两国都不想立即发生大规模的冲突，因此秦、赵有十余年的时期彼此相安无事。而此时的齐国，虽然在田单等将领的努力下收复了大片领土，但已元气大伤，国力远不如赵国。赵国于是趁机攻打齐国。这一阶段赵国攻齐主要有三次，即公元前283年，赵将廉颇攻取齐的麦丘。公元前274年，赵将燕周攻取齐之昌城、高唐。公元前271年，赵将蔺相如攻齐至平邑。

齐、赵间除了战争之外，偶尔也有和睦之时。如公元前265年，秦乘赵惠文王去世、赵太后刚刚执政之际，派兵攻赵，赵求救于齐。齐襄王于是派兵救赵解秦之围。这一阶段，三晋的另外两个国家魏、韩在强秦的攻击下，自顾不暇，没有精力与齐国交锋。

至齐襄王死后，君王后和齐王建采取"谨事秦"的外交政策，不再助五国攻秦。而其他五国在秦"远交近攻"的强大攻势下，也无力出兵攻齐。赵国仅在公元前241年乘机攻打过齐国，取饶安。后来再也没有其他国家攻打齐国。结果随着秦灭其他五国，齐国也于公元前221年被秦所灭。

三、齐与晋的军事、政治、文化交流

先秦时期，齐、晋的军事、政治、文化交流主要是通过战争、军事联合、军事人才互用、通婚、会盟、齐人入三晋为相、使者往来、稷下学士与三晋的交流等八个方面而进行的。

（一）齐与晋、齐与三晋之间的战争

战争既是齐与晋矛盾、冲突白热化的产物，也是两种文化最激烈的交流形式。因为战争不但是双方的军事较量，更是双方政治、经济、外交、文化等各方面的较量。齐与晋之间的战争可分为两个大的阶段：一是春秋时期齐、晋间的战争；二是战国时期齐与三晋间的战争。

1. 春秋时期齐、晋间的战争。齐、晋间的战争主要发生在春秋中后期。春秋前期，虽然齐国在齐桓公时首霸诸侯，但当时齐、晋除通婚之外没有别的联系，因而更谈不上战争。齐桓公死后，齐国出现五子争位、崔杼之乱等内乱，国力大减，自此之后，齐国丧失了霸主地位，但齐国毕竟是大国之一，它仍有能力维持其所在的地区霸权。而此时的晋国经过晋献公的治理后，至晋文公时，晋继齐开始了长达150年之久的称霸诸侯时期。期间，晋国虽然由于内乱及与秦、楚争霸等诸多原因，国力偶尔会出现衰弱；但总的来说，晋国的国力还是能够维持其中原的霸主地位。这样齐、晋两国围绕着维持地区霸权与中原霸权问题出现了一系列的矛盾。而战争则是这些冲突、矛盾白热化的产物。这一阶段齐、晋间的有十几次，除正文提到的公元前589年的齐、晋鞌之战，公元前555年齐、晋平阴之战，公元前548年晋伐齐，公元前501年齐、晋夷仪之战外，还有几次也值得注意：其一，公元前591年，由于齐顷公侮辱晋使，晋景公率卫世子臧以两国联军伐齐，兵至阳谷，齐请和，晋、齐盟于缯。其二，公元前572年，由于齐不参加彭城之会，晋发兵攻打齐国，齐太子为质于晋国。其三，公元前550年，齐借晋嫁女于吴之际，潜送晋叛臣栾盈入晋，发动政变，齐国趁机入侵晋国。其四，公元前494年，齐景公乘晋国发生范、中行氏之乱之机，与鲁、卫之师共同讨伐晋国，取棘蒲。其五，公元前485年，晋为报齐支持范、中行作乱之仇，乘吴王伐齐之机，讨伐齐国，取犁及辕，毁高唐及赖而还。其六，公元前472年，晋瑶伐齐，齐晋发生犁之战，齐高无丕帅师抵御，齐师败。其七，公元前471年，晋鲁联军伐齐，取廪丘。

这一时期所发生的战争，晋胜多败少，尤其是三场重大战争——鞌之战、平阴之战、夷仪之战，都以晋胜而告终。由此可以看出，这一阶段在齐、晋的战争中，齐国明显处于劣势。其二，齐晋间的十几场战争，大都属于建立地区霸权与维护中原霸权的性质。这就决定了战争的性质是以武力屈服对方为主，而不是夺取对方的土地为主。

2. 战国时期齐与三晋的战争。战国时期战争的性质发生了变化，各国纷纷以兼并土地为目的。而此时三晋中的赵、魏都与齐接界，因此两国与齐国间的战争要远远多于韩与齐国的战争。战国时期齐与三晋的战争可分为四个阶段：第一阶段为三晋攻齐，时间大致为自公元前453年三家分晋至公元前353年的齐、魏桂陵之战前。第二阶段是齐、魏争雄，时间大致为自公元前353的齐、魏桂陵之战至公元前334年齐、魏的"徐州相王"。第三阶段是齐与三晋合纵，时间大致为自公元前334年齐、魏"徐州相王"之后至公元前284年齐与秦、韩、赵、魏、燕五国的济西之战。第四阶段是赵伐齐与齐不助五国攻秦，时间大致为自公元前284年乐毅伐齐至公元前221年秦灭齐。这一时期，齐与三晋发生的战争达30次左右；而这些战争大都围绕争夺边境土地展开。齐与三晋互相兼并对方边境的土地，从而使这些土地总是在齐与三晋的手中互相轮换，这无疑更加强了边境地区齐与三晋的文化冲突与交融。

（二）齐与晋、齐与三晋之间的军事联合

1. 春秋时期齐与晋的军事联合。春秋时期，齐与晋的军事联合主要表现为齐作为盟员有义务参加盟主晋国的某些对外军事行动。这一阶段，晋作为春秋霸主达150年之久，齐在大部分时间里都不得不随从霸主晋国征伐敌国秦、楚及其他不服从晋国统治的盟国。其实春秋时期齐参加这种性质的战争非常多，但由于种种原因，依据历史记载，现保存的，齐参与晋国的军事活动主要有以下几次：其一，公元前632年，齐参加晋、楚城濮之战。其二，公元前584年，齐参加晋景公主持的救郑抗楚之战。其三，公元前581年，晋会齐、宋、鲁、卫伐郑。其四，公元前578年，齐、晋、秦麻隧之战。其五，公元前575年，齐参与晋、楚鄢陵之战，又参与伐郑之战。其六，公元前574年，齐参与晋伐郑之役。其七，公元前559年，齐参与了秦、晋迁延之役。在这些战役中，齐作为中原霸主晋国的盟国与鲁、宋、卫等其他盟国一起讨伐晋国的敌手秦、楚及叛晋的郑等诸侯国。齐国的军队会集在晋国军队控制之下，这本身就是齐、晋文化交流的一种方式。

2. 战国时期齐与三晋的军事联合。战国时期，齐与三晋军事联合的产生主要是列国合纵连横的结果。合纵连横初期，本来齐国与楚国联合起来旨在对付秦、韩、魏三国的联军，但后来由于楚怀王背约与秦昭王结盟；而此时的韩、魏两国由于受到秦国的不断蚕食，所以转而投靠当时能够与秦一争雌雄的齐国。于是列国格局变成了齐、韩、魏三国联合起来对抗秦、楚两个大诸侯国。公元前301年，齐、韩、魏三国联军攻伐楚国的方城，并在垂沙之役中大败楚军，楚军被迫向齐屈服。公元前298年，齐、韩、魏三国又联合起来攻打秦国，并于公元前296年攻破函谷关，最终迫使秦国求和。齐、韩、魏三国又于同年乘胜攻打燕国，并最终获得大胜。公元前287年，苏秦、李兑约赵、齐、楚、韩、魏五国攻秦，迫使秦国取消帝号，并归还了部分原先属于韩、魏的土地。战国时期，齐与三晋联合起来共同对付秦、楚，这必然促进了齐与三晋的军事、政治、经济和文化等各方面的相互交流。

（三）齐与三晋的军事人才方面的交流

齐与三晋在军事人才方面的交流主要表现为齐将田单曾为赵国将军，并与赵国名将赵奢进行了一场有名的攻城野战之法的军事争论。

公元前265年，赵惠文王去世，赵孝成王继位。燕国率兵攻赵。平原君向赵太后推荐齐国安平君田单，赵国割济东三城令庐、高唐、平原五十七邑给齐国作为条件，换取田单为将，率军攻燕。田单至赵国后，曾与赵奢进行了一场军事争论，保存在《战国策·赵策三》中。

> 相都平君田单问赵奢曰："吾非不说将军之兵法也，所以不服者，独将军之用众。用众者，使民不得耕作，粮食挽赁不可给也。此坐而自破之道也，非单之所为也。单闻之，帝王之兵，所用者不过三万，而天下服矣。今将军必负十万、二十万之众乃用之，此单之所不服也。"马服曰："君非徒不达于兵也，又不明其时势。……今取古之为万国者，分以为战国七，能具数十万之兵，旷日持久，数岁，即君之齐已。齐以二十万之众攻荆，五年乃罢。赵以二十万之众攻中山，五年乃归。今

者，齐韩相方，而国围攻焉，岂有敢曰我其以三万救是者乎哉？今千丈之城、万家之邑相望也，而索以三万之众，围千丈之城，不存其一角，而野战不足用也，君将以此何之？"都平君喟然大息曰："单不至也。"

鲍彪评论说："单也以少击众，奇兵也。奢也以从敌众，正兵也。论兵者当以正为常，而用之则务出奇。"[1]鲍彪所论极为精确。齐国军事文化非常重视谋略，强调以少胜多，田单即墨之战以少胜多，奠定了从燕人手中收复齐地的基础。赵国的军事文化也非常发达。赵国也是名将辈出，廉颇、李牧、赵奢、乐乘、庞煖都是一代名将。其中赵奢、李牧是其中的佼佼者。赵奢统帅众兵在阏与之战中大败秦军，重挫了秦军东进的势头。齐、赵两位两位名将有关在战争中"用众"与用少的争论显然是齐、赵两国军事文化的一次有益交流。

（四）通婚

齐、晋两国分属华夏族两大族系：即姬姓和姜姓，而当时所遵循的是"同姓不婚"的古训，因此姬姓和姜姓很早便保持了世为姻亲的通婚关系。如周武王姬发娶姜太公之女邑姜为夫人，她就是周成王诵和晋国开国君主唐叔姬虞之母。齐、晋建国以后也继续保持着通婚关系。据历史记载，晋穆侯四年，即公元前808年，晋穆侯娶齐女姜氏，并生太子仇（晋文侯）和少子成师（曲沃桓叔）；晋文侯也娶齐女，称晋姜；春秋时代，晋武公（曲沃武公）少妾为齐女齐姜；晋武公死后，晋献公纳父妾齐姜为夫人，生太子申生和秦穆公夫人穆姬；晋文公重耳因骊姬之乱的影响出亡途经齐国，"齐桓公厚礼，而以宗女妻之"[2]，重耳因喜爱齐女，贪图享受安逸生活，竟不思回国，后在齐女和重耳谋臣赵衰的策划下，重耳才恋恋不舍地离开了齐国。春秋后期，晋平公娶齐女少姜，少姜死，齐国又请纳齐女为继室，等等。齐、晋通婚是两国政治文化交流的重要途径之一。这是

---

① ［汉］刘向：《战国策》（中），上海古籍出版社1985年版，第681页。

②《史记·晋世家》。

因为两国通婚之时，往往伴随着使臣的迎送。"凡公女，嫁于敌国，姊妹，则上卿送之，以礼于先君；公子，则下卿送之。于大国，虽公子，亦上卿送之。"[①]由《左传》记载的出嫁不同身份女子至不同的国家，应由不同的大臣送至出嫁的国家可以看出，两国通婚的同时，也是两种文化的相互交流。

（五）会盟

会盟是齐、晋两国和平时期文化交流的主要途径之一。齐与晋及韩、赵、魏的会盟大致可分为春秋、战国两个阶段。

1. 春秋时期齐晋的会盟

春秋时期是一个尊礼重信、重聘享的时代，霸主往往通过不同类型的盟会，来联合盟国攻打敌国并巩固其盟主的地位。晋国自晋文公称霸中原以后，在中原称霸150年之久，所以晋国所召集的包括齐、鲁、郑、宋等盟国参加的盟会不计其数。我们这里主要看一下晋、齐之间的盟会。晋、齐之间的盟会按性质主要可分为以下五类：

（1）建立、巩固晋国盟主地位的盟会。公元前632年，晋、楚城濮之战后，晋文公与齐昭公、鲁僖公、宋成公、蔡庄公、郑文公、卫成公弟叔武、莒子盟于践土。践土之盟确立了晋国的霸主地位。践土之盟后，晋文公令诸侯"各复旧职"[②]，后来随着晋国霸主地位的动摇，为了巩固其霸主地位，晋国又令诸侯"三岁而聘，五岁而朝，有事而会，不协而盟"[③]。其中以齐国参与的晋国主持的鸡泽之会最具代表性。春秋后期，随着晋国的国力下降，东方大国齐国逐渐不服从晋国的控制。晋悼公时为了阻止齐国叛晋，公元前570年，他邀请了周卿士单顷公会诸侯于鸡泽。会前，晋悼公先派士匄告于齐曰："寡君使匄，以岁之不易，不虞之不戒，寡君愿与一二兄弟相

---

① 《左传·桓公三年》。

② 《左传·襄公二十五年》。

③ 《左传·昭公三年》。

见，以谋不协，请君临之，使匄乞盟。"①齐灵公欲不许盟，但不盟便是"不协"，就会招致讨伐，于是齐灵公只得派其太子光赴鸡泽，参加晋悼公召集的会盟。鸡泽之会，晋悼公通过"协"齐入盟，有效地阻止了齐人叛晋的行动，进一步巩固了晋国的盟主地位。

（2）讨伐叛晋的盟国。春秋时期，郑国动摇于晋、楚两大国之间，经常叛晋归楚，晋国于是多次会盟诸侯来讨伐郑国。如公元前581年，晋会齐、宋、鲁、卫、曹伐郑；公元前564年，晋会季武子、齐崔杼、宋皇郧等诸侯伐郑等。

（3）保护晋国的盟国。如公元前584年楚公子婴齐率师讨伐晋的盟友郑国，晋会鲁侯、齐侯、宋公、卫侯、曹伯、莒子、邾子、杞伯救郑。公元前531年，楚侵犯晋的盟国蔡，晋之韩起会齐之国弱及宋华亥、鲁季孙意如、卫北宫佗、郑罕虎来谋救蔡等等。

（4）攻打楚、秦等晋国的主要竞争对手。如公元前578年，晋会齐、鲁、宋、卫、郑、曹、邾、滕等国诸侯之师于京师，晋率领诸侯联军在麻隧之战大败秦军。公元前559年，晋荀偃会鲁叔孙豹、齐人、宋人、卫北宫括、郑公孙虿、曹人、莒人、邾人、滕人、薛人、杞人、小邾，并讨伐秦国，是为"迁延之役"。公元前506年，晋会周刘子和宋、鲁、蔡、卫、陈、郑、许、曹、莒、邾、顿、胡、滕、薛、杞、小邾之诸侯及齐大夫国夏于召陵。召陵之会的主要内容就是"谋伐楚也"②。

（5）谋求戍周。春秋时期周王室虽然衰微，但其毕竟是名义上的天下之主，因此当周王室发生内乱之时，中原霸主晋国必然联合各诸侯国帮助周王室平定内乱，并采取种种措施以巩固周天子的地位。公元前520年，周王室发生了"王子朝之乱"。周王室在晋军的帮助下，于公元前516年驱逐了王子朝乱党。为了巩固周天子的地位，公元前510年，晋正卿魏舒（献子）和韩不信（简子）入京师，与齐高张、宋仲几、鲁

---

① 《左传·襄公三年》。

② 《左传·定公四年》。

仲孙何忌、卫世叔申、郑国参及曹、莒、薛、杞、小邾共十国会于狄泉（即翟泉），令诸侯扩修成周。公元前509年，魏舒又集合诸侯之大夫于狄泉，进行分工，工程开始，"城三旬而毕"①。于是各国戍周军士自归。

2.战国时期齐与三晋的会盟

战国时期是一个"绝不言礼与信""邦无定交"的乱世，这就决定了齐与三晋的会盟的次数不如春秋时期多，其地位也不如春秋时期重要，然而却仍是齐与三晋文化交流的途径之一。

战国时期齐与三晋的会盟主要集中在战国初期魏国与齐国争雄中原时。这一时期，齐与三晋的会盟主要有以下四次：其一是公元前356年赵成侯、齐威王、宋桓公会于平陆。其二是公元前337年，魏国在与齐、秦等强国夹击接连失利的情况下，不得不接受魏相惠施的建议，率韩宣王及其他小国国君到齐国的徐州朝见齐威王。在此次会上，齐威王、魏惠王互相承认为王，即所谓的"徐州相王"。这次会盟表明此时齐国已取代魏国成为中原最强大的国家。其三是公元前324年，魏惠王、韩宣王与齐威王在平阿相会。这次相会的主要目的是强迫业已朝见赵国的魏惠王、韩宣惠王再次服齐。其四是公元前323年，魏惠王与齐威王会于鄄。由齐与三晋的会盟可以看出，除第一次的会盟是齐、赵联合攻魏外，其余三次都是围绕着齐国称雄中原诸侯国而展开。这四次会盟对于促进齐与韩、赵、魏三国的文化交流起了重要作用。

（六）使者往来

齐与晋、齐与三晋的使者往来可分为春秋与战国时期两大阶段。

1.春秋时期齐、晋间的使者往来

春秋时期，由于齐国长期作为中原霸主晋国的盟友，因此齐、晋两国经常互派使者。齐、晋使者互访以公元前592年的郤克使齐和公元前539年的晏

---

① 《左传·昭公三十二年》。

婴使晋最具代表性。

郤克使齐。公元前597年，晋在与楚的邲之战失利后，又于公元前594年丢掉了最坚定的盟友宋国。在这种情况下，晋国认为有必要举行一次会盟，以巩固其日益动摇的盟主地位。晋国于是在公元前592年，派郤克出使齐国，争取齐参加盟会。由于晋国在与楚的争霸中屡屡失败，齐顷公不但没有依礼接待晋国使者，而且让其母亲萧铜叔子躲在帷幕后窥视郤克。郤克是个跛子，因此他登台阶而上比较吃力，萧铜叔子看后在房中大笑。此举激怒了郤克，他发誓说："所不此报，无能涉河！"①，他留下副使栾京，并命他一定要完成使命然后回国，而自己却愤愤回国。本来两国互通使者应以礼相待，尤其是盟主晋国派重臣出使齐国。齐顷公更应该以隆重的礼节接待，但由于齐顷公傲慢无礼，致使齐、晋关系紧张。晋国为了报复齐国的辱使之举，在随后的断道之会和卷楚之盟上先是拒绝齐使入会，后又逮捕了齐国的三名使者，后来虽然由于晋大夫苗贲黄的谏诤而将齐使释放，但齐、晋关系自此紧张，齐国叛离晋国并与楚国结盟。晋景公于是在公元前591年率卫世子臧以两国联军讨伐齐国。而后来的齐晋鞍之战，虽然其直接原因是齐侵犯晋的盟友鲁国，但其深层原因仍是齐顷公侮辱晋使郤克所造成的。由此可以看出，齐、晋使者互访的同时也是礼文化中的一种交流，由于齐国违反礼节，结果造成了齐、晋关系破裂的恶果，并最终导致了齐、晋间的大战。

晏婴使晋。晋平公的夫人少姜死后，齐国为了继续保持与晋国的联姻关系，于公元前539年派晏婴"请继室于晋"，继续保持与晋的联姻关系。晏婴使晋除了表达联姻的愿望以及奉纳币物以侍奉晋国的忠心之外，还与晋国名臣叔向进行了一次非常重要的对话。《左传·昭公三年》记载说：

　　既成昏，晏子受礼，叔向从之宴，相与语。叔向曰："齐其何如？"晏子曰："此季世也，吾弗知。齐其为陈氏矣。公弃其民，而归于陈氏。齐旧四量，豆、区、釜、钟。四升为豆，各自其四，以登于釜。

---

① 《左传·宣公十七年》。

釜十则钟。陈氏三量，皆登一焉，钟乃大矣。以家量贷，而以公量收之。山木如市，弗加于山；鱼、盐、蜃、蛤，弗加于海。民参其力，二入于公，而衣食其一。公聚朽蠹，而三老冻馁，国之诸市，屦贱踊贵。民人痛疾，而或燠休之。其爱之如父母，而归之如流水。欲无获民，将焉辟之？箕伯、真柄、虞遂、伯戏，其相胡公、大姬，已在齐矣。"叔向曰："然。虽吾公室，今亦季世也。戎马不驾，卿无军行，公乘无人，卒列无长。庶民罢敝，而宫室滋侈。道殣相望，而女富溢尤。民闻公命，如逃寇仇。栾、郤、胥、原、狐、续、庆、伯，降在皂隶，政在家门，民无所依。君日不悛，以乐慆忧。公室之卑，其何日之有？谗鼎之铭曰：'昧旦丕显，后世犹怠'，况日不悛，其能久乎？"晏子曰："子将若何？"叔向曰："晋之公族尽矣。肸闻之，公室将卑，其宗族枝叶先落，则公从之。肸之宗十一族，唯羊舌氏在而已，肸又无子。公室无度，幸而得死，岂其获祀？"

晏婴与叔向的对话，既为我们描述了春秋末期齐、晋两国的实情，又是两国文化相互交流的产物。我们通过两人的对话可以看出，当时齐、晋两国公室的腐败、百姓生活的苦难以及齐国田氏的兴起等历史情况。

2.战国时期齐与三晋的使者往来

战国时期，齐与三晋的使者往来，既包括权臣出使，也包括纵横家的合纵游说。齐与三晋的权臣出使以田婴出使三晋最具代表性。《史记·孟尝君列传》说："宣王七年（应为齐威王三十三年，《史记》关于齐威王、齐宣王、齐闵王的年代记载错乱），田婴使于韩、魏，韩、魏服于齐。"纵横家出使各国是战国中期齐与三晋使者往来的主要组成部分。当时，公孙衍、苏秦、张仪、陈轸等著名纵横家，或为魏国使臣，或为燕国使臣，或为齐国使臣，他们各为其主，频繁出使于韩、赵、魏、楚、燕、齐、秦等各大诸侯国之间。他们的活动不但影响了各诸侯国的政治与外交，而且也促进齐与三晋的文化交流。

（七）齐人入三晋为相

齐人入三晋为相，主要是指战国时期田文入魏为相和田单入赵为相这两件事情。

1. 田文入魏为相。

田文，又称孟尝君，是田齐宗族、齐国权臣，曾长期为齐相，把持齐国政权，这必然与齐国君主齐闵王的矛盾越来越深。公元前294年，田文指使贵族田甲使用暴力"劫王"。田甲劫王失败后，田文被迫出奔到薛，后又到达魏国，被魏昭王任命为魏相。田文曾长期为齐相，专齐政，必然精通齐国政治。他担任魏相后，必然把自己的一些治国经验运用到魏国，这对齐、魏政治文化方面的交流必然起到促进作用。田文对齐与三晋的文化交流不仅表现在上述方面，更表现为田文协助五国伐齐。田文任魏相后，"西合于秦、赵与燕共伐齐破齐"[①]。田文在促成秦、燕、韩、赵、魏五国伐齐中起了重要作用。而五国伐齐虽然对齐国造成了巨大的破坏，但它仍是齐与三晋文化交流的一种表现形式。只不过，这是一种带有武装侵略性质而非自愿式的文化交流。

2. 田单入赵为相

田单原是齐王室的远房亲属，齐国小吏。乐毅破齐后，田单因巧施离间计、计摆火牛阵大败围攻即墨的燕军，进而收复了齐国大部分失地，所以被齐襄王任命为齐相。田单既是齐国著名的军事家，也是著名的政治家。公元前265年，燕人攻赵。赵国统治者利用齐人急于报复乐毅破齐的心理，以"割济东三城市邑五十七与齐"[②]的重大代价，聘请田单入赵，帮助赵人攻燕。"齐安平君田单将赵师而攻燕中阳，拔之。又攻韩注人，拔之。二年，惠文后卒。田单为相。"[③]田单入赵后，率领赵军先后攻打燕国、韩国，为赵国立下赫赫战功，两年以后，被任命为赵国的相。此后，田单率领赵军与燕

①《史记·孟尝君列传》。

②《战国策·赵策四》。

③《史记·赵世家》。

军展开了旷日持久的作战，严重损耗了两国的国力，使两国无暇攻齐。由田单入赵为相可以看出，田单为赵相后，利用赵、燕之争，维持了赵与齐的和平，促进了两国政治、经济、文化等各方面的交流。

（八）稷下学士与三晋的文化交流

稷下学宫是田齐政权的政治咨询机构和智囊机构，作为稷下学宫的成员，稷下学士或以使者身份或以私人的身份经常出没于韩、赵、魏等国，为齐与三晋的文化交流做出了重要贡献。其中以邹衍使赵与公孙龙辩论，鲁仲连入赵劝平原君"义不帝秦"以及荀子入赵与临武君议兵最具代表性。

1. 邹衍使赵

《史记·平原君列传》记载：

"平原君厚待公孙龙。公孙龙善为坚白之辩，及邹衍过赵言至道，乃绌公孙龙。"刘向《别录》对此作了如下解释："齐使邹衍过赵，平原君见公孙龙及其徒綦毋子之属，论'白马非马'之辩，以问邹子。邹子曰：'不可。彼天下之辩有五胜三至，而辞正为下（上）。辩者，别殊类使不相害，序异端使不相乱，抒意通指，明其所谓，使人与知焉，不务相迷也。故胜者不失其所守，不胜者得其所求。若是，故辩可为也。及至烦文以相假，饰辞以相惇，巧譬以相移，引人声使不得及其意。如此，害大道。夫缴纷争言而竞后息，不能无害君子。'坐皆称善。"

根据《史记》和《别录》的记载我们可以看出，邹衍曾作为齐国的使者出使赵国。至于邹衍出使赵国的目的如何，由于史料不详，无法考证。但这次出使却为后人保留了邹衍与名家著名代表人物公孙龙子等人有关"白马非马"的争辩，以及邹衍关于辩论的目的的精彩论述，这是齐国稷下阴阳五行家与赵国名家两大学派相互碰撞、交流的产物。

2. 鲁仲连入赵与魏使者辩论，劝平原君义不帝秦

鲁仲连是战国末期著名的稷下学士。公元前259年，秦国围攻赵都邯郸时，正在赵游历的鲁仲连也被围在城中。当时，赵国经长平之战后，国力急剧衰退，无力单独抵抗秦军，只得求救于魏。魏却慑于强秦的威力不

敢贸然救赵。魏王于是派客将军新垣衍入邯郸，劝平原君及赵王尊秦人为帝，以期缓解亡国之危。正当平原君犹豫不决时，鲁仲连挺身而出，与魏使新垣衍围绕赵、魏是否帝秦展开了一场精彩的辩论，最终鲁仲连不但说服了魏国使者新垣衍打消了帝秦的念头，而且坚定了赵国抗秦的决心。围赵的秦军将领听到这个可怕的消息后，"为却军五十里"[1]。后来，魏无忌"窃符救赵"，解邯郸之围。鲁仲连在与魏国使者新垣衍的辩论中，充分展示了稷下学士的智慧与机敏，这是齐文化与魏文化又一次重要的交流活动。

3.荀子入赵与临武君议兵

《荀子·议兵》记载了荀子与临武君议兵的史实。

　　临武君与孙卿子议兵于赵孝成王前。王曰："请问兵要。"临武君对曰："上得天时，下得地利，观敌之变动，后之发，先之至，此用兵之要术也。"孙卿子曰："不然。臣所闻古之道，凡用兵攻战之本在乎壹民。弓矢不调，则羿不能以中微；六马不和，则造父不能以致远；士民不亲附，则汤、武不能以必胜也。故善附民者，是乃善用兵者也。故兵要在乎善附民而已。"

荀子与临武君的议兵之论，集中反映了当时以稷下学士为代表的儒家的王者之兵与以临武君为代表的兵家的诡诈之兵的正面交锋。如果从当时战火纷飞的社会环境来看，荀子的王者之兵的确有点迂腐而不切实际，临武君的诡诈之兵则显得非常实用。但如果从用兵的整体角度来看，两者各有所长。荀子的王者之兵强调民心的重要性，这是任何一场持久战争获胜的重要保证；而临武君的诡诈之兵强调用兵的谋略，这是每一场具体战争取胜的必备条件。两者完美地结合则可达到军事上百战不殆的境界。

---

①《史记·鲁仲连列传》。

四、齐文化与晋文化的融合

（一）齐文化与晋文化在政治文化方面的融合

齐文化和晋文化在政治文化方面的融合主要表现为它们共同创造了霸政新时代。从我国古代社会政治体制来看，夏、商、西周时期是我国的王制时代。这一时代的显著特征是：虽然最高统治者天子拥有行政权力，但其权力受到部落制民主、宗法制以及王道的道德要求等各方面的制约，而不能成为一人独裁的专制主义。秦王嬴政统一中国后则建立起了一套中央集权的君主制政治体制，这就是所谓的君主专制时代。而在王制时代和君主专制时代之间，即在春秋战国时期则出现了一个霸政时代。霸政时代的显著特点是：诸侯之长代行天子之令，以统御、治理天下。

春秋时代，能够称得上霸主的国家有齐、晋、楚、秦、宋、吴、越等。其中宋国在宋襄公时虽然谋求霸主，但年仅四年就被楚军击败于泓水，宋襄公兵败身死，宋国自此也一蹶不振；秦国虽然在秦穆公时能两立晋君，确有称霸意图，但自崤之战大败后，无力东图，只能称霸西戎，称不上中原霸主；楚国虽然在楚庄王时在邲之战时大败晋军，确立了霸业，但楚从来没有彻底制服强晋，并且楚国地域不在中原，素来被中原诸侯所鄙视，不可能成为真正意义上的诸侯之长。至于吴、越，它们仅居于东南一隅之地，而且称霸时间短，因此只能与秦一样，称得上区域霸主。因此纵观整个秦秋时期，真正称霸的国家只有两个：一是齐，二是晋。具体表现为齐桓公首霸诸侯，开创了霸政时代，晋国自晋文公开始继承并发展了齐桓公的霸业，并将霸政维持了150年之久。

1. 齐桓公开创了霸政时代

春秋初期，周王室衰微，"礼乐征伐自天子出"的时代已经一去不复返。当时中原各诸侯国内乱不断，周边的少数民族，如西北部的北狄、山戎以及被称为南蛮的荆楚都乘机进逼、侵犯中原，"南夷与北狄交，中国不绝若线"[1]，中原形势危急。此时中原迫切需要一个强有力的政权来维护周天子的权威、稳定各诸侯国的内政，驱逐四夷，以维护华夏族千余年来所创造的文明。而东周初期的郑国，虽然在郑庄公时曾盛极一时，但由于建国未久，加之随后发生的内乱，实力大大地被削弱，无力应付这种局面。而东方的齐国在经历了齐庄公、齐僖公时期的大发展之后，国力强盛，已经初步具备了承担尊王室、攘夷狄、平内乱之重任的能力。然而由于新继位的君主齐襄公的无能，致使齐国称霸诸侯的重任落到了之后的齐桓公的肩上。

公元前685年齐桓公即位，他在管仲的辅佐下改革内政，并灭遂、败鲁、服宋，进而于公元前681年开始称霸诸侯。齐桓公的霸业一直持续到公元前643年齐桓公去世。在这近40年期间，齐桓公的霸业主要表现为：

其一，多次以盟主身份主持会盟。据统计，齐桓公共主持会盟20多次。这还不包括卿、大夫代齐桓公参加的会盟，也不包括齐桓公与其他诸侯国的临时会盟。在如此频繁的会盟上，齐桓公总是以盟主的身份，代行周天子的职责，如协调齐、鲁、郑、宋、卫、陈、蔡、曹等中原各诸侯国的关系，安定鲁国的内乱等。更为重要的是齐桓公的此种举动得到了周天子的认可。公元前667年，周惠王派召公廖"赐齐侯命"[2]，或称之为"赐齐侯伯"[3]。这些记载都表明周天子承认了齐桓公的霸主地位。

其二，尊王室。春秋时期，虽然王室衰微，但它仍是人们心目中的一统的象征。齐桓公虽然以盟主身份代行天子之政，但他很少僭越天子之礼。相反，他极力维护周天子的尊严，如他定周襄王之位，巩固周王室政权。再如承王命，以讨不顺：命燕君修召公之政，纳贡于周；令楚国进贡苞茅于王室等等。

---

① 《公羊传·僖公四年》。
② 《左传·庄公二十七年》。
③ 《史记·周本纪》。

第三，攘夷、狄而安诸夏。联合诸夏抵抗夷、狄等少数民族的侵略，本来是周王室的重要职责之一。春秋时期，周王室衰微之后，齐桓公毅然率领盟国在南、北方向上发动了"攘夷"的战争，从而使华夏诸族免受或少受战争之苦。其中最为典型的莫过于在北方的伐山戎以救北燕，伐赤狄以救邢、存卫，在南方讨伐楚国，通过召陵之盟迫使楚国尊周等。

总而言之，齐桓公所开创的霸政，使中原诸侯国处在一种相对的有序状态之中。齐桓公通过盟主身份代行天子之政，既在一定程度上维护了周王室的尊严，又安定了诸侯国的内乱，更抵御了北方、南方少数民族的入侵中原。

公元前643年齐桓公去世，齐国由于"五子争位"的内乱致使霸业中衰，中原各诸侯国重新陷入了混乱之中，直至晋文公城濮败楚继齐桓公之后确立了新的霸主地位。

2.晋文继承齐桓霸业

齐桓公建立霸业初期，晋国由于忙于整顿内政和扩大疆土，无力参与齐桓公的霸业。然而这并不等于霸业对晋国政权没有影响，一旦晋国统治者稳定了内政之后，便迫不及待地参与诸侯事务。这突出表现为晋献公欲参加公元前651年的葵丘之盟。虽然晋献公此举由于周大夫宰孔的劝阻而取消，但由此可以看出霸政已经深深影响了晋献公。后来即位的晋文公，在逃亡之时曾居齐5年，齐国的霸业必然对他产生很大的影响。

晋文公即位后，通过改革内政，国力大增，并通过公元前632的城濮之战和践土之盟，最终确立了诸侯霸主地位。自此之后，晋国长期称霸诸侯，晋国统治者将齐桓公创立的霸政一直保持到春秋末期，时间长达150年之久。

我们说霸政是齐文化和晋文化融合的结果，主要是因为晋国统治者在称霸诸侯的150多年的时间里，继承和发展了齐桓公创立的霸政的基本精神。具体地说，晋国的霸政继续肩负着以盟主身份会盟诸侯、尊王室和攘夷狄而安诸夏等三项基本任务。

其一，多次以盟主身份会盟诸侯。城濮之战后，晋国统治者开始以诸侯盟主的身份代行天子之职。他们令诸侯"各复旧职"①,"三岁而聘,五岁而朝,有事而会,不协而盟"②,多次组织各种定期和不定期的诸侯会盟。通过朝聘和会盟,晋国统治者协调了晋、齐、鲁、宋、卫、郑、曹、莒、邾、滕、薛、杞、小邾等各诸侯国的关系。而协调的重要内容之一就是阻止各盟国间相互侵犯,如公元前612年,齐伐鲁西鄙,晋就以齐擅伐鲁的罪名率诸侯之师讨伐齐国。再如齐与晋的前两次大战——鞍之战和平阴之战,其导火索都是齐侵鲁,晋为救盟国鲁而出兵伐齐。另一方面,晋平定诸侯国的内乱。公元前539年,燕国发生内乱,燕简公被驱逐出境,三年之后,齐国至晋请求讨伐北燕,晋平公不但答应此事,而且出兵与齐一起讨伐北燕。由此可以看出,晋国仍能以盟主身份平定诸侯的叛乱。

第二,尊王室。晋国尊王室与齐桓公的尊王室在表现形式上有所不同。齐桓公尊王室并不僭越天子之礼,而晋文公却在公元前632年冬的温之会上召见周襄王,这明显地僭越了天子之礼。然而晋国统治者并没有丢掉尊王室的基本精神,其尊王室主要表现为曾经两次帮助周王室平定内乱,稳定周天子的统治。其中一次是公元前636年,晋文公派兵平定了太叔带发动第二次叛乱,稳定了周襄王的统治。另一次是公元前520年,周王室发生了"王子朝之乱";晋国六卿派兵帮助周王室,历经十多年的时间最终于公元前503年平定了内乱。

第三,攘夷狄而安诸夏。齐桓公在这方面主要表现为北伐戎、狄,南伐荆楚。晋国统治者虽然也坚持攘夷狄而安诸夏的基本方针,但表现形式与齐桓公时既有相同,也有不同之处。首先在对待北方戎、狄少数民族方面,晋国由于长期与戎、狄通婚,因此对他们采取了既打又拉的政策。如晋文公、晋襄公对戎狄基本上采取了和睦共处的政策;晋景公则对赤狄采取了以战争为主的政策,以武力消灭了赤狄各部;晋悼公则任命魏绛和戎,晋国再次与北戎和好;晋悼公时晋国六卿为了扩大领土又纷纷以武力消灭周边的戎、狄

---

① 《左传·襄公二十五年》。
② 《左传·昭公三年》。

等民族。总之，晋国统治者无论采取和平，还是武力的政策，其最终目的只有一个——成功地阻止了北方戎、狄少数民族以武力侵犯中原诸国。这与齐桓公北伐戎、狄的目的是一致的。其次，在对待南方荆楚方面，晋国统治者通过长期与楚国争霸，成功地阻止了楚国北上中原。楚国在春秋时期一直是四大强国之一，一直想北进中原。楚国曾在楚庄王时饮马黄河，问鼎中原，大有取周王室而代之的趋势。然而楚国最终之所以没有完成这一宏伟计划，其重要原因之一就是作为中原霸主的晋国，成为楚国北进不可逾越的障碍。春秋初期、中期，虽然楚在与晋的战争中有偶有获胜之时（如邲之战），但多数战争以楚国的失败告终（如城濮之战、鄢陵之战以及晋悼公时期的疲楚服郑之战等等）。春秋后期，由于晋、楚实力相当，不得不实行晋、楚共霸的政策，晋、楚两家由军事对抗转变为和平共处。总之，晋、楚争霸的结果之一就是成功地遏制了楚国北进中原的计划，大大保障了中原各诸侯国的安全。

由晋国霸政三项基本任务可以看出，其实质与齐桓公霸政的基本内容是一致的。所以说由齐桓公开创的、晋国坚持的春秋霸政是齐、晋两种文化在政治方面融合的产物。

（二）齐文化和晋文化在思想文化方面的融合

齐文化和晋文化在思想文化方面的融合主要表现在战国时期。当时"礼贤下士"之风盛行，齐、魏、赵等国家都采取了不少措施吸纳贤人。如齐国自田齐桓公午开始建立稷下学宫，吸纳了很多杰出的思想家为其政权服务，如邹忌、淳于髡、田骈、邹衍、捷子、慎到、环渊、尹文、田巴、邹奭、王斗、孟子、荀子、鲁仲连等众多学派的代表人物，他们在稷下学宫聚众讲学、互相争鸣。这对于齐文化的繁荣以及齐文化与晋文化的融合作出了巨大贡献。除齐国的稷下学宫之外，三晋之一的魏惠王也曾广招贤人，邹衍、淳于髡、孟子等著名思想家都曾到魏讲学。战国中期之后魏国的信陵君、齐国的孟尝君、赵国的平原君分别在魏、齐、赵三国招揽贤人，他们也为齐文化和晋文化的融合做出了一定的贡献。具体地说，齐文化和晋文化的融合集中表现在慎到、荀子等思想家的身上。

1.慎到的思想是齐、晋文化融合的典范

慎到，赵国人，曾长期在齐国的稷下学宫讲学，特殊的经历造就了他融合齐、晋文化而使学说自成体系。三晋地区是法家思想的发源地，慎到生在此地，长在此地，浑厚的法家思想氛围使慎到成为战国时期著名的法家代表人物。然而慎到的思想并不限于法家，《四库全书总目》称慎到的思想为"道法之转关"，当代许多学者也把他的思想归为稷下黄老之学一类。这是因为慎到长期在齐国的稷下学宫讲学，稷下学士们"采儒墨之善，撮名法之要"[①]的综合百家之长的学风对他产生了重大影响。慎到的思想自然成为齐、晋文化的融合的典范，这主要表现在以下几个方面：

（1）慎到是晋文化的代表人物之一

慎到的思想中明显地体现出三晋法家法、术、势三者结合的思想。他继承和发展了商鞅的重法思想。《慎子·君臣》曰："为人君者不多听，据法依数以观得失。无法之言不听于耳，无法之劳不图于功。无劳之亲不任于官，官不私亲，法不遗爱，上下无事，唯法所在。"慎到的"据法依数""法不遗爱"的思想很明显是对商鞅"法不阿贵"思想的继承和发挥。慎到在重法的贡献还在于他提出了"法治重于人治"的观点。《慎子·君人》说：

> 君人者，舍法而以身治，则诛赏予夺，从君心出矣。然则受赏者虽当，望多无穷。受罚者虽当，望轻无已。君舍法，而以心裁轻重，则同功殊赏，同罪殊罚矣。怨之所由生也。……故曰：大君任法而弗躬，则事断于法矣。法之所加，各以其分，蒙其赏罚，而无望于君也。

除继承商鞅重法思想之外，慎到还提出了"势"治思想，大大发展了三晋法家思想。《韩非子·难势》引慎子文：

> 飞龙乘云，腾蛇游雾，云罢雾霁（止），而龙蛇与蚓蚁同矣，则失其所乘也。贤人而诎于不肖者，则权轻位卑也；不肖而能服于贤者，则权重位尊也。尧为匹夫，不能治三人；而桀为天子能乱天下。吾以此知势

_____

①《史记·论六家之要旨》。

位之足恃，而贤智之不足慕也。夫弩弱而矢高者，激于风也；身不肖而令行者，得助于众也。尧教于隶属而民不听；至于南面而王天下，令则行，禁则止。

慎到的"势"治思想，丰富了法家思想的内容，关于"势"的强调与重视也就成为三晋法家思想的重要组成部分。

慎到发展了法家思想，还在于他先于申不害提出了"术治"思想。《慎子·民杂》说：

> 君臣之道，臣事事，而君无事。君逸乐而臣任劳。臣尽智力以善其事，而君无与焉，仰成而已。故事无不治，治之正道然也。……君之智，未必最贤于众也，以未最贤而欲以善尽被下，则不赡矣。若使君之智最贤，以一君而尽赡下则劳，劳则有倦，倦则衰，衰则复反于不赡之道也。是以人君自任而躬事，则臣不事事，是君臣易位也，谓之倒逆，倒逆则乱矣。人君苟任臣而勿自躬，则臣皆事事矣，是君臣之顺，治乱之分，不可不察也。

慎子的"君逸臣劳"观点，明显带有"术"之色彩，也是对法家思想进一步地阐发。

慎到的法、术、势思想，成为三晋法家后期代表人物申不害、韩非的直接学术渊源。可以说，慎到是三晋法家学说体系中一位非常重要的人物，他起到了承上启下的作用，对于三晋法家思想的发展做出了巨人贡献。

（2）慎到还是稷下黄老思想的代表人物之一

慎到虽然是法家代表人物之一，但其思想却与以李悝及其弟子商鞅的法家思想有明显不同。商鞅极端排斥其他学派的思想，将儒、墨等学派的主张称为"六虱"，并采取"燔《诗》《书》""塞私门之请""禁游宦之民"[①]等办法禁止其他学派的学说在社会中传播。而慎到则对于儒、墨、道等学说不排斥，在慎到的思想体系之中，既能看到法家的主张，也能看到道家、儒家的思想。这种现象的出现，是由于慎到受到稷下黄老学派的深刻影响，以至

---

① 《韩非子·和氏》。

于自己也成为稷下黄老学派中的一员。

第一，道、法结合。稷下黄老学派产生之前，道家与法家学派互不搭界。而在慎到的思想体系中，道与法则有机结合在了一起。慎到的法治主张是以道家思想为哲学基础的，《慎子·因循》说："天道因则大，化则细。因也者，因人之情也。人莫不自为也。"这里强调的"因天道"思想，是道家的基本原则，运用到社会政治便是"因人之情"。慎子认为人的本性是"自为"，即自私自利、趋利避害。慎到就从这里找到了法家与道家的结合点。慎到认为：既然自私自利、趋利避害是人的本性，那么我们就得承认其存在的现实性，并因势利导地加以处理，才能建立起良好的统治秩序。正是基于上述认识，慎到主张利用人们趋利的一面来"赏"，利用人们避害的一面来"罚"。于是他就以人情为依据提出了"法"，"法非从天下，非从地出，发于人间，合乎人心而已。"[1]这就是慎到道、法结合的关键所在。

第二，儒、法融合。儒家与法家在慎到之前互相对立，而在慎到的思想体系中，则将两者的精华有机地融合在一起。具体表现为：慎到在强调法治的同时，又认为"礼治"也是不可缺少的治国措施之一。"明君动事分功必由慧，定赏分财必由法，行德制中必由礼。"[2]这里的"行德制中"，原本是儒家"礼治"或"德治"理论的内容之一。孔子曾经说过："礼乎礼，夫礼所以制中也。"[3]慎到显然继承和发展了儒家这一思想。他认为礼、法内容虽有不同，但其作用都是一样，即为了树立公道，摒弃私心。"法制礼籍，所以立公义也；凡立公，所不弃私也。"[4]

慎到学说中这种道法结合、综合百家之长的特点，正是稷下黄老学派的重要特征之一，慎到也因此成为稷下黄老学派的代表人物之一。我们由慎到既是三晋法家的代表人物，又是稷下黄老的代表人物，及其学说中重法、

---

①《慎子·逸文》。

②《慎子·威德》。

③《礼记·仲尼燕居》。

④《慎子·威德》。

术、势和强调道法结合、儒法融合等特点可以看出，慎到的学术思想是齐文化和晋文化融合的产物。

2. 荀子思想体现齐晋文化的融合

荀子是战国末期著名的思想家。他生于赵国，三晋的法家文化自然熏陶着荀子。而荀子一生又三游齐国的稷下学宫，从一位年轻的学士逐步成长为著名的稷下先生，并在稷下学宫"三为祭酒，最为老师"，可以说稷下学对荀子的思想形成产生了深远影响。因此，荀子虽然继承和发展了儒家学说，但其学说本身也在一定程度上体现了齐文化和晋文化的融合。

第一，荀子对三晋法家学说的融合。荀子融合三晋法家思想的主要表现为其学说中明显地带有重法的思想。荀子以前的儒家对法家的法治思想是持采取批判态度的。孔子提倡"道（导）之以德，齐之以礼，（民）有耻且格"，并不主张"道（导）之以政，齐之以刑"①，认为这样做只能使百姓免于刑罚而无羞耻之心。春秋末期，晋国公开法律以铸刑鼎。孔子得知后，伤感地说："晋其亡乎，失其度矣。"②孔子之后，儒家的其他代表人物如子思、孟子等，在礼、法关系方面的认识仍然坚持礼治，强调以礼劝善，"禁于将然之前"③。在传统儒家孔、孟那里，礼治与法治基本上是对立的、不相容的。而礼、法关系在荀子的学说体系中则表现为高度的融合。《荀子·大略》说："君子者隆礼尊贤而王，重法爱民而霸"。《荀子·王制》强调："礼义者，治之始也。"《荀子·君道》又说："法者，治之端也。"《荀子·成相》也说："治之经，礼与刑，君子以修百姓宁。明德慎罚，国家既治四海平。"荀子不但"隆礼"，而且"重法"；这是荀子学说的重要特征之一。而其中的"重法"，无疑是受到了三晋法家文化的影响。

荀子融合三晋法家思想还表现为他教导的两个有名弟子——李斯和韩非。他们都成为法家的著名代表人物。李斯和韩非都扬弃了荀子的礼学思

①《论语·为政》。

②《左传·昭公二十九年》。

③《大戴礼记·礼察》。

想，而继承了他的重法思想。李斯成为法家文化的实践者，而韩非则成为三晋法家的集大成者。因此，我们由荀子学说中的重法思想及其两大弟子的学术归属可以看出：荀子的学说在一定程度上融合了法家学说的精华。

第二，荀子对齐文化中的稷下学说的融合。荀子对稷下学的融合主要表现为他在批判百家学说的基础上，融合其精华，创建了荀学体系。荀子作为儒家，但其学说与其他儒家学说相比有着明显的不同。如在处理天人关系方面，荀子强调天人相分，孔、孟强调天人合一；在法先王、法后王问题上，荀子强调法后王，孔、孟则主张法先王；在人性论问题上，孟子道性善，荀子言性恶；在价值观念和价值取向上，孔、孟重义轻利，荀子则兼顾义利；在礼、法态度上，孔、孟坚决维护礼治、反对法治，荀子则隆礼重法，等等。荀子思想之所以与传统儒学产生了如此巨大的差异，主要是因为他深受稷下学的影响，尤其是黄老学派"采儒墨之善，撮名法之要"①的学术特点。这在天人关系、人性论等方面表现得尤为突出。

荀子的天人关系论，集中反映了荀子继承并发扬了稷下学综合百家的优良学术传统。天人关系是一个非常古老的学术问题，战国时期，这个问题更是各派学者们关注的中心。在儒家思孟学派那里，"天"往往具有人格的意义和道德的属性，并以此与人相通。《孟子·尽心上》说："尽其心者，知其性也。知其性，则知天矣。存其心，养其性，所以事天也。"孟子强调"天人合一"，认为人们只要通过自己的努力便可达到心性与天命相通，最终通过知天命进而掌握自己的命运。而老子、庄子为代表的道家及黄老学派则强调"天"的超然属性。荀子作为战国末期著名的稷下先生，他首先在吸收了道家及黄老学派"天道"观中的积极因素，抛弃了传统儒家学派"天道"观中的神秘内容。《荀子·天论》说："天行有常，不为尧存，不为桀亡"，"天不为人之恶寒也辍冬，地不为人之恶远也辍广"。荀子之"天"与老子的"天长地久"②，慎到的"天能覆之而不能载之，地能载之而不能覆之"③，其性质

---

① 《史记·太史公自序》
② 《道德经·第七章》。
③ 《庄子·天下篇》。

是一样的。荀子在吸收道家、黄老学派"天道"观中的积极因素的同时，又克服了他们忽视人的主观能动性的倾向。"庄子蔽于天而不知人"①，"慎子有见于后，无见于先。老子有见于诎（屈），无见于信（伸）"②。荀子意识到老子、庄子、慎到等人都在不同程度上存在着只听命于天而忽视人的主观能动作用的倾向，因而进一步提出"明于天人之分"和"制天命而用之"的命题。荀子天人关系的理论，既吸收了传统儒家学派"天命"观中发挥人主观能动作用的优点，又吸收了道家、黄老学派"天"的超然属性的积极因素，克服了他们忽视人的主观能动性的倾向，从而使稷下学中对天人关系的认识达到一个更高的水平。由此我们可以看出，稷下学的优良传统已经融合成为荀学的重要特征之一。

　　荀子的人性论则集中反映了他对稷下学说精华的吸收。人性问题和天人关系问题一样，同是战国时期各家各派争论的中心问题之一。据统计，战国时期人性问题的讨论达到高潮时，曾出现五大派理论。第一派以周人世硕、宓子贱、漆雕开、公孙尼子为代表，主张"人性有善有恶"；第二派以孟子为代表，主张人具有性善的萌芽；第三派以告子为代表，认为人性无分善恶；第四派以公都子为代表，认为"人性有善与不善"。第五派以荀子为代表，认为人性恶。其中孟子的"人性善"和荀子的"人性恶"保存的资料最多。孟子和荀子同是战国时期儒家学派的两大代表人物，荀子在人性论上之所以提出与孟子截然相反的观点，主要是因为他吸取了稷下学中有关人性论的合理因素。稷下先生尹文说："心、欲，人人有之"，"爱、憎、韵、舍、好、恶、嗜、逆，我之分也"。③他把追求物质享受的欲望看成是人的自然本性。稷下先生田骈、慎到进一步认为人们应该顺应人的这种自然本性，并因势利导地加以利用，因而提出"因人之情"的理论。荀子接受了稷下先生们的这种观点，并在如何引导人性这一问题上提出了新的观点。《荀子·性恶》说："人之性恶，其善者伪也。"荀子在肯定人性恶

---

①《荀子·解蔽》。

②《荀子·天论》。

③《尹文子·大道上》。

的基础上，认为要很好地引导人性，就必须用礼义加以教化、用刑法加以制止。

我们由荀子的天人关系和人性论两个重要命题的论述可以看出，荀子学说中明显地融合了齐文化尤其是其中稷下学说中的精华。

参考文献

［1］《齐文化丛书》编委会编：《齐文化丛书》，济南：齐鲁书社，1997年版。

［2］司马迁撰：《史记》，北京：中华书局，1982年版。

［3］［汉］许慎撰，［清］段玉裁注：《说文解字注》，上海：上海古籍出版社，1981年版。

［4］杨伯峻编著：《春秋左传注》，北京：中华书局，1990年版。

［5］黎翔凤撰，梁运华整理：《管子校注》，北京：中华书局，2004年版。

［6］《四书五经》编校委员会编：《四书五经》，沈阳：沈阳出版社，1996年版。

［7］赵守正撰：《管子通解》（上册），北京：北京经济学院出版社，1989年版。

［8］徐元诰撰，王树民、沈长云点校：《国语集解》，北京：中华书局，2002年版。

［9］杨天宇撰：《礼记译注》，上海：上海古籍出版社，2004年版。

［10］缪文远：《战国策新校注》，成都：巴蜀书社，1998年版。

［11］顾德融、朱顺龙：《春秋史》，上海：上海人民出版社，2001年版。

［12］王阁森、唐致卿主编：《齐国史》，济南：山东人民出版社，1992年版。

［13］王志民主编：《齐文化概论》，济南：山东人民出版社，1993年版。

［14］宣兆琦、李金海主编：《齐文化通论》，北京：新华出版社，2000年版。

［15］宣兆琦：《齐文化发展史》，兰州：兰州大学出版社，2002年版。

［16］王玉哲：《中华远古史》，上海：上海人民出版社，2000年版。

［17］王献唐：《山东古国考》，济南：齐鲁书社，1983年版。

［18］丁山：《商周史料考证》，北京：中华书局，1988年版。

［19］顾颉刚：《顾颉刚古史论文集》，北京：中华书局，1996年版。

［20］李白凤：《东夷杂考》，济南：齐鲁书社，1981年版。

［21］肖萐父、李锦全主编：《中国哲学史》，北京：人民出版社，1983年版。

［22］李新泰主编：《齐文化大观》，北京：中共中央党校出版社，1992年版。

［23］刘斌、徐树梓：《姜太公本传》，济南：山东人民出版社，1996年版。

［24］战化军：《管仲评传》，济南：齐鲁书社，2001年版。

［25］战化军、姜颖：《齐国人物志》，济南：齐鲁书社，2004年版。

［26］于迎春：《秦汉士史》，北京：北京大学出版社，2000年版。